中國意識的危機

五四時期激烈的反傳統主義

林毓生——著
LIN YÜ-SHENG

楊貞德等——譯

林毓生作品集 2

臺群界題

目次

感謝的話

　　本書脫胎於著者年輕時在芝加哥大學社會思想委員會攻讀學位所完成的博士論文。對該校師長的諄諄教誨、勉勵有加，特別是哈耶克（Friedrich A. von Hayek）、內夫（John U. Nef）、格雷納（David Grene）、雷德菲爾德（James Redfield）、阿倫特（Hannah Arendt）、海姆森（Leopold H. Haimson，時任教芝加哥大學，後在哥倫比亞大學）諸位先生在智性上給予我的啟發與指引，我謹在此表達最深沉的感謝。

　　史華慈（Benjamin I. Schwartz）教授對本書前後幾個版本的大力斧正，使我成為最大的受惠者。我不僅要謝謝他多年來真摯的鼓勵，更感謝他為本書作序，分享他精闢的見解。當然我也要謝謝馬思樂（Maurice Meisner）和費正清（John K. Fairbank）兩位教授，在我搜集材料與撰寫論文期間，提供寶貴的建議與不懈的支持。

　　本書撰寫和修改過程中，歐達偉教授（David Arkush）、戴維森先生（Steven C. Davidson）、費俠莉教授（Charlotte Furth）、賈祖麟教授（Jerome B. Grieder）、張灝教授（Chang Hao）、海伊教授（Stephen N. Hay）、赫曼森先生（Jeffrey D.

Hermanson）、易社強教授（John Israel）、李歐梵教授（Leo Ou-fan Lee）、劉廣京教授（K. C. Liu）、麥考密克夫人（Geri McCormick）、牟復禮教授（Frederick W. Mote）、西格爾教授（Sandra Siegel）、斯基德莫爾教授（Thomas E. Skidmore）、錢存訓教授（T. H. Tsien）、傅高義教授（Ezra F. Vogel）、吳匹先生（Max Woolpy），與吳文津博士（Eugene Wu）都曾看過部分書稿；他們或助我釐清觀念，或出借重要史料，或在關鍵時刻給我加油打氣，對此，我一一銘感五內。

　　威斯康辛大學出版部總編輯Mrs. Elizabeth A. Steinberg與編輯Mrs. Jan H. Blakeslee為編輯本書所花的心力，以及Mrs. Steinberg在編輯工作以外提供的各種協助，都令人難以忘懷。我特別感謝著名書法家台靜農教授慨允為本書封面題字，也謝謝陳秋坤與皮爾遜（Thomas C. Pierson）兩位先生替大學出版部準備送審書稿。本書從撰寫到出版，得到以下基金會的支助：The Volker and Relm Foundations、The Elinor Castle Nef Fund、the Joint Committee on Contemporary China of the Social Science Research Council and the American Council of Learned Societies（該基金會的資助使我得以在哈佛大學東亞研究中心研究一年）、The Research Committee of the University of Wisconsin, Madison，在此一併致謝。

　　在漫長的知識探險之旅中，內人祖錦一路相伴，分擔我的焦慮、辛苦和歡欣。對她，我內心的感激之情，無以言表。論文撰寫期間，小兒小墩、小女小茹相繼出世，祖錦成為維繫這個家的中心，沒有她的堅忍不拔與情義相挺，此書恐永難有見天之日。

　　謹以此書獻給先父林孚治先生與先師殷海光先生。家父面對逆境屹立不搖的精神，成為我此生最大的啟示。殷海光教授是我就讀臺灣大學時的業師，他的道德勇氣和啟蒙智慧，象徵五四運動最崇高的理想與精神。

林毓生
1978年6月於威斯康辛州麥迪遜市

著者弁言

　　由於種種機緣，《中國意識的危機》最早是以英文撰寫而成，自1979年英文版在美問世後，先後出現過兩個中譯本。多少年來，筆者始終以一個關懷現代中國文化與思想的前途，認同中國文化的知識分子的心情來討論各項有關的問題，因此這次拙著能夠再次「返回」，與中文和華文世界讀者切磋，內心快慰何似！

　　中西文化交流過程中，兩種語言的對譯，從來不是件容易的事；中譯英固屬不易，英反中，更是難上加難──尤其當中文是著者的母語時。這次拙著中譯本告成，得眾友生大力襄助，其中楊貞德、丘慧芬費心聯絡，嚴搏非約總其成，在此一併致謝。

　　翻譯分工如下：〈前言〉郭亞珮譯；第一章〈緒論〉王遠義譯；第二章〈五四時期整體主義的反傳統主義之根源（一）〉正文楊芳燕譯，注釋郭亞珮譯；第三章〈五四時期整體主義的反傳統主義之根源（二）〉第一、二節楊芳燕譯，第三節傅可暢譯；第四章〈陳獨秀之整體主義的反傳統主義〉楊貞德譯；第五章〈胡適的偽改革主義〉楊貞德譯；第六章〈魯迅意識的複雜性〉劉慧娟譯；第七章〈結論〉劉唐芬譯。

前言

班傑明・史華慈（Benjamin I. Schwartz）

在19世紀的西方，中國經常被認為是凍結了的傳統主義的最佳典範。到了20世紀中葉，對許多人來說，中國已經變為革命之地——一個與自己過去的文化社會秩序全面而徹底地斷絕了的社會。若是我們反思一下，中國何以是不變傳統的最佳象徵，我們就會感知到，這個看法，跟下列觀感緊密相連：中國設法維繫了一個把社會、文化和政治整合在一起的秩序，這個秩序中的統治階級，致力於體現政治跟精神兩方面的權威。傳統的不斷延續，幾乎是它無所不包的整體的一個功能。共產黨人興起奪權後，我們清楚體會到他們領導層的意識形態是外來的。而且這個意識形態明白地要求與過去的「封建」社會和文化整體革命性地斷絕。

我們必須附加一項說明。現代中國思想史的學習者，在共產黨人還沒勝利之前，就深深地了解到，一些頂尖的現代中國知識分子在極大程度上已是林毓生教授所說的「整體主義的反傳統主義」的信仰者。扼要地說，整體主義的反傳統主義有

兩項假設：第一，過去的社會、文化和政治秩序必須被視為一個整體；第二，這個整體必須被棄絕。與林教授一樣，大多數學習20世紀中國思想史的人都對「整體主義的反傳統主義」在五四運動時期的支配力感到震驚。他們也深刻地了解，在五四之後的幾十年間，多數在中國思想界最有影響的人都在很大程度上持續堅守這一態度。他們因此常把共產黨領導人視為五四運動的孩子。

現在，非常清楚地，不論反傳統的傾向有多麼真實而強烈，也不論過去的政治文化秩序的整合在現實裡是多麼真實，與整體主義式的傳統整體斷裂，這一整齊的辯證性影像，作為一個對於現代中國的複雜歷史的總體描述，是高度不足的。過去幾十年裡的許多筆墨都花費在大幅地修正這一與過去整體斷裂的鮮明影像上。傳統文化的複雜性與其中多樣的分枝已經卓有成效地被探索。現代中國的生活在各層面上與過去的文化之間無意識或無聲息的延續，也被徹底地檢驗了。面對這個相當合理的、矯正性的修正主義，我必須指出，林教授這部細緻而思慮縝密的作品，絕非企圖重新主張原來的想像。他絕非號稱傳統中國在現實裡是一個毋庸置疑的、由不可分割的各部分所組成的整體。他也絕非企圖重申中華人民共和國在事實上標誌著一個與傳統中國文化——不論它是好是壞——的整體斷裂。其實，他的分析的中心觀點是：深植於中國某些文化傾向的某些態度深度地塑造了反傳統主義者的觀點。

他所申明的是，儘管傳統中國文化有它非凡的多元性，儘管它內部也有相互衝突的不同趨勢，但是文化是整合為一體的概念，社會和文化的所有面向都能以某種方式由政治秩序來控

制的概念，以及還有有意識的想法可以決定性地轉化人類生活的概念，在傳統文化裡形成了一個有力而普遍的觀念綜合體。他繼而強調，這些文化習性甚至以許多細緻的方式形塑了那些最堅決反對傳統的人。

　　我不應在這裡重複林教授精細而微妙的論點。在它的許多的價值之中，我只想指出，它在過度的「修正主義」可能會模糊了問題的焦點時，把我們的注意力再次集中於「整體主義的反傳統主義」這一20世紀中國的異常現象。林教授對這些修正再清楚不過了。這些修正不能改變一個事實：他所描述的態度在現代中國的思想史和政治史上都扮演了深刻的角色。因此，儘管我們在中華人民共和國對過去的文化遺產的態度裡察覺到種種的矛盾情緒和複雜心理，至少在目前它仍然堅守根本棄絕這一官方信條。當然，根據它對馬克思歷史哲學的一元化進化式的詮釋，它能將中國的不良過往算成世上所有高等文明的不良過往的一部分。它已經能夠無保留地讚許過去的物質成就，也能夠對過去的高等和通俗文化的各面向持或多或少的正面態度。但是，它的依據始終是否定了這些文化面向的當下價值的外來的觀念系統。不管人們對馬列主義參考框架強加的限制感到多麼惱怒，也不管中國人在多大程度上仍繼續被他們的過去所左右，官方意識形態裡「整體主義」的面向並未消失。

　　當我們將中國的現代思想和政治經驗跟一些其他的非西方文化區域──像是印度和伊斯蘭教世界──的思想和政治經驗進行對比時，林教授所強調的主題的重要性就變得更清楚。當然，就好像現代中國也有著名的「新傳統主義」思想家一樣，那些領域裡也有激進的反傳統主義者，並且未來可能會越來

多。我們也知道，在印度和伊斯蘭教世界裡，許多知識分子對印度教跟伊斯蘭教的信奉經常是淺薄和不可靠的。但不可否認的是，在那些社會裡，知識分子經常慣於辨識像伊斯蘭教與社會主義、印度教與民主之間的兼容性，而非兩者之間的尖銳的對立性。在那裡，還沒有任何國家起來允諾對大眾的傳統信仰實行正面攻擊。林教授的分析告訴我們，不管其他因素有什麼影響，對那些文化來說，舊的政治秩序的崩潰並沒有像在中國一樣有著整體主義式的牽連。他的分析更提示了，那些社會裡的知識精英也許不像中國的優秀知識分子〔他所說的「借思想‧文化以解決（政治、社會等）問題的途徑」的播送者〕那樣，認為有力量實現他們對社會文化的全面改造。

　　十分難能可貴的是，林教授並沒有簡單地用抽象論理式的命題來表達他的論點。他反而選擇了更困難的途徑：他通過觀察三個中國最著名的「五四」人物──陳獨秀、胡適和魯迅──來證明他的論點。這三個人相互之間有極大的不同，他們的內心世界複雜而充滿矛盾。但林教授相信，儘管他們這麼不同，他們之間卻有一些他所關心的共通的基本傾向。除了他的論點的說服力，他對這三個人物的分析也為我們提供了看待他們的新視角。此外，他的論點引導他對中國文化遺產本身提出深刻而有效的質疑。對於理解現代中國，以及思考現代世界裡最困難的一些問題，這本書都做出了思想性和提示性的貢獻。

第一章

緒論

　　20世紀中國思想史最顯著的、特有的面貌之一，乃是對中國傳統文化遺產進行持續和極度的全盤化否定的態度。雖然共產主義革命在改造國家和社會方面取得了成就，但新秩序與傳統歷史文化遺產間的關係，仍然懸而未決，曖昧不明。中國共產黨的領導人並不對老中國的傳統採取純屬民族主義式的頌揚，相反地，他們更傾向於根除這些傳統，因為他們不僅視傳統為對當前的威脅，也將其視作實現社會主義未來願景的藩籬。

　　這種當代文化矛盾的直接歷史根源，可以追溯到20世紀之交中國現代知識分子起源的特殊性質，尤其可以追溯到1915-1927年五四運動時代所具有的特殊知識傾向。在中華人民共和國的歷史中，又重新響起了五四時期盛極一時的「文化革命」口號，特別是在1966-1976年間最富戲劇性的「無產階級文化大革命」之中，而這個現象的出現絕非偶然。這兩次「文化革命」的特點，都是要對傳統觀念和傳統價值採取一種嫉惡如仇、全盤否定的立場。而且這兩次文化革命的產生，都基於一種共同的內在設想：如果要進行意義深遠的政治和社會變革，

基本前提是要先使人們的價值和精神整體地改變。實現這樣的轉變，便進一步預設著有必要激烈徹底地拒斥中國仍存於今天的過去的舊傳統。

文化革命的思想，在毛澤東的革命心態中長期居於顯著的地位，而且已成為後期毛澤東革命理論的基本成分。我們不能只從政治權力鬥爭的角度來理解毛澤東「文化革命」的意圖，或者只把它視為政治和社會革命過程中的一種功能。當然，權力鬥爭在中國共產主義的歷史上曾經層出不窮，但它們並不構成產生「文化革命」必然的內在邏輯。而政治與社會革命既非必須依靠「文化革命」才能進行，也不必然會引起「文化革命」。

進一步地說，毛澤東極度強調的「文化革命」，並非來自馬列主義的傳統。無論原本的馬克思主義如何以唯意志論的解釋來強調人的意識在歷史上的作用，以及在革命過程中改造人性的重要性，但根據馬克思主義的理論，這些「主觀的」因素終究是被「客觀的」社會經濟的現實所制約的。對照之下，毛澤東則把進行革命和塑造歷史現實（historical reality）的決定性作用，歸諸人的意識。源自這一信念，遂帶來毛澤東主義者將「文化革命」的問題視為首要關切之務。列寧也頗有唯意志論的一面，特別是在強調知識精英應將其優越的「意識」施加在群眾的「自發性」之上時尤為如此。但是，列寧主義者重視的意識在歷史上的作用，與毛澤東主義者在「文化革命」中所強調的意識因素，僅僅有一種表面的相似性。列寧與毛澤東都曾論述過文化與教育促使落後民族進入社會主義的關鍵性功能；他們也都相信無產階級的意識，不會隨著生產力的發展而自發

地產生。然而，列寧主義者對於此一意識的範圍和聚焦的觀點，反映了專家政治的傾向（technocratic proclivity），此種傾向與毛澤東主義者所強調的要旨，並不相同。雖然他們兩方都認為教育甚為重要，但是列寧主義者所強調的是組織教育、專家教育和政治教育，至於毛澤東主義者所強調的教育（雖然不排斥上述的那些類型），則是向群眾灌輸恰如其分且必要之社會與道德的思想和價值，俾以轉變群眾的心智和精神。

　　毛澤東對「文化革命」的堅持和強調——伴隨著極力主張作為「文化革命」先決條件的對舊文化的徹底拒斥——事實上是作為馬列主義變體的毛澤東思想的最顯著特徵之一，反映了其與馬克思主義和列寧主義前提的質的分離。雖然探究毛思想中「文化革命」概念的複雜根源，並非本書的主旨，但值得提出的是：根據五四時期知識群體的激進思想來研究毛澤東思想，將可獲致豐富的成果，因為這種激進思想對毛澤東在求學時期的知性生活曾產生過決定性的影響。[1] 在20世紀中國歷史

---

[1] 毛澤東在長沙第一師範學堂讀書時就喜歡閱讀《新青年》雜誌。根據李銳的毛傳（官方授權）記述，他曾與友人「醉心閱讀」陳獨秀和吳虞的反孔文章以及李大釗的文章〈青春〉和〈今〉。他們經常摘錄這些文章的重要段落，然後在札記或日記中予以評論。（見李銳，《毛澤東同志的初期革命活動》，北京：1957，頁28。）毛澤東後來對E. Snow談起他的學生時代時說：「我很讚賞胡適和陳獨秀的文章。有個時期他們成了我的榜樣。」特別是對於陳獨秀，他說：「我第一次和他見面是在北京，當時我在北京大學，他給我的印象也許超過任何人。」（Edgar Snow, *Red Star over China*, 1st rev. and enlarged ed.〔New York, 1968〕, pp.148, 154.）關於魯迅對中國文化革命的貢獻，毛澤東的推崇則近乎盡人皆知。他說：「魯迅是中國文化革命的主將，他不但是偉大的文學家，而且是偉大的思想家和偉大的革命家。魯迅的骨頭是最硬的，他沒有絲毫的奴顏和媚骨，這是殖民地半殖

中，鑒於文化反傳統主義（cultural iconoclasm）[2] 是一股貫穿直至70年代的強大的潮流——這股潮流在毛澤東思想中表現在他對「文化革命」必要性的極度重視——所以，充分理解五四時期激進反傳統主義的意義，無論如何地強調都不為過。反中國傳統文化遺產的激進五四運動，在後傳統中國歷史上（in post-traditional Chinese history）是個轉折點。就這個反傳統主義的深度和廣度而言，它在現代世界史上很可能是獨一無二的。[3] 這個反叛運動顯現出20世紀中國知識分子意識中文化認同的深刻危機；它也是後來文化和知識發展的預兆。以後數十年中，文化反傳統主義的各種表現，都是以五四時期的反傳統主義為出發點的；的確，甚至後來出現的許多保守思想和意識形態，在不同程度上，也表現出五四時代反傳統主義對它們的影響。

　　基本上，本書是對五四時期反傳統主義的起源和性質的研究。這種反傳統主義如此激烈，以至於我們完全有理由把它稱

民地人民最可寶貴的性格。魯迅是文化戰線上，代表全民族的大多數，向著敵人衝鋒陷陣的最正確、最勇敢、最堅決、最忠實、最熱忱的空前的民族英雄。魯迅的方向，就是中華民族新文化的方向。」見Mao Tse-tung, "On New Democracy," in *Selected Works of Mao Tse-tung*（Peking, 1961-1965）, 2：372，或毛澤東，《新民主主義論》，《毛澤東選集》，卷2，頁658。

2 　我在本書中交替使用「反偶像崇拜」（iconoclasm）和「反傳統主義」（antitraditionalism）。「反偶像崇拜」是在廣義上使用，意味對傳統予以意識形態的拒斥，而不是在狹義上特指對傳統外觀形式（即偶像）的拒斥。（本書中，將這兩個詞都譯為反傳統主義者。——譯者注）

3 　西方啟蒙運動時期，法國一些哲學家曾譴責現存「舊秩序」是一切罪惡的化身。然而他們對於教會和國家的激烈譴責，卻不包括對整個西方傳統文化遺產的譴責。因為他們承認自己是深受文藝復興和古代的經典文化、特別是古羅馬文化的澤惠。

作全盤化的（totalistic）。[4] 就我們所了解的社會和文化變遷
而言，這種反傳統主義要求徹底摧毀過去的一切，這在很多方
面都是一種空前的歷史現象。誠然，在社會與歷史發生根本變
遷的時期，反傳統的衝動經常地出現。新規範、價值的理解與
支配，使得許多傳統上視為理所當然的準則和慣例變得格格不
入和難以容忍，人們因此常會要求將它們摧毀。但是，傳統的
「摧毀」具有許多種類，反傳統主義的類型亦見繁多。人們可
以抨擊所覺察出的傳統中有害的部分，而不必然要全盤地（in
toto）譴責過去。根除某一傳統中不合時宜或有害的成分，通常
不一定含有完全否定文化遺產的意思。如果某一傳統內的轉變
潛力是巨大的，那麼在有利的歷史條件下，該傳統的某些符號
和價值，還可經由重塑和轉化，提供有利於變遷的「種子」，
同時還可以在變遷的過程中保留文化認同的意義。在這種情況
下，在建設出可實施運行的現代社會時，從傳統汲取出的文化
成分，可以扮演著促進更勝於損害的角色功能。因此，全盤化
的反傳統主義並不必然根生於現代化過程之中或力爭現代性之
際。[5]

4　「全盤化的」（totalistic）一詞，此處用來嚴格描述對中國社會和文化傳統
　　總體拒斥之因的一種意識形態的承擔，它與「總體論的」（totalitarian）一
　　詞的含義毫無關係。雖然五四時期的反傳統主義者基於意識形態原因，渴
　　望總體上拒斥中國傳統，但他們的全盤化的反傳統主義，正如本書將表明
　　的，部分地是源自他們無力總體地拒斥中國傳統的影響。

5　請參見Max Weber, *The Protestant Ethic and the Spirit of Capitalism*, tr. Talcott
　　Parsons（New York, 1958）; S. N. Eisenstadt, "The Protestant Ethic Thesis in an
　　Analytical and Comparative Framework," in *Modernization: Protest and Change*
　　（Englewood Cliffs, N. J., 1966）; and "Transformation of Social, Political and

　　雖然有些時候，某些個人或群體相信過去的一切既無用處也無價值，但在其他社會的歷史中，卻從未出現過像中國五四時期那樣的持續如此之久、歷史影響如此深遠的全盤化反傳統主義。因此，研究五四時期在中國產生的激烈反傳統主義的根源和性質，對歷史學家來說，是一項頗具挑戰的工作。如果要了解當前的中國歷史，充分考慮這一特殊的歷史經驗也是極為重要的。

　　為了闡明五四時期反傳統運動中知識分子思想的多樣性，在力求避免對這些反傳統主義者的研究中的膚淺與重複，本書同時對五四時期知識界三位最著名的領導人物——陳獨秀、胡適、魯迅[6]——的反傳統意識的根源和性質，採取比較的方式來

Cultural Orders in Modernization," *American Sociological Review*, 30.5: 650-673（October, 1965）; Robert Bellah, "Epilogue" in Robert Bellah, ed., *Religion and Progress in Modern Asia*（New York, 1965）, pp.168-225。

6　陳獨秀（1879-1942）是《青年雜誌》的創始人和主編，該雜誌後來改名為《新青年》，是五四時期中國激進思想的領導刊物。陳獨秀曾於1917-1919年擔任國立北京大學文學院院長。他和李大釗於1921年創立了中國共產黨，並於1921-1927年擔任黨的領導人。

胡適（1891-1962）是公認的五四時期中國自由主義的代言人。他於1917-1927年，先擔任國立北京大學哲學系教授，後轉任英文系主任；1930-1937年任該校文學院院長；1945-1948年任北大校長。胡適1938-1942年任中國駐美國大使。1958年起，他擔任台灣的「中央研究院」院長，直到1962年逝世。

魯迅（1881-1936）原名周樹人，五四時期中國最偉大的作家。1912-1926年，他在教育部任職（1925年稍中斷）。魯迅於1920-1926年任國立北京大學中國文學講師，1926年同年稍後任廈門大學中國文學教授，1927年任廣州中山大學中國文學教授。從1927年到1936年逝世前一直居住在上海從事文學創作和翻譯。

研究。這三位人物在五四早期都具有相同的反傳統主義傾向，同時他們也參與了《新青年》雜誌所發起的反傳統運動。然而他們三人的反傳統思想的特質有許多深切不同之處，正如他們性格上與政治傾向上有顯著差異。我希望通過對這三人思想的比較來闡明五四反傳統主義中的統一性與多樣性。

在分析陳獨秀、胡適和魯迅這三人的思想發展與他們的主要觀念的工作中，我將不受通常把1915-1927年作為五四時期這種頗為武斷的、機械的時間劃分所限。以這三人為先驅的反傳統運動，在五四時代早期（1915-1919）和中期（1919-1923）達到了高峰；但在此以後相當長的時間中，魯迅所發表的著作，仍然持續顯現出全盤化反傳統主義的衝動。胡適在五四時期雖曾參與全面抨擊中國傳統的活動，但直到1934年才清楚地解釋他的論點。然而，他嗣後的反傳統著作，根本上沒有脫離早期

關於這三位名人的簡傳可參閱Howard L. Boorman, ed., *Biographical Dictionary of Republican China*（New York, 1967-1971），1: 240-248, 416-424, 2: 167-174，其中有關陳獨秀、胡適和魯迅的各章。關於胡適的詳細傳記，可參閱Jerome B. Grieder, *Hu Shih and the Chinese Renaissance*（Cambridge, Mass., 1970）。關於魯迅在1926年離開北京之前的全面傳記，可參閱William A. Lyell, Jr., *Lu Hsün's Vision of Reality*（Berkeley, 1976）。由於缺乏陳獨秀在1915年以前的原始材料，所以很難撰寫他的傳記，但還可參閱Thomas C. Kuo, *Ch'en Tu-hsiu（1879-1942）and the Chinese Communist Movement*（South Orange, N. J., 1975）；Yü-ju Chih, "Ch'en Tu-hsiu: His Career and Political Ideas," in Chün-tu Hsüeh, ed., *Revolutionary Leaders of Modern China*（London and New York, 1971），pp. 335-366; Richard C. Kagan, "Ch'en Tu-hsiu's Unfinished Autobiography," *China Quarterly*, 50: 295-314（April-June 1972）; Richard C.Kagan, "The Chinese Trotskyist Movement and Ch'en Tu-hsiu: Culture, Revolution, and Polity"（Ph.D. diss., University of Pennsylvania, 1969）。

全盤化反傳統思想的根本主題；儘管他的這些著作在時間上已邁過了五四時期，但我仍將它們列入討論分析之中。

因為本書的目的不是撰寫一部知識分子的總體傳記，所以我僅提供相關的、為數有限的傳記性資料。我的注意力主要集中在陳獨秀、胡適和魯迅所普遍關懷的問題和反傳統思想上。我之所以選擇他們作為研究對象，部分原因是他們三人係大家公認的五四領袖人物，部分原因是他們三人在性格、政治和思想方面有顯著的差異。陳獨秀終究蛻變成一位馬克思主義者，並且成為中國共產黨的第一位領導人；他被公認具有強烈的道德熱情；富有戰鬥氣質和大無畏的個人主義精神。他堅強有餘而精細不足，因而對社會和文化問題所涉及的精微而曲折的含義或複雜情況，顯現不十分關心。胡適則不然，他是杜威式的自由主義者，後來轉變成一位對國民黨具有矛盾心理的支持者。他圓通自滿，溫文儒雅，偶爾虛榮自負。胡適心思機敏，文字文風表達出一種淺顯的明暢，但他從未能涉入較難層次的社會、文化問題，也未曾能深刻地探索他所關懷的問題。對照之下，魯迅則是一位非凡而繁複的人物，具有一顆機智、敏銳、精緻而富有創造力的心靈。他以冷嘲的幽默與辛辣的諷刺著稱。外表上他疏遠、冷漠，內心中則悲憤、沉鬱；但他有一種誠摯的關懷和道德的熱情，這使他得以用異乎尋常的雄辯來表達中國文化危機的極度痛苦。魯迅晚年在政治上非常同情共產黨人，但迴避形式上的黨紀束縛和堅硬的意識形態信諾。

我們將看到，這三人在性格、政治和思想傾向方面的差異，影響了他們反傳統主義的特質。但他們共同得出了一個相同的基本結論：以全盤拒斥中國的過去為要求的思想和文化革

命，正是現代社會和政治變遷的基本前提。因此，「理解五四反傳統主義的全盤化性質」這一問題，是無法從心理學的、政治學的或社會學的概括來加以解釋的。這是一個歷史（學）的問題，必須根據20世紀中國社會和思想的變化及其連續性——在一個更為廣闊的辯證脈絡之中——進行考察；這種更為廣闊的歷史背景，正是我們首先應予以探討的。

第二章

五四時期整體主義的
反傳統主義之根源（一）

　　五四運動中的激烈反傳統主義，正如過去140年中國歷史上
其他許多思想現象一樣，背後佇立著一項主導性事實：西方文
明的入侵。透過諸多不同的形式，西方文明的入侵既破壞了中
國傳統文化的穩定性與連貫性，亦廣泛地影響了現代中國思想
與文化變革的方向。

　　中國過去接受西方的思想與價值，主要是根據民族主義
的訴求而進行的，而中國民族主義的興起則是對於西方入侵的
一個直接的回應。中國民族主義帶來了一個嶄新的價值階序，
「在那裡，對於維護和促進作為民族國家來認識的社會統一體
所承擔的義務，要優先於對其他價值和信仰所承擔的義務。其
他價值與信仰都須納入這項民族主義的目標關係中加以判斷，
而不是相反。」[1] 因此，歸根究底而言，正是民族主義的目標與

1　Benjamin Schwartz, *In Search of Wealth and Power: Yen Fu and the West*
　（Cambridge, Mass., 1964），p. 19. 我要感謝埃茲拉・F・沃格爾（Ezra
　F. Vogel）教授惠允我在本章和其他章節裡援用拙作中的資料："Radical

期望，啟動了文化與社會政治變革的要求。在五四時期的最初幾年，這些變革的要求是根據（當時中國人所理解的）西方民主與科學的思想與價值而被提出的，其主要的（儘管並非唯一的）原因，就在於這些思想與價值乃被認為有利於中國作為一個民族國家的生存與重建。

民族主義的衝動，亦將當時流行的社會達爾文主義的語彙與概念，轉化為一種致使許多知識分子蔑視過去的制度、思想與價值的求變的意識形態。[2] 不過，無論是中國的民族主義，還是中國式社會達爾文主義的求變的觀念，或是當時所接受的西方自由與科學的思想與價值，都無法解釋五四反傳統運動的整體主義（totalism），儘管它們都是反傳統現象的一般性背景因素。要探尋整體主義這一現象的特殊性質的根源，我們必須著眼於根深柢固的歷史力量與當時的政治事件之間的交互作用（interaction）——因為這種交互作用對反傳統主義者本身曾起過決定性的影響。

一、傳統的社會政治與文化道德秩序的解體

中國知識分子在慶賀清帝國覆滅後不久即意識到，民國的

Iconoclasm in the May Fourth Period and the Future of Chinese Liberalism," in Benjamin I. Schwartz, ed., *Reflections on the May Fourth Movement*（Cambridge, Mass.: East Asian Research Center, Harvard University, 1972）。

2　民族主義是一個不易捉摸的概念，社會達爾文主義亦然。它們值得在稍後給予更整全的討論。在第四章，我將會在陳獨秀的反傳統主義思想的脈絡下，探討民族主義與社會達爾文主義的關係。

建立並未使中國成為一個現代的民族國家，而只是傳統的社會政治秩序與文化道德秩序的解體過程達到了高潮。早在清朝的最後幾年，此雙重秩序已因西方的列強與意識形態的入侵、新興知識分子的民族主義情緒的高漲，以及國內官僚的腐化與道德的敗壞而遭到削弱，但苟延殘喘的君權卻又使其免於徹底的崩潰。

要了解普遍王權（universal kingship）的崩潰何以會導致傳統社會政治秩序與文化道德秩序最終的瓦解，以及為何普遍王權崩潰的後果之一導致了五四時期整體主義的反傳統主義崛起，我們就首先必須探究普遍王權持久的穩定性與主導性在傳統中國所具有的含義；其次，我們必須探究普遍王權在整合上述雙重秩序的功能上所具有的意義。

商朝甲骨文的證據顯示，在中國文字記載最初出現的年代，普遍王權的觀念已開始形成它的特殊面貌。商王是一個獨一無二的人物，他自稱「余一人」——這樣的稱謂日後亦為周朝（1122?─256 B.C.）君王所沿用。商的最高神祇是帝，祂公正無私的意志展現於對商王作為的認可與協助，有時亦展現於降災，甚至命令敵人來襲。帝被認為對商王本人具有一種特殊且獨一無二的關注，這使得商王的統治至少潛在地具有普遍意義上的正當性。[3] 毋庸置疑，及至周朝，天下應當由取得天命的

---

3 商朝甲骨文中有不少銘文顯示商王自稱「余一人」。例見屈萬里編，《小屯（第二本）：殷虛文字甲編考釋》（台北，1961），頁264，第2133片。我對於商朝普遍王權之出現的闡述，受益於大衛・N・吉德煒（David N. Keightley）的未刊稿："Legitimation in Shang China," for Conference on Legitimation of Chinese Imperial Regimes, Asilomar, June 15-24, 1975。凱特利

君王來治理的想法，已深植人心。君王擁有天下眾土，對萬民握有至高無上的主權。除了世俗的權力與權威之外，被認作宇宙與人民之間唯一聯繫者的君王，亦操持宗教與精神的權威。4

在該文頁45-47中寫道：「銘文裡絕少提到帝下命令讓敵人進攻，這顯示了兩種可能：一是敵人的進攻沒有造成強大的威脅，因此沒有必要與帝相聯繫；一是帝絕少被設想為會與商的利益為敵。這兩種可能性並不相斥。但是，這些極少數的『帝命禍』的銘文卻十分重要，因為它們提示了帝是一個類似於天的存在，有能力傷害和毀滅商朝……簡單來說，我會認為帝是一個一般的、普遍的力量，不是任何氏族所獨有的力量。我們並不確定，其他氏族和部落的祖先是否以類似的方式上訴於帝。但這個可能性既符合帝對商滅夏所持的公正態度，也符合西周天命理論的起源。帝（或天）命令他們傾覆商朝這個宣稱，因此可能不是西周政治理論的新發明，而是商代神學的邏輯性延續伸展。在商朝周圍的部落因而有可能都像商朝人一樣地冀望於帝的幫助……帝特別關注君王個人。帝被設想為像祖先一樣有能力保護君王，幫助君王，支持君王，傷害君王，等等；但是，不同的是，帝只把他的力量集中在君王一人身上。這個稀有的注意力很有可能強調了君王特殊的『余一人』的身分。」我要感謝凱特利教授惠賜該文。有關商朝甲骨文、西周青銅器銘文，以及《尚書》《左傳》《國語》等文獻中所見「余一人」的用法的通論可參見胡厚宣，〈釋「余一人」〉，載《歷史研究》，1975，第1期，頁75-78。

4　《尚書》與《詩經》中的許多段落都可以用來說明這點。如《尚書·召誥》（四部備要本，卷8，頁12b-13b）：「嗚呼，皇天上帝，改厥元子茲大國殷之命，惟王受命，無疆惟休亦無疆惟恤，嗚呼，曷其奈何弗敬……王來紹上帝自服於土中，旦曰，其作大邑，其自配皇天，毖祀於上下其自時中，王厥有成命治民今休。」《尚書·多士》（四部備要本，卷9，頁8a）：「爾克敬天，惟畀矜爾，爾不克敬，爾不啻不有爾土，予亦致天之罰於爾躬。」《尚書·多方》（四部備要本，卷10，頁10b）：「爾乃惟逸，頗大遠王命，則惟爾多方探天之威，我則致天之罰離逖爾土。」Bernhard Karlgren, tr., *The Book of Documents*（Stockholm, 1950），pp. 48-49, 56, 65.《毛詩》（四部備要本，卷17，頁8a）：「假樂君子，顯顯令德，宜民宜人，受祿於天，保右命之，自天申之。」Bernhard Karlgren, tr., *The*

周朝末期，政治的分崩離析削弱了普遍王權的符號與制度。當時的大多數思想學派，儘管對於普遍君王（universal king）的起源與角色有著不同看法，但都仍將普遍王權的符號與制度視為當然。一般認為，這些學派包括了古典儒家、墨家及法家。[5] 不過，古典道家顯然亦當包括在內。在中國古代思想的光譜中，道家，尤其是《莊子》，對於當時流行的典章制度，在很多方面都採取了比較強烈的批判立場。因此，按理說，道家乃具有較大的潛力去突破中國傳統的限制。然而，在《老子》一書中許多告誡君王無為而治的章節，仍假定了普遍王權的正當性。[6]《莊子》一書激烈的相對主義，確實讓人極難或甚至終究無法掌握該書確切的想法。人們甚至可以辯稱：該書激烈的相對主

Book of Odes（Stockholm, 1950），p. 205.

5　例見《論語》，第八章第十九節，第十五章第四節；《孟子》，第五章第一節之四、之五；《荀子》，第九章、第十二章；《墨子》，第八、第十一、第二十六章；《韓非子》，第二章第八節。

6　在《老子》一書中，「聖人」一詞出現不下20次，而且通常指的是全天下的理想君王，也就是理解並實踐了無為之道的普遍君王。例如，第二十二章：「是以聖人抱一為天下式。不自見，故明；不自是，故彰；不自伐，故有功；不自矜，故長。」第四十九章：「聖人在天下，歙歙焉為天下渾其心，百姓皆注其耳目，聖人皆孩之。」第五十七章：「以正治國，以奇用兵，以無事取天下。」陳鼓應，《老子今注今譯》（台北，1972），頁107-108，170，189。《老子》一書中，像在第七章、第八十一章的一些陳述，暗示了聖人無為的原則是根據或類似於天道。由於這本書成形於古代封建社會晚期，它的許多段落討論的是封建主，而非全天下的理想君王。這與我對這書的基本假定的理解完全沒有衝突：人類世界的理想模式就是普遍王權。我在翻譯以上這些段落時參考了若干注釋，還有Wing-tsit Chen（陳榮捷），tr., *The Way of Lao Tzu*（Indianapolis, 1963），以及D. C. Lau, tr., *Lao Tzu Tao Te Ching*（Harmondsworth, 1963）。

義的形而上學，使得一切有關人類社會之形式的考慮都變成無稽之談，並且就形而上學而言，普遍王權的符號和制度與莊子所關心的「自得」和「自善」根本毫不相干。不過，在《莊子》的〈內篇〉〈外篇〉與〈雜篇〉中，有若干論及人類社會問題的章節，它們論述的方式則假定了普遍王權的正當性與必要性。換言之，該書一旦肯認某種社會與道德秩序的必要性（對於一個與世隔絕的遁世者而言，情況當然完全不同），則這個秩序必然需要透過普遍王權的形式才能獲致，而其理想的君王則將遵從無為的原則。[7]

　　顯然，普遍王權的思想在中國古代文化中已根深柢固。它安然度過了周朝末期的政治分裂與諸子百家爭鳴所給予的挑戰。西元前221年中華帝國的創建，更強化了普遍王權的思想，因此日後各個時期的蠻夷入侵與政治分裂，以及文化上佛教的勃興，都未嘗使其發生動搖。

　　在解釋中國普遍王權的持久性時，班傑明‧史華慈指出，關鍵並不純然在於這樣的事實：在中國的前現代時期，鄰近的區域從未出現過「在文化上中國認為必須嚴肅對待其聲稱的普遍國家（universal state）」，遑論其產生過真正的挑戰——雖然

7　例證之一是《莊子‧內篇‧應帝王第七》中的這樣一段文字：「陽子居蹴然曰：『敢問明王之治。』老聃曰：『明王之治：功蓋天下而似不自己，化貸萬物而民弗恃；有莫舉名，使物自喜；立乎不測，而游於無有者也。』」見郭慶藩，《校正莊子集釋》（台北，1962），第1冊，頁296；Burton Watson, tr., *The Complete Work of Chuang Tzu*（New York, 1968）, p. 94。《莊子》一書中某些相對主義式的概念質疑了社會本身的價值。然而，我在這裡所關心的並不是社會的終極價值，而是在社會要被保留的前提下，《莊子》所討論的社會道德秩序。

這一事實，的確強化了中國人對於中國王權之普遍性的絕對信念。[8] 史華慈教授更提出一項精闢的觀察：中國人的看法，相較於其他文化中的類似看法，極可能是建立在一個更加堅實的宗教與宇宙論的基礎之上的。在中東，神祇總是以擬人化的、具有鮮明人格的形式出現。在美索不達米亞，普遍君王則是各種最高神祇──例如巴比倫的主神馬杜克（Marduk），或亞述神殿的至高神祇阿舒爾（Ashur）──的代理者。這些眾多神祇是不同君王取得其正當性和權威的源泉，而單單這樣眾神林立的事實，便足以削弱這些君王的絕對性聲稱──聲稱自己擁有絕對的至高性與普遍性。「在中國，周朝即已出現一種不受人力支配的秩序（impersonal order）的概念，亦即道的概念。這是一種宇宙與人間社會共有的秩序，在此秩序中，王權占據了一個穩固的、永久的、樞紐的位置。」[9]

在陰陽及「五行」學說糅合進儒家思想之後，普遍王權的永久性得到進一步的支撐。前者的這項思想發展多得力於中華帝國的創建，並於西元2世紀在董仲舒的著作裡達到高峰。在董仲舒的有機式宇宙論（organismic cosmology）裡，普遍君王被認為是「陽」，臣民與君王的關係則被視為「陰」與「陽」的關係。[10] 一如「陽」將永存於宇宙，普遍君王亦將永存於人

8　Benjamin I. Schwartz, "The Chinese Perception of World Order, Past and Present," in John K. Fairbank, ed., *The Chinese World Order*（Cambridge, Mass., 1968），p. 281.

9　同上書，頁283。

10　董仲舒，《春秋繁露》，四部叢刊本，卷12，頁7a-7b。

世。透過聯繫宇宙秩序與人間秩序的普遍王權，[11] 神聖的權威核定了社會的道德秩序──「三綱」。[12] 董仲舒說：「王道之三綱，可求於天。」[13]

王權制度具有莫大的主導性，以致中國歷史上絕少出現異議的觀點，而即使出現了，這樣的觀點最終亦無發展可言。舉例來說，大約在西元3世紀末到4世紀初之間，有位名叫鮑敬言的儒生，即是一個值得注意的異議分子。他認為天命只是虛構的神話：所謂王權，乃是狡黠的強者戰勝淳樸的弱者而取得統治的爭鬥的結果。[14] 不過，挑戰神話是一回事，創造出一個足以取代天命觀的政治正當性理論，則是另一回事。鮑敬言並未

---

11 董仲舒，《春秋繁露》，四部叢刊本，卷11，頁6b：「古之造文者，三畫而連其中，謂之王；三畫者，天地與人也，而連其中者，通其道也，取天地與人之中以為貫，而參通之，非王者，孰能當是。是故王者唯天之施，施其時而成之，法其命而循之諸人，法其數而以起事，治其道而以出法，治其志而歸之於仁。仁之美者在於天，天仁也，天覆育萬物，既化而生之，有養而成之，事功無已，終而復始，凡舉歸之以奉人，察於天之意，無窮極之仁也。」英譯大致根據Fung Yu-lan（馮友蘭），*A History of Chinese Philosophy*, tr. Derk Bodde（Princeton, 1953），2: 46-47。

12 「綱」的本意為網中串聯其他線索的主繩。「三綱」決定臣對君、子對父、婦對夫的義務。

13 董仲舒，《春秋繁露》，四部叢刊本，卷12，頁8a。

14 葛洪，《抱朴子‧外篇》，四部備要本，卷48，頁1a：「儒者曰：『天生烝民而樹之君。』豈其皇天諄諄然亦將欲之者為辭哉！夫強者淩弱，則弱者服之矣；智者詐愚，則愚者事之矣。服之，故君臣之道起焉；事之，故力寡之民制焉。然則隸屬役禦，由乎爭強弱而校愚智。彼蒼天果無事也。」英譯大致參照白樂日（Etienne Balazs）翻譯的由葛洪保存下來的鮑敬言的著述，見*Chinese Civilization and Bureaucracy*, tr. H. M. Wright（New Haven, 1964），p. 243。

提出實際可行的替代性理論，他所能做的，最多只是退而嚮往一個同樣具神話色彩的黃金遠古世界——在那裡，社會政治的森嚴等級消失了，人人享有原初的和諧。[15] 至於如何面對當時的社會與政治局勢，他完全保持緘默。在西元3世紀、4世紀的中國，當時的社會、政治、經濟與文化條件並不足以提供空間給鮑敬言的批判，使其成為激發新的政治正當性思想的源泉。他對於普遍王權所做的饒富顛覆潛能的批判，只落得孤掌難鳴，對日後中國的文化與社會毫無影響。[16]

以上的討論指向兩個結論。第一，中華帝國的建立，以及造就帝制儒學（imperial Confucianism）之形成的那種繁複縝密的有機式宇宙論，強化了普遍王權的思想與制度。於是，王權作為社會政治秩序與文化道德秩序之整合鏈索的意義與功能，亦因此被大大地強化與鞏固。第二，普遍王權是中國自有文字記載以來，橫跨各家思想藩籬而被視為當然的一項牢不可破的主導性預設。在中國的傳統文明裡，鮮有資源可以突破它的主導性。更廣泛地說，普遍王權的這種連續性，意味著中國的文化與社會的整合結構，在漫長的歲月裡未曾發生過類型性變革（generic change）。

有關普遍王權的思想與制度如何遭受侵蝕終而崩潰的歷程，其他學者已多有討論，此處不贅述。[17] 諷刺的是，這個久

15　葛洪，《抱朴子・外篇》，四部備要本，卷48，頁1a-2a；Balazs, *Chinese Civilization*, pp. 244-246。

16　柳宗元關於中國「封建主義」的進化觀念，也是如此。見下章，頁53-54。

17　可參見Schwartz, "The Chinese Perception of World Order," pp, 276-288，以及他的*In Search of Wealth and Power: Yen Fu and the West*; Joseph R. Levenson,

經考驗、根深柢固的普遍王權，當它走到了盡頭時，卻因早已腐朽不堪而輕易就被推翻了。不過，我們也不當因此輕忽它的傾覆所具有的歷史意義。它橫跨數千年的連續性，以及它在中國社會中的整合功能，意味著它的崩潰將帶來非比尋常的破壞性後果。

正因為普遍王權是貫穿社會政治秩序與文化道德秩序，並將此雙重秩序做高度整合的必要鏈索，因此，普遍王權的崩潰所導致的社會政治秩序的瓦解，無可避免地亦使文化道德秩序發生根本動搖。

這並不是說，單憑普遍王權的崩潰，就能使中國的社會政治秩序與文化道德秩序在1911年後突然解體。雙重秩序的解體，其實是發生在19世紀40年代至1911年間的一個漫長而複雜的過程。它就像是堤防水閘毀壞的過程。水閘受水侵蝕，雖然不至於旦夕之間倒塌，但經過長期的侵蝕而一旦倒塌，決堤的洪水即會以無可抵擋之勢氾濫成災，不僅帶來自然災害，亦將危及地面上的一切事物。同理可知，皇位的廢除，就如水閘的崩潰一般，為中國帶來了所有事物之傳統秩序的毀壞。

我並不是說，在文化與道德崩解的情況下，中國人認為傳統的思想或價值全都失去了意義，而是說經由傳統的整合所形成的思想與價值叢聚（cluster of ideas and values）遭到了腐蝕，或是從原來的接榫處脫臼了。換言之，傳統文化與道德的架構

Liang Ch'i-ch'ao and the Mind of Modern China（Cambridge, Mass., 1959）；Hao Chang, *Liang Ch'i-ch'ao and Intellectual Transition in China*, 1890-1907（Cambridge, Mass., 1971）。

（framework）解體了。那些仍要維護傳統思想與價值的人，便被迫只得另尋新的辯護。因為在中國傳統思想內容之內，已經沒有任何東西可以安穩地被視為當然的，所以其中每一方面均可能遭受懷疑與攻擊。這樣全面性的解體，為五四反傳統主義者提供了結構的可能性（structural possibility），使其得以採用一種從傳統中演變而來的思想模式（mode of thinking，我將在下一章予以描述），對中國的過去提出整體主義的攻擊。換言之，假使傳統文化是以另一種方式結構而成的，那麼，它的架構也就不會因傳統政治秩序的瓦解而完全遭到毀壞，某些傳統的思想與價值亦將有可能仍依附於現有的文化秩序之內，而不致完全離析。[18] 這樣的話，五四反傳統主義者就不會把中國的傳統文化視為一個有機式整體，認為要不是全盤接受就是全盤拒斥它；相反地，他們對傳統的認知將會比較有分殊性——從而他們可以只拒斥傳統中那些邪惡或無用的成分，而無須主張整體主義的反傳統主義。然而，他們的多方論證乃是以中國傳統的有機式本質作為表述依據的，儘管他們並未實際論及普遍

---

18 中國傳統的維護者也以他們各自的方式深深地被它的解體所影響。由於對傳統文化與道德的瓦解感到震驚，許多第一代的中國知識分子——像康有為、嚴復、梁啟超這樣在中國文化秩序崩潰之前達到智識上的成熟期的人——竭盡全力地去為甚至已經不能被清楚定義的傳統尋找新的、幾乎是荒唐的辯護。要了解在文化—道德秩序解體之後，拚命地嘗試保存中國的道德傳統的非精英知識分子，如何在思想上呈現出扭曲和勞傷，見拙作："The Suicide of Liang Chi: An Ambiguous Case of Moral Conservatism," in Charlotte Furth, ed., *The Limits of Changes: Essays of Conservative Alternatives in Republican China*（Cambridge, Mass., 1976），pp. 151-168。

王權本身的整合功能與持續主導性。[19]

二、袁世凱與張勳，以及傳統的濫用

　　清帝國瓦解後所建立的徒具虛名的共和國，既無法提出一個新的、全面性的世界觀，亦未能建立一個有生機的政治體系。在迷惘與混亂之際，當政治與文化的規範不復存在，就只剩具有真正實力的「強人」進行「統治」了。一個混亂的中國，自然很輕易就屈從於袁世凱的武力之下。而當他失敗了，就再也沒有人有足夠的勢力去單獨統治這個國家。中國陷入了軍閥的割據與自相殘殺的戰亂中。既然不可能再有一個所謂的「天命」來替政治權力辯護，而新的意識形態又非軍閥可及，

---

19 我對於普遍王權崩潰後的毀滅性影響的描述是以啟發式的、闡述式的意圖為出發點——就像在「理想型」分析中，歷史現實裡有關的元素都被建構在一個邏輯一貫的概念之內。我的分析是屬韋伯所說的「具體化的理想型」，而非「普遍性理想型」。Max Weber, The Methodology of the Social Sciences, tr. Edward Shils and Henry A. Finch（New York, 1949）, pp. 89-112. 亞歷山大・馮・塞廷（Alexander von Schelting）還有後來的塔爾科特・帕森斯（Talcott Parsons）都對韋伯「理想型」下的這兩種子範疇做了釐清。Talcott Parsons, The Structure of Social Action（Glencoe, Ill., 1949）, pp. 601-610. 正因為這種分析有我所希望的邏輯上的清晰，它切近但並不完全對應現實的情況。我並不是說在1911年2月12日（農曆辛亥年12月25日）清帝遜位後，傳統中國的文化與道德立即在中國所有的激進知識分子之間都喪失了可信度。王權崩潰後，政治社會及文化道德秩序瓦解的效應在知識分子間以不同的速度傳播，在很大幅度上視社會地理情況而定。以胡適為例，他身處遠離中國社會的美國，在1914年仍然談到儒家的改良，因為他仍然認為它有一些有效性和價值。參見本書第五章，頁87-88。他個人到1917年回中國後才對於中國傳統感到棄絕。

他們便只能胡作非為，毫無經邦治國的目標或憧憬可言。

　　袁世凱統治的時期，一般而言，是五四知識分子興起的直接背景，特定地說，是反傳統思潮興起的直接背景。不過在探究袁世凱統治的含義之前，我們必須先考慮在外交領域發生的一樁至關重要的事件，它強烈地激發了知識分子及一般民眾的民族主義情緒：1915年1月18日，日本政府向袁世凱提出了「二十一條」要求。日本人懂得抓住時機，趁中國混亂之危，知道中國無力抵禦他們的侵略，並預料袁世凱不致愚蠢到採取抵抗政策而危及自身的地位。因此，透過這些祕密的要求，日本人實際上等於宣告要將中國大部分的重要經濟地區據為殖民地，並清楚預示不久亦將剝奪中國對其內政的主權。在三個月有餘的談判之後，日本政府的使華官員於5月7日提出了最後通牒，規定中國接受除有待商議的第五部分以外的所有要求。[20]兩天以後袁世凱屈服了，中國外交史上最令人屈辱的賣國條約就此簽訂了。

　　在談判期間，袁世凱政府已向新聞界透露「二十一條」的性質，試圖借此來取得輿論支持。中國人民的反應極端劇烈而憤慨。支持軍事抵抗的捐款蜂擁而至；許多城市舉行集會呼籲政府拒絕「二十一條」；上海率先發起的抵制日貨活動迅速擴

---

20 這第五部分包括七項要求。其中包括中國同意聘任有影響力的日本人為政治、財政和軍事事務上的顧問；同意重要地方的警察單位由中日共同管理；同意授予日本建兩條鐵路的權利；同意日本成為中國外債的債權國。袁世凱企圖取消這些要求，日本帝國政府最後同意只要中國接受前四部分，這第五部分「等到以後再協商」。 Jerome Chen, *Yuan Shih-k'ai*, 2nd ed.（Stanford, 1972）, pp. 152-158.

散至其他城市；湖南甚至有青年以自殺來表達抗議。[21]

　　得悉「二十一條」的消息之後，大約有四千名留日學生立即整裝回國，以此抗議日本政府。稍後，於1915年夏，本書所要探討的三位人物之一，即日後將在上海創辦《新青年》的陳獨秀，亦回到了中國。[22] 他剛抵國門便發現，袁世凱大約自1914年12月起即夥同其追隨者進行醞釀策劃的帝制運動，即將正式登場了。

　　在評析袁世凱的統治與帝制運動對五四反傳統主義之興起的影響時，我們首先必須問一個相關的問題。如果說，中國傳統的政治與文化秩序已隨著普遍王權的崩潰而瓦解了，那麼1911年之後的知識分子，為何還覺得有必要對一個已經解體的傳統進行猛烈的攻擊？當然，傳統社會政治秩序與文化道德秩序的瓦解，並未使種種舊有的邪惡自中國社會消失。恰恰相反，當原先容納它們的架構已不再被視為理所當然的，在接下來的混亂與道德崩壞的情況下，它們反而更加突出且更令人難以忍受。其次，若直接從當時反傳統主義者的眼光來看（他們關切的不是學術分析，而是有燃眉之急的現實議題），則舊有的邪惡勢力——袁世凱肆無忌憚的政治操作即是其中一個具體化身——反而正因為傳統束縛的解除而愈加猖獗。因此，攻擊這些邪惡勢力以及（更重要的是）它們的根源，自然就愈顯重要而迫切了。

21　《李大釗選集》（北京，1959），頁32。

22　陳獨秀曾在1913年的二次革命中加入安徽省省長柏文蔚所領導的反袁運動。革命失敗後他逃到日本。見Chow Tse-tsung（周策縱），*The May Fourth Movement*（Cambridge, Mass., 1960），pp. 33, 42-43。

　　此時，道德崩壞的現象舉國可見，亦人所周知。在任何一種文化與政治解體的情況下，當社會中的「卡理斯瑪」（charisma）已受摧毀而既定的社會行為規範亦遭破壞時，道德崩壞四處可見的現象實不足為奇。中國社會的終極「卡理斯瑪」的中心所在是皇權，當皇權崩解了，中國社會的「卡理斯瑪」便破滅了。在這種情況下，許多人都失去了過去藉以和某種超越秩序取得聯繫的媒介。他們發現自己與世俗綱常脫節了，因為這些綱常已不再被認作正當的。當產生秩序的權威性媒介——皇權——消失之後，他們的道德感變得如此迷亂，以致難以致力於「文明性」（civility）的培養。[23] 社會與道德的脫序（anomie）四處可見，對「生命目的」的清楚界定不再成為可能。有些人耽於感官享樂而枉顧原則，有些人捕風捉影地對抗著，更多人則在可怖的混亂中苟活。[24]

---

23 這裡的「文明性」是指公民德行（the virtue of the citizen）。這個舊義由愛德華·希爾斯（Edward Shils）所嘗試恢復。希爾斯觀察到「這個字並非單單意味舉止溫良（good manners）。它會被窄化成只是指面對面關係中的溫良舉止，顯示了我們在詞彙上，以及對政治事務之思考上的貧乏」。Edward Shils, "Ideology and Civility," in Edward Shils, *The Intellectuals and the Powers and Other Essays*（Chicago, 1972），p. 60.

24 我對於中國社會卡理斯瑪的中心所在被毀滅後的效應的分析，受到了愛德華·希爾斯的影響。希爾斯對於卡理斯瑪與秩序之間的關係的分析，是社會學理論上的一大精進。「卡理斯瑪」（本意是恩惠的賜予）一詞來自早期基督教詞彙。韋伯在說明不同類型的權威時將它發揚再造。他用卡理斯瑪來指涉某些創新人格裡的非凡特質，這些特質被他們自己或是他們的追隨者視為若不是由神聖的力量所賦予的，就是來自社會上或宇宙間最主要、最強大或最權威的力量。卡理斯瑪式的特質多半以強烈的方式表現出來。但是韋伯也分析了經由親族、遺傳而職位而例行化與制度化的卡理斯瑪。這個過程將卡理斯瑪式的特徵轉化為更有持續性的社會組織和制度框

　　尤有進者，中國的政治與文化的解體還伴隨著若干特殊的後續發展。首先，名為「國家領導人」的袁世凱，非但未嘗

架。然而，韋伯相信，由個人或制度所體現的真正的卡理斯瑪與世俗的制度化過程不能並存，因此在現代社會政治秩序中漸增的理性化與官僚化的過程中，它逐漸變得微弱。

希爾斯不同意韋伯最後的這個論點，他在採用韋伯對卡理斯瑪式的權威的分析的同時，也提供了更完整的視角去看待社會上的卡理斯瑪現象。他指出，社會上的卡理斯瑪並不一定來自魅力人格的創造力。它是「一種注入於個人、行動、角色、制度、象徵和有形物件的質量；這些個人、行動、角色、制度、象徵和有形物件被假定與『終極的』、『基本的』、『關鍵的』、決定秩序的力量相關」。Edward Shils, "Charisma," in his *Center and Periphery: Essays in Macrosociology*（Chicago, 1975），p. 127. 它因此能賦予各面向的人類經驗一個秩序。換句話說，「卡理斯瑪的傾向」，希爾斯觀察到，「是一種對秩序的渴望的功能。」Edward Shils, "Charisma, Order, and Status," ibid., p. 261. 卡理斯瑪是一個社會的中心或是中心價值系統。「社會有中心。在社會的結構裡有一個中心地帶……這個中心或中心地帶，是價值和信仰領域的現象。它是支配社會的符號秩序和價值信仰秩序的中心。它之所以是中心，是因為它是終極而不能化約的；它的中心地位被許多人所感覺到但是他們不能清楚表述它的不可化約性。這中心地帶具有神聖性……基本上，中心價值系統的存在，靠的是人類對於被結合到一個超越具體個人存在且理想化的大我中的需求。他們渴望碰觸一個比他們的個體有更大維度的、比他們例行的日常生活更處在『終極的』現實結構的中心位置的秩序的符號。」Edward Shils, "Center and Periphery," ibid., pp. 3, 7. 因此，人們渴望跟社會的中心相關，這樣他們才能夠跟超越的秩序碰觸並且從而參與使他們的存在有秩序的卡理斯瑪。中國社會的卡理斯瑪的中心所在被毀滅之後，它的後果是文化失範和普遍的道德崩壞。對於希爾斯教授關於卡理斯瑪和秩序的概念在社會學思想發展上的地位，見S.N. Eisenstadt, "Introduction: Charisma and Institution Building, Max Weber and Modern Sociology" in S. N. Eisenstadt. ed., *Max Weber on Charisma and Institution Building*（Chicago, 1968），pp. ix-lvi, esp. pp. xxii-xxxii，還有他所著"The Development of Sociological Thought," *International Encyclopedia of the Social Science*（New York, 1968），15: 35。

試恢復穩定與和諧，反而在決定稱帝之前與之後的期間，因為肆無忌憚的操縱國家而加速了中國的道德崩壞。[25] 其次，袁世凱醞釀稱帝的活動，援用了恢復儒家文化與傳統政制規章的訴求。1914年末，他開始使用各種傳統手段來正當化自己是帝制繼承人的聲稱。1914年12月23日，他搭乘裝甲車前往天壇舉行祭天古禮——在傳統上，祭天乃是皇帝才有的特權。[26] 兩個月後，他以儒家信仰守護者的姿態出現在一次祭孔的儀式上，而

---

25 例如，在袁世凱死於1916年之前，梁啟超觀察到：「袁氏自身原不知人之所以異於禽獸者何在。以為一切人類通性，惟見白刃則顫慄，見黃金則膜拜。吾挾此二物以臨天下，夫何求而不得者。四年以來，北京政府曷嘗有所謂政治。惟有此二物之魂影……袁氏據一國之最高權，日日以黃金誘人於前，而以白刃脅人於後，務欲硬制軟化一國之人以為之奴隸。自非真強立之士其不易自拔也……蓋四年以來，我國士大夫之道德，實已一落千丈，其良心之麻木者什人而七八，此無庸諱者也……袁氏窺破人類公共之弱點，乃專務發達此弱失以資其利用。其有能自製其弱點而不甘受彼利用者，則必設法屠殺之、驅逐之、窘蹙之，使其不能自存。當前清之末，袁氏執政已專用此策，以自植勢力。我國政界惡濁之空氣，實自茲播種。及其為總統，乃益煽而揚之。」梁啟超，《飲冰室合集》專集（上海，1936），第9冊，頁108-109。在這裡，梁啟超以充滿感情的捍衛者的姿態來反對袁世凱的帝制運動，因此把袁世凱的政治操作說成導致中國社會道德敗壞的相當重要的導因。我們現在可以修正這樣的看法：袁世凱的弄權是加速而非導致了中國的道德崩壞。

26 陳志讓（Jerome Ch'en）在《袁世凱傳》（*Yuan Shih-k'ai*）頁163描述了在天壇舉行的儀式：「沿途都佈滿了黃沙，就跟習俗裡帝王的行道一樣……在天壇的南門，總統登入朱紅色的車廂，被載到天壇外。接著他轉乘轎子進入壇內，由蔭昌、陸錦兩位將軍扶上大理石階。到了室內，他脫去陸軍元帥的制服，換上祭袍和頭飾。袍子是藍紫色的，飾有十二條盤龍的圖樣。頭飾是長方形的條板架在緊貼頭皮的帽子上，這是古代帝王所採用的設計。」

祭孔則是漢朝以來大多數皇帝所履行的一種禮儀。[27]

不過，袁世凱也非常清楚，單憑恢復傳統禮儀並無法實現他的野心。他向來有欲達目的不擇手段的粗暴作風，暗殺宋教仁便是其中一個例子。[28] 而今，他除了在自己周遭營造帝王的氣氛之外，還使用最殘暴的手段去殲滅他的敵人，以防反對勢力的形成。周作人曾回憶道：

> 當時北京處於袁世凱政府警察總監陸建章的暴力統治下，帝制運動正在醞釀。現在還很難說有多少人被逮捕，多少人失蹤。文職官員，無論他們的地位多高，一律受到嚴密監視，以防他們反對。[29]

1915年12月12日，袁世凱回應了擁護者的「勸進表」，對外宣布他願意接受皇位。早在9月即已祕密展開的於1916年1月1日登基的籌備工作，此後便公開地進行。然而，就在1月1日前幾天，指揮靖國軍的蔡鍔將軍在雲南發起討袁運動。在這支軍隊（爾後又有許多其他省的軍隊加入）以及外交使團的雙重壓力下，袁世凱不得不於1916年3月26日宣布其退位之意。他的極具諷刺意味的年號「洪憲」（意即偉大的憲政紀元），便如此

---

27 同上書，頁163。

28 宋教仁是1912-1913年間國民黨內最重要的領導人物之一，曾任共和國第一任農林部部長。宋教仁所倡導的國會體制有很多支持者，對袁世凱的權力地位是一大威脅，他因此讓宋教仁於1913年3月20日在上海被暗殺。見李劍農，《中國近百年政治史》（上海，1947），頁383-391。

29 周暇壽，《魯迅的故家》（香港，1962），頁216。

這般地正式被廢棄了。整個醜劇般的帝制運動，就在袁世凱死於1916年6月的兩個半月前，宣告收場。[30]

晚近的研究傾向於從當時的社會政治局勢，而非從個人的特質，來解釋袁世凱的行為。[31] 毋庸置疑，這是對於早期歷史學者的觀點所做的適時修正。舉例而言，李劍農在事件發生不久後所做的解釋，就過度強調袁世凱肆無忌憚的作風對1912-1916年間中國時局的影響。不過，有關社會政治環境對袁世凱政策的影響，我們在給予它應有的重視之際，亦不應當輕忽另一個事實面向：在這關鍵的幾年間，袁世凱的政治操縱對於中國的社會與思想處境所起的莫大作用。

任何有關袁世凱的著述，幾乎都無可避免地會引起爭議，不過我在這裡討論他的目的，並非是要引發爭論。在「二十一條」事件與其他眾多因素所造成的民族主義情緒的高漲，以及辛亥革命失敗所激發的深沉憤慨的背景下，袁世凱的統治，在兩層意義上與我的論旨直接相關。首先，袁世凱在追求權力時所採取的肆無忌憚的策略，姑且不論有關它們的「傳統」性質的學術論點，單就反傳統主義者的觀點而言，它們正赤裸裸地展現了傳統的邪惡。在袁世凱這些策略的衝擊下，中國社會的道德崩壞愈形惡化。而這樣的事實，使得反傳統主義者更加看清這些舊有的邪惡在中國社會是何等的根深柢固與普遍。其

30　李劍農，《中國近百年政治史》（上海，1947），頁412-453。

31　Ernest P. Young, "The Hung-hsien Emperor as a Modernizing Conservative," in Furth, ed., *The Limits of Change*, pp. 171-190，以及他所著的*The Presidency of Yuan Shih-k'ai: Liberalism and Dictatorship in Early Republican China*（Ann Arbor, 1977）, pp. 138-240。

次，袁世凱對於儒家文化符號的挪用，只可能使激進的知識分
子與中國傳統的核心價值系統更加疏離。[32] 他們極端憎惡袁世
凱的帝制運動，因此連帶地，他們亦強烈駁斥袁世凱為了政治
目的而用作幌子的儒家文化符號。歷史上，儒家與傳統帝制已
盤根錯節地連成一氣，而這正有利於反傳統主義者去做這樣的
爭辯：儒家內在即具有專制主義的傾向。然而不管是儒家的原
始典籍，或是整個儒家複雜的演變過程，都不必然能印證他們
的譴責。不過，眾所周知，人們對於邏輯的連貫性以及經驗性
事實的信守，往往是會因為直接的現實情況與情感上的羈絆而
發生動搖的。

　　在結束本節之前，我們還須注意五四激烈的反傳統主義興
起的另一個直接的政治背景，亦即歷時21天的張勳復辟。張勳
原是袁世凱部下的一個軍閥。他在不同政軍派系之間進行了一
番錯綜複雜的周旋與籌劃之後，於1917年6月率領他的辮子兵占
領北京。彷彿是為了不讓袁世凱帝制運動的愚蠢專美於前，7月
1日，張勳把清朝遜位皇帝溥儀重新扶上了御座。此時，昔日領
導過維新運動（1895-1898）的康有為，亦悄悄抵達了北京，並
住進張勳的寓所。康有為忙著為皇帝的復位草擬詔書，張勳最
後卻連一條也未採納。[33] 康有為堅持要恢復清室的想法使他成

32　在這裡，中國傳統的中心價值系統指的是儒家。從漢武帝（141-87B.C.）
　　時起，儒家就和普遍王權的概念和制度不可分割地交織在一起。根據愛德
　　華・希爾斯對於中心與邊陲概念的闡述，它在1911年以前是終極而不可化
　　約的，因為它被理解為具有神聖性。見注24。

33　例如，康有為為爭取把叩頭的儀式廢除，草擬了一部法令。但是張勳喜歡
　　讓人們在地上磕頭，拒絕採納康所擬的法令。對張勳復辟更詳細的敘述，

為許多人的笑柄，但對張勳而言，他反而是個過多的改良派。無論如何，不出兩週的時間，張勳的部隊就被其他軍閥的聯合武力所擊潰，復辟也就到此結束。

　　這段發生在袁世凱帝制運動結束後僅一年的插曲，對激進的知識分子而言，正充分顯示了中國社會與文化中的舊成分是何其根深柢固，而新的變革又是何其稀少。它強化了他們長久以來持有的一個觀念（下章將詳述）：思想與文化的變革，是社會政治與經濟變革的一個必要的先決條件。同時，在他們之中的許多人的心裡，這段插曲亦煽起了一種迫切之感，促使他們直接投入以全盤拒斥中國傳統為基礎的思想革命。34

　　　　見李劍農，《中國近百年政治史》（上海，1947），頁493-499。
34　參見胡適，〈歸國雜感〉，載《新青年》，卷4，第1期（1918）。魯迅，
　　〈自選集‧自序〉，收入《南腔北調集》，見《魯迅全集》，卷4，頁
　　347。

第三章

五四時期整體主義的
反傳統主義之根源（二）

一、借思想‧文化以解決（社會、政治等）問題的途徑

在19世紀90年代的中國第一代知識分子與20世紀10年代的第二代知識分子之間，儘管存在著許多差異，但兩代知識分子的大多數成員念茲在茲的卻是同一個顯著的關懷：欲振興腐敗沒落的中國，就必須徹底轉化中國傳統的世界觀，並全盤重構中國傳統的心智狀態。若缺乏足以順應現代化的新的世界觀與心智狀態，先前所實行的一切改革終將化作徒勞一場。

這樣的想法，相較於那些強調政治權力、社會條件或經濟生產方式的變革理論，強調的是思想與文化的變革必須優先於政治、社會與經濟的變革。由於難以找到更妥切的語詞，我姑且將它稱為「借思想‧文化以解決（社會、政治等）問題的途徑」（cultural-intellectualistic approach）。它意味這樣的基本信念：文化變革是一切其他必要變革的基礎。其次，它假定文化變革──符號、價值與信仰系統的變革──最佳的落實方法是

改變人的思想：改變人對宇宙及人生現實的整體認知，以及人對自己與此現實之關係的想法；換言之，改變人的世界觀。

我使用「唯智論」（intellectualistic）一詞並非毫無顧忌，因為它關係到西方哲學語境中，一種探討認識論、本體論或倫理學的理性主義途徑。不過，要描述中國第一、二代知識分子對於思想力量所抱持的那種典型的信念，確實難以找到一個更好的語詞。單單使用「文化」一詞是不夠的，因為這些知識分子明言或未明言地假定：基本思想本身的變革既是最根本的變革，亦是其他變革的源頭。換言之，他們的途徑典型地涵蓋了兩個層面的變革：第一層面是世界觀的變革，而這種變革將帶出第二基本層面的變革，亦即符號、價值與信仰系統的變革——這樣雙重層面的文化變革，將會轉而促成政治、社會與經濟的變革。

中國第一、二代知識分子對於思想力量的信念，還意味著另一種預設：知行之間，有著幾近等同的關係。這些知識分子未明言地——或許也不知不覺地——假定他們主要的任務就在於：透過最有效的手段向人民充分說明他們的信念內容，並提出足以落實那些信念的最佳綱領。至於人民，由於他們天然地具有明辨是非的能力，自然能領悟那些道理及綱領的益國益民之處，並會也能相應而行。

以上我所描述的，最好稱之為一種基本假定的思想模式（〔presupposed mode of thinking，或分析範疇category of analysis〕），以別於基本假定的思想或概念——例如洛克式自由主義所說的人人生而自由、平等，或如儒家所說的人性本善等等這類公理性質的思想（axiomatic idea）。借思想・文化以解

決（社會、政治等）問題的途徑，是一種有關社會與政治變革問題之解決方式的基本假定，它強調的是思想與文化變革必然的優先性。[1]

借思想‧文化以解決（社會、政治等）問題的途徑具有將問題簡化的傾向，但正因為如此，它反而能為中國知識分子提供一個意識形態的基礎，使他們在身處中國前所未有的社會政治與文化危機之際，猶能規劃出他們未來的路向。[2] 在形形色色的前後兩代知識分子當中，它是模塑他們視野的一個共同基設──是足以界定他們整體特質的少數特徵之一。不過，不同知識分子團體所持的特定立場，當然絕非這種途徑的單一因素所能解釋的。

在本章中，我將闡述攸關本書主題的兩個論點。首先，借思想‧文化以解決（社會、政治等）問題的途徑，是受到一種根深柢固的中國傳統文化傾向的影響的，亦即一元論的、唯智主義的思想模式（monistic and intellectualistic mode of

---

1　在某種意義上，這種思想模式（或謂分析範疇）本身即是一種思想（idea），亦即有關社會與政治變革問題之正確解決途徑的思想。不過，這種思想的使用方式是動態的；相對而言，譬如說，洛克式自由主義所主張的人是上帝兒女因此生而平等的思想，其使用方式就是靜態的。兩者明顯有所不同，所以最好還是將前者稱為一種思想模式。

2　可參考克利福德‧格爾茨（Clifford Geertz）的如下說法：當社會與政治危機伴隨著文化取向的喪失時，意識形態是最被需要的（"Ideology as a Cultural System," *The Interpretation of Cultures*〔New York, 1973〕, pp. 193-233; esp. 215-220）。當借思想‧文化以解決（社會、政治等）問題的途徑演變成整體觀的思想模式時，它極度的意識形態的本質，誠如稍後將指出的，就會展現為整體主義的反傳統主義的一件利器。

thinking）。[3] 這種途徑並沒有直接受到西方的影響；社會政治條件對於它的形塑亦非決定性的，而只是輔助性的。在西方的衝擊下，知識分子的思想與價值確實起了根本的變化；不過，當思想的內容發生了變化，價值亦歷經了轉換的同時，這種傳統的思想模式卻仍如此地頑強而普遍，以致它可以成為前後兩代知識分子借思想・文化以解決（社會、政治等）問題的途徑的根源，而他們卻不見得能察覺到自己的想法是如此生成的。在兩代知識分子早年的養成期，文化的氛圍仍彌漫著這種對於心之功能的一元論的、唯智主義的強調。第二代的成員接受的傳統教育仍頗扎實，以致他們的心靈仍受這種思想模式的決定性影響，儘管日後他們當中有許多人將對中國傳統發出猛烈的整體主義的攻擊。[4] 至於第一代的成員，則不只他們接受的傳統

3　當我說一元論的、唯智論的思想模式是一種根深柢固的中國傳統文化傾向時，這並不意味中國傳統思想裡不存在其他主導性的、但與這種思想模式相衝突的傾向。余英時曾對道家、法家的反智論傳統以及儒學的法家化面向做過精闢分析。見余英時，〈反智論與中國政治傳統〉，收入《歷史與思想》（新北，1976），頁1-46。另外，我也並不認為，中國人對於思想力量的信念，必然會使他們的思想更強有力和更具說服力。相信思想能扮演有效的角色，和思想的實際內容，顯然是獨立的兩件事。

4　陳獨秀於1896年在縣試時中了秀才，次年參加了省試。見陳獨秀，《實庵自傳》，重刊於《傳記文學》，卷5，第3冊（1964），頁55-58。該文英譯見：Richard C. Kegan, "Ch'en Tu-hsiu's Unfinished Autobiography," *China Quarterly*, 50：295-314（April-June, 1972）。魯迅於1898年參加過縣試，但因幼弟突然死亡，他過度悲傷，遂中途退考。參見周遐壽（周作人），《魯迅小說裡的人物》（上海，1954），頁247-250。即使是三人中年紀最輕的胡適，雖然未曾應試，但據他自己說，在私塾讀書時，他曾背誦過《孝經》《論語》《孟子》《大學》《中庸》《詩經》《尚書》《禮記》等書。見胡適，《四十自述》（台北，1954），頁20-21；Hu Shih（胡

教育更為扎實，在許多方面，他們亦更徹底地受到中國傳統文化的薰陶。我們可以找到前後貫穿傳統文化與兩代知識分子的一種延續性，並證明正是這種延續性決定了他們所採取的途徑的本質。

　　其次，借思想・文化以解決（社會、政治等）問題的途徑，有潛能變成一種唯智主義整體觀的（intellectualistic-holistic）思想模式，亦即將傳統中國社會與文化視為一個有機式（organismic）實體，並將此實體的形式與內容視為受其基本思想影響的一種認知方式。（這種思想模式之所以能被描述為整體觀的，乃因它假定基本思想的決定性功能類似於基因對於生物有機體的決定性功能，亦即是〔潛在的〕整體決定其構成部分之本質與形式的一種功能。）

　　在中國傳統的架構於1911-1912年間終告崩解之前，第一代知識分子借思想・文化以解決（社會、政治等）問題的途徑，雖然強調思想與文化變革的優先性，但還不至於將中國傳統的各個面向，當作受其基本思想所影響的一個有機式整體的各個部分。這一代的成員仍生活在傳統的社會政治與文化道德秩序當中。儘管他們將某些傳統元素視為理所當然的，但對他們而言，中國傳統是由許多不同元素構成的複合體，而這些不同元素之間並不必然彼此兼容。因此，他們的反傳統主義並不是整體主義的。

　　1911年之後，借思想・文化以解決（社會、政治等）問題

適），"My Credo and Its Evolution," in *Living Philosophies*（New York, 1931），pp. 241-242。

的途徑，確實發展為一種整體觀的思想模式，從而變成反傳統的整體主義的一項利器：中國傳統被當成一個其本質受到傳統中國心靈痼疾所感染的有機式整體，進而被抨擊。借思想‧文化以解決（社會、政治等）問題的途徑的整體主義潛能，乃是在各種因素交互作用的壓力下被釋放的。這些因素包括：在五四反傳統主義者的眼裡，中國的傳統社會、文化與道德已全然失去了威信；他們對於辛亥革命失敗的憤慨；他們強烈的民族主義情緒，以及基於這樣的情緒而提出的根本的社會政治與文化變革之要求——換言之，他們對於建立一個以自由、民主與科學價值為基礎的新中國之渴望；在袁世凱帝制運動與張勳復辟運動的衝擊下，他們對於舊的邪惡勢力的進一步深刻認識，都更增強了他們對於改革愈形急迫的要求；以及他們與中國傳統核心價值系統的嚴重疏離。總之，當普遍王權瓦解之後，各種的社會與文化力量，在在將五四反傳統主義者的那種受傳統影響的一元論思想模式，推向整體觀的發展，從而導致整體主義的反傳統主義之興起。

　　理論上，反傳統的整體主義可以有多種不同的表現方式。舉例而言，傳統可以被理解為受到政治結構或經濟體系所形塑的有機式整體。倘若政治結構或經濟體系腐壞了，傳統的所有面向也跟著受到了感染，此時對於傳統的整體主義的拒斥，就會表現為攻擊作為傳統之根源的政治結構或經濟體系。

　　五四時期的整體主義的反傳統主義並未朝這兩種方向發展，而是表現為對傳統文化的攻擊，因為它認為，傳統中國社會與文化所構成的有機式整體，主要是受到其基本思想的影響。從回顧的眼光來看，在兩個意義上，普遍王權的瓦解是整

體主義的反傳統主義之興起的關鍵因素：一是普遍王權的瓦解導致傳統文化道德秩序的解體；二是，隨之而來的傳統文化與道德各個面向之可信度的喪失。它使人們在不知不覺中助長了如下思想傾向：將中國的傳統社會與文化視為一個應當被全部拋棄的有機式整體。不過，終究而言，借思想・文化以解決（社會、政治等）問題的途徑——當它演變成了整體觀的思想模式時——的持續性，才是形塑五四整體主義的反傳統主義之特定形式的意義最為重大的因素。

　　在下面的章節裡，我將首先探究第一代知識分子中四位領導人物的思想，特別是他們借思想・文化以解決（社會、政治等）問題的途徑。其次，我將透過探究儒家思想史上的主要流派來追溯此一途徑的傳統根源。

二、第一代中國知識分子

　　中日甲午戰爭（1894-1895）中國戰敗後，嚴復（1853-1921）緊接著寫了一系列文章，闡述他對當時危機的根源以及救濟之道的看法。這些文章蘊含一個根本的論旨：思想在人類歷史中的力量。班傑明・史華慈有關嚴復的研究指出，嚴復對中國的國家與社會的深切關懷，以及他對西方富強之道的追尋，致使他將赫伯特・斯賓塞（Herbert Spencer）的社會達爾文主義，看作西方文明中充滿活力的浮士德－普羅米修斯特質（Faustian-Promethean character）的根源。嚴復論旨的表達方式是斯賓塞式的，但他的唯智主義關注使得斯賓塞原來具高度決定論色彩的思想系統發生了扭曲，轉變成一種唯意志論的

（voluntaristic）世界觀。嚴復並非完全沒有意識到，在斯賓塞及達爾文所描述的演化的客觀力量（impersonal power），與他自己強調意識之功能的唯意志論主張之間，存在著不協調的問題。但正因為他把思想的力量當作分析起點，他遂認為西方之所以能獲致進步性的演化，乃因西方知識精英了解演化的過程與機制，致使「演化力量不受限制的運作」得以成為「現代社會發展的決定因素」。[5] 相反地，中國的聖人不了解演化的機制，於是就直接導致了中國的停滯不前。

嚴復對於改革的具體建議，主要見於1898年撰成的著名的〈萬言書〉，該文的內容與他對思想變革的關懷是合轍的。他提出治「標」與治「本」兩種類型的改革。治標的改革涵蓋軍事、財政與外交。治本的改革則涉及人才的培養、習俗的變革，以及「人心」的轉化。[6] 嚴復認為，中國傳統的世界觀鼓勵的是和諧、消極、恬靜與社會均衡。他所提倡的世界觀的改革則意味一場全盤的思想變革：中國的人心將被轉化為致力於人的能量於智、德、力等所有面向的提升，尤其要重視爭競的價值。雖然嚴復並未忽略治標的改革，但他堅信，若未徹底改變中國人的傳統心智狀態，則治標的改革終將成為徒勞的。

至於如何完成這項任務，嚴復認為將有賴於教育。然而，誠如史華慈教授所言，嚴復「將教育當成福音的想法並非來自斯賓塞。斯賓塞從未將教育或思想視為推動演化過程的一個主

5　Benjamin Schwartz, *In Search of Wealth and Power: Yen Fu and the West*（Cambridge, Mass., 1964），p. 45. 這裡我對於嚴復思想的簡短描述，主要是根據該書頁42-90和頁237-247的討論。

6　同上書，頁85。

要動力。恰恰相反，對他而言，『演化』本身作為一個整體的過程，推動了人類文化各個面向的發展」。[7] 然而，由於嚴復對思想的力量深信不疑，他遂寄望進化論的思想能在中國催生出一套以灌輸人民尚力精神及爭競價值為宗旨的新教育制度，從而引導中國躋身進化行列。

　　與嚴復一樣，康有為（1858-1927）亦堅信思想的力量及思想變革的優先性。在寫於1886-1887年[8] 的《康子內外篇》（這是作為哲學家的康有為論述內與外的著作）中——這可能是現今所見的康有為最早的著作——他曾指出，中國的社會習俗與制度源自孔子思想，同樣地，印度的則源自佛陀思想，歐洲的源自耶穌思想，伊斯蘭教地區的源自穆罕默德思想。[9] 既然他將思想的力量視為理所當然的，他便不覺得有必要為上述的說法提出解釋或論證。基於他根深柢固的唯智論預設，他相信新的思想將導致新的行動。在他開始撰寫《康子內外篇》的同一年（1886），他亦著手撰寫《孔子改制考》，後者於同年完成，並於次年出版。[10] 在該書中，他對儒家思想提出一套「今文」

7　同上書，頁89-90。

8　K'ang Yu-wei（康有為）, "Chronological Autobiography of K'ang Yu-wei"（《南海康先生自編年譜》）, tr. Lo Jung-pang, in Lo Jung-pang, ed., *K'ang Yu-wei: A Biography and a Symposium*（Tucson, 1967）, pp. 43-44.

9　康有為，《康子內外篇》（胡佛圖書館東亞部門館藏，康有為手稿的微縮膠片副本），頁8a-9a。有關該書的討論，參見Richard C. Howard, "K'ang Yu-wei（1858-1927）: His Intellectual Background and Early Thought," in A. F. Wright and D. Twitchett, eds., *Confucian Personalities*（Stanford, 1962）, pp. 307-310。

10　康有為曾如此述及《孔子改制考》的寫作：「自丙戌（1886）年與陳慶笙（陳樹鏞）議修改《五禮通考》，始屬稿。」見"Chronological

學派的詮釋，意圖借此為變法提供一個思想基礎。1897年，康有為的一名信徒歐榘甲，對於他的借思想・文化以解決（社會、政治等）問題的途徑，提出了一個非常清晰的說明：「中國之衰微，究其由來則為人心之衰微。夫人之愚昧，蓋因學入歧途；而學入歧途乃因六經之真意受蒙蔽。若六經之光不復照耀，則改良斷無奏效之方也。」[11]

　　從1898年提出徹底變法的激進主張，到民國初年轉變為倡議帝制復辟的極端保守，康有為前後的變化背後，卻有著一以貫之的關懷焦點：建立儒教為國教。幾個世紀以來，儒家在中國始終是主導性的、最被廣泛接受的價值與信仰系統；然而，面對西方的挑戰，它不只未能提出創造性的回應，反而變成保國所需之變革的障礙。因此，對康有為而言，當務之急是將儒家轉化為不只能替變革辯護，並能鼓勵與促進變革。為了建立這個基礎，康有為捨棄傳統的循環史觀。他挪用《春秋公羊傳》中「據亂世」「昇平世」和「太平世」的「三世」概念，據以發展他的進步理論。根據他的說法，在聖哲孔子的理解裡，進步是歷史的終極意義與真實。凡是自命為孔門信徒的人，都當致力於這個聖訓的實現，以便證明自己是名副其實

　　　Autobiography," p. 55。有關脫稿及出版日期，見該文頁76、83。在《孔子改制考》成書之前，康有為於1891年刊行了《新學偽經考》。他寫作該書的目的在於質疑古文經版本之儒家典籍的真實性，借此為其今文學派觀點的儒學詮釋鋪路，以期能被人們所接受。

11　歐榘甲，〈論中國變法必自發明經學始〉，載《知新報》，第38期（1897年11月1日），轉引自Hsiao Kung-ch'üan（蕭公權），*A Modern China and a New World: K'ang Yu-wei, Reformer and Utopian, 1858-1927*（Seattle, 1975），p. 103。

的。

　　1911年之後傳統政治共同體的解體，深深困擾著康有為。對他而言，當務之急不再是改變而是恢復秩序。他認為政治向心力的重建之道，仍在於思想所能發揮的作用。他希望透過尊孔以及將儒教定為國教而建立起來的世界觀，此時此刻與其說是為了現代化，不如說是為了鞏固政治共同體。

　　康有為對於儒家義理所做的重構和再詮釋，已經使得傳統上為人所接受的儒家系統失去平衡；而他的弟子譚嗣同則走得更遠。這位被梁啟超稱許為「彗星」的傑出人物，強烈抨擊儒家的禮教，挑戰人們長期奉為圭臬的三綱與五倫。

　　譚嗣同寫於1896年的《仁學》，其重大的意義在於他竭力找尋一個新的普遍性原則，以便取代傳統儒家殘破的形象。在進行儒家「仁」概念的再詮釋時，譚嗣同敏銳地察覺到儒家傳統中「仁」與「禮」的緊張關係。他旁徵博引各家之說，包括大乘佛教以及墨子（約西元前479-438）、張載（1020-1077）、王陽明（1472-1529）、黃宗羲（1610-1695）、王夫之（1619-1692）、康有為等人的哲學思想，還有若干基督教與西方科學的知識，藉以建構出一套用以重新詮釋「仁」的思想系統。他主張「仁」即是兼愛：「仁」將宇宙及人世間的一切貫通起來，並賦予人類生命活力與意義。其言下之意是：「仁」所重視的是平等與道德獨立性。如此一來，若要實現「仁」，就必須衝破令人窒息的三綱網羅，並尋求五倫的改良。過去兩千年來，三綱剝奪了人們的仁質根基，為他們帶來難言的苦痛。至於五倫，則除了朋友與兄弟之倫尚可保留之外，其餘的都必須加以改革。朋友之倫是建立在平等、自由，以及相互的情感之

上，它並不否定個人的獨立自主之權，也不妨害個人作為道德人的自主性發展。在譚嗣同看來，以仁學闡發人的道德自主性的孔孟哲學，早已被荀子及其信徒所背叛，後者的思想乃是對孔子真正的教義硬生生的歪曲與誤解。[12]

　　譚嗣同的反傳統主義並不限於抨擊禮教，它最基本的內容乃在於這樣的信念：制度性變革必須建立在傳統信仰系統的變革之上。如果不能徹底與「禮」決裂並將目標重新導向「仁」，則根本無須考慮制度性變革的問題。譚嗣同寫道：「今中外皆侈談變法，而五倫不變，則舉凡至理要道，悉無從起點，又況於三綱哉！」[13] 很清楚的是，譚嗣同所提出的變革之道，亦是採取借思想‧文化以解決（社會、政治等）問題的途徑。一如嚴復與康有為，他認為以改變儒家思想為基礎的信仰系統的變革，必須成為社會政治與經濟制度變革的基礎。

　　1894年譚嗣同寫道：「奈何詆儒術無用乎？今日所用，特非儒術耳。」[14] 這暗示他在開始寫作《仁學》之前，即已對儒家的創造性轉化有了基本的方向上的掌握，而他對於「禮」的消極抨擊，目標乃指向傳統儒家道德觀的積極重構。《仁學》第一部分的結尾提到，他祈求中國能出現一位馬丁‧路德（Martin Luther），以便復興孔子思想的真諦。譚嗣同不愧是中國近代史上最出色與敏銳的才智之士之一，可惜他於1898年即

---

12 譚嗣同，《譚嗣同全集》（北京，1954），頁53-55-56。

13 同上書，頁68。另參見錢穆，《中國近三百年學術史》（上海，1937），頁671。

14 譚嗣同，〈思緯壹臺台短書——報貝元徵〉，收入石峻編，《中國近代思想史參考資料簡編》（北京，1957），頁536。

以32歲的英年壯烈犧牲。

　　借思想・文化以解決（社會、政治等）問題的途徑亦深植於梁啟超的心中，並早在1898年之前就已成為其社會思想的一個出發點。1894年，他在一封信中寫道：「今日之事，以廣求同志開倡風氣為第一義。」[15] 梁啟超有關改革的主要思想，最早見於1896年連載於《時務報》的《變法通議》系列文章。這些文章顯示，梁啟超十分清楚在中國推行思想文化變革的艱難，因為中國的教育機構是以官僚掌控的科舉制度為導向的。雖然他認為中國的政治革新終究必須仰賴國民教育，但他亦注意到教育系統的變革有賴於社會政治制度的變革。儘管意識到問題的複雜性，但梁啟超並未放棄他的前提。相反地，他堅信中國民智的啟蒙不僅重要，並且是「自強」的「第一義」。[16]

　　1898年政治改革的失敗，使得梁啟超更加堅信必須為政治改革建立一個文化的基礎。1902年在日本出版的《新民叢報》第一期裡，梁啟超聲稱他的雜誌的功能是教育性的，其目的在於新民。創辦這份雜誌之後，同年，他在一封致康有為的信中寫道：「欲救今日之中國，莫急於以新學說變其思想。」（緊接著他用括號加注道：「歐洲之興全在於此〔亦即新學說〕」。）稍後並稱「弟子意欲以抉破羅網，造出新思想自任」。[17]

　　在梁啟超看來，此新思想的終極目的在於建構一種全新

---

15 丁文江，《梁任公先生年譜長編初稿》（台北，1958），頁21。

16 梁啟超，《變法通議》，見《飲冰室合集》文集（上海，1936），第1冊，頁14。

17 丁文江編，《梁任公先生年譜長編初稿》，頁152-153。

的政治共同體的構想。他稱這種新的共同體構想為「群」。「群」基本上是指民族國家形式的政治共同體，它同時意味這種共同體的一種群集的過程。1897年，在〈說群序〉一文中，梁啟超首次披露這個想法的梗概，稍後在1902-1904年間陸續發表的《新民說》系列文章中，給予了詳盡的說明。他採用社會達爾文主義的語彙概念來闡述民族國家的意義。他認為，既然國際舞台所見無非是國與國的競存，那麼中國若想生存就必須從帝國演進為民族國家。如果不能設法讓自己加入「歷史進化」的行列，中國將無法適應競存，最終必然滅亡。

　　梁啟超的群學是一個包羅萬象且十分複雜的理論。既然張灝對它已做了詳盡的研究，我在這裡僅提供一個簡短的概述。[18] 梁啟超主張兩種變革：社會政治層面的變革，以及人格層面的變革。就社會政治的層面而言，中國必須建立民主的制度，以使社會成員有機會並且有責任參與公共生活。個人的能量得以在社會中獲得釋放，國家的力量也將因此增強。民主之所以被梁啟超重視，主要是為了建立一個現代的民族國家，而民族國家對他而言乃是一種「終極的共同體」（terminal community）。[19] 相對地，對於民主作為個人權利之屏障的辯

---

18 以下的概述根據Hao Chang（張灝）, *Liang Ch'i-ch'ao and Intellectual Transition in China, 1890-1907*（Cambridge, Mass., 1971）, pp. 95-111, 149-219。

19 魯珀特・愛默生（Rupert Emerson）在《從帝國到民族》（*From Empire to Nation*〔Boston, 1962〕）一書中曾指出：「……將民族（nation）稱為『終極的共同體』的意涵是：就當前的目的而言，它是人作為一種社會性動物之歷程的有效目標，亦是人與人之間致力於團結（working solidarity）的終止點。」（頁96）

解，則被置於次要的地位。一如嚴復，梁啟超關注的是如何將中國轉變成一個現代的民族國家——這樣的關懷使得他對於民主的注意力，偏重於其得以釋放個人能量以促進民族國家之建立的功能。他反對傳統的君主制度，因為它無法釋放個人能量以促進公益。他同時批判傳統的狹隘的地方觀念，認為它是國家整合的障礙。

　　就人格層面的變革而言，梁啟超認為，必須向人民灌輸公德心與公共義務的思想、人權與自由的觀念，以及自尊與互助的思想，以期人民能成為社會的建設性成員與民主政治的活躍參與者。此外，冒險與尚武精神亦必須加以提倡，以便使人民擺脫消極與恬靜的傳統習性，導引他們獲致為今日爭競世界所需的活力。

　　總之，梁啟超相信，當中國人了解並採納了群的概念，他們就會為求其實現而奮進不已。必須指出，梁啟超雖強調思想的力量，但並未否定制度性變革的重要性。然而，他認為唯有新世界觀深植民心之後，這套世界觀所設想的制度性變革方得以持之以恆。

　　以上對於最重要的幾位第一代知識分子的思想綜述，清楚顯示了他們的一個共同關懷，亦即他們都強調必須通過世界觀的改變，來為社會政治的變革提供一個文化基礎。不管他們對於新世界觀之活力的基本認識，是表現為嚴復的社會達爾文主義式的活力論與爭競概念，或是康有為的進步史觀，或是譚嗣同以仁黜禮的思想，或是梁啟超的「群」的觀念，他們的取徑

基本上都奠基於一個共同的預設：新思想是變革的根本源頭。[20]

三、借思想・文化以解決（社會、政治等）問題的途徑之根源

　　上述這種借思想・文化以解決（社會、政治等）問題的思想模式，仍然被大多數第二代知識分子視為理所當然。本書接下來的第四、五、六章，將以三位主要的「五四」人物的思想為例，來說明這一模式的延續性。他們之所以採取這一途徑，是由兩代中國知識分子所身處之社會、政治現勢的需求，以及他們所繼承之根深柢固的中國傳統文化傾向，相互作用而形成的。然而，以下分析將顯示，社會、政治形勢只是輔助因素，而中國文化傾向才是主要的決定因素。

---

20 在描述第一代知識分子借思想・文化以解決（社會、政治等）問題的途徑時，我充分意識到他們的「神祕」傾向。嚴復醉心於「不可思議」與「虛無」的哲學。他有一種個人的需求，覺得必須從道家的「永恆」角度來看待物競天擇的演化過程。康有為對於儒家思想所做的今文派詮釋，根據的是《公羊傳》萬世昇平的思想。《公羊傳》被認為充滿著奇思異想。在它的啟發下，康有為認為他發現了儒家經典中的「微言大義」。至於譚嗣同與梁啟超，他們則是深深著迷於佛教，尤其是大乘佛教普度眾生的說法。這些人的世界觀並非一成不變，而且比我描述的還複雜。不過，他們的「神祕」傾向，與我所提出的論點（亦即他們的途徑的特點之一是強調思想的力量）並非不兼容。誠如先前已指出的，本書所使用的「唯智論」一詞，不該與將理性視為宇宙與人類世界中秩序與意義之終極仲裁者的那種理性主義信念混為一談。它用來專指這樣的信念：相信最根本的變革就在於最基本的那些思想的改變。新世界觀或許在其源頭或內容上具有「神祕」的元素，但這樣的情況，與相信新世界觀自身是其他一切所需變革之根源的信念，絲毫不相抵觸。

　　眾所周知，作為一個社會群體，第一代的知識分子崛起於中日甲午戰爭中國戰敗後興起的維新運動。戰敗的事實，等於明白宣告了「自強」運動的徹底失敗。新興的第一代知識分子理解到，中國之所以無法建設強大的海、陸軍，原因並不在於沒有西式的武器，事實上，若以噸位數來衡量，當時的中國反而擁有比日本還要強大的海軍。他們將這次令人震驚的戰敗，歸咎於制度上的缺失與戰鬥精神的匱乏。此外，他們還認識到，西方科學和技術的發明與有效運用，與西方的社會和政治制度的效率，以及西方人民的精神活力，有著密不可分的關係。這一連串的反思促使他們得到一個結論：機械式地從西方移植科學和技術並不能達到預期的效果，除非伴隨著中國制度結構與人民精神的變革。總之，中日戰爭中國戰敗後所衍生出來的一系列因素揭示人們：相對於過去「自強論者」單單採用西方科技的主張，現在則必須進行制度、思想與精神的變革。

　　然而，對於「自強論者」與第一代知識分子相異之處的認知，不應當使我們忽略了他們之間的基本共通點——重視思想的優先性和力量。雖然，他們強調思想的直接目的，以及他們所主張的思想內容，有不同之處。「自強論者」重新肯定了中國傳統的正統世界觀；在主張採用西方科技的同時，他們的目的仍在於維護傳統的制度。第一代知識分子則主張一個新的世界觀，並將它視為推動政治與科技變革必要的第一步。儘管如此，雙方都理所當然地認定同一預設：思想是政體（polity）與社會的基礎。

　　無疑地，現實的歷史環境發揮了一定的作用，促使第一代知識分子的成員提出制度與文化變革的要求。不過，環境本身

並不具備任何根本力量，致使人們認為思想與文化的變化必須
優先於社會政治的變革。另外，對於西方科學、西方精神的活
力與西方社會和政治制度的效率之間密不可分的關係的認識，
也不可能啟發上述思想文化必須優先改變的觀念。恰恰相反，
經濟或政治決定論的意識形態傾向，反而會強調經濟生產模式
或政治權力結構──而非思想──的變革，才是根本的社會政
治與文化變革的主要動力。（根據這樣的觀點，西方精神的活
力主要是非思想因素導致的結果。）或者，一個對歷史做多元
詮釋的觀點，將會使人們認為思想與制度乃是相互影響的；據
此，他們會說：要精確地道出思想與制度的歷史功能，絕非易
事，更不用說它們之間孰重孰輕的相對關係（如果真有這種關
係的話），這或許是根本不可能的事。[21]

　　我的看法是：思想與文化變革之優先性的主張，基本上是
從一種中國傳統的思想模式推導出的結果。一個有可能對我的
看法提出反對意見的社會政治的論述是：第一、二代知識分子
所採用的借文化・思想以解決（社會、政治等）問題的途徑，
乃是1898年政治改革與1911年辛亥革命失敗所導致的結果。尤
其是在第二代知識分子的例子上，這樣的論述似乎特別具有吸
引力。在他們的時代環境裡，黑暗的社會與政治現實已使得政
治改革變得遙不可期。政治改革既然無望，第二代知識分子
的大多數成員，可能因此就將心力貫注於他們僅剩的一項資

---

21 這一證據並不表明，西方唯心論和唯智論的某些學派對當時這種借思想・
　文化以解決（社會、政治等）問題的途徑之形成，產生過任何可能的影
　響。

源——他們的思想。人們可以說，這些知識分子之所以提倡思想變革的優先性，乃是因為思想變革的工作是他們唯一能做的事。或者說，社會與政治秩序解體的深沉危機，對他們造成極嚴重的撞擊，以致他們要求透過為社會與政治變革建立一個新的思想與文化基礎，來尋求當代問題的通盤解決。

　　誠然，正如上文已經指出的，1911年後的社會與政治現實，促使這種借文化・思想以解決（社會、政治等）問題的途徑所蘊含著的「整體主義」得以彰顯。但是，外在現實的影響無法解釋一個現象：早在1911年之前，當政治革命仍有實現的希望時，第二代知識分子的許多成員就已覺得有必要宣揚思想變革的優先性。[22] 同時，外在現實的影響也無法解釋另一事

22　在辛亥革命前，胡適和魯迅都主張必須首先進行思想變革（可參閱本書第五、六章）。關於陳獨秀在辛亥革命以前的著作，我曾廣泛查詢美國、日本、台灣和香港的各大圖書館，除了一篇〈安徽愛國會演說〉（《蘇報》，1903年5月26日，頁2-3）外，未見任何其他作品。這篇演說是他在「安徽愛國會」1903年5月17日的會議上發表的，還有一篇是為了召集這次會議的未署名的聲明，見〈安徽愛國會之成就〉（《蘇報》，1903年5月25日，頁1-2），這篇聲明很可能是他寫的。1903年的《國民日日報》刊登的一些文章，也可能出自他的手筆，因為《蘇報》停刊後，陳獨秀就參加了該報的工作。但所有這些文章，除了非編輯人員所撰寫的之外，都是未署名的，因而不能確定作者是誰。辛亥革命前，陳獨秀曾寫過兩篇文章，〈開辦安徽俗話報的緣故〉和〈瓜分中國〉，這兩篇都發表在1904年的《安徽俗話報》上，見胡適捐贈給美國國會圖書館的《獨秀叢書》校樣本，卷1（載於何之瑜編，《獨秀著作年表》，頁2）。這些著作在中國以外的地方也許難以找到。陳獨秀在辛亥革命前寫的舊體詩、為悼念他兄長的輓詩還可以見到，但都與他的思想以及他對社會問題的觀點無關。在上述那篇講演中，陳獨秀曾激烈呼籲全國抵抗沙俄帝國主義，特別主張成立安徽愛國會，因為他已得知中國和俄國已祕密簽訂條約，允許俄國在滿洲

實：早在1898年之前，當第一代知識分子猶對變法的成功寄
以樂觀期待之時，他們也已認為思想變革具有優先性。[23] 換言
之，外在因素可以解釋借思想・文化以解決（社會、政治等）
問題的途徑，在演變為「整體主義」的觀點的過程中所展現的
不同強度；但是，它們無法解釋這種途徑的起源。要解釋其起
源，我們必須了解中國傳統文化中的一個有力而持久的傾向，
亦即一元論的、唯智主義的思想模式。為達此目的，接下來我

控制政治機構、「保護」鐵路和開發礦產等。陳獨秀主張，面對這種嚴峻
局勢所應採取的措施之一就是以思想力量為武器，發表演說，喚醒民眾，
使群眾中蘊藏的愛國潛力發揚光大。在召集這次會議的聲明中，強調思想
力量的觀點已初現端倪。聲明的最後部分說，「思想言論事實之母。」
（《安徽愛國會之成就》，頁2）。上述證據因來源欠充分，不足以全然
說明陳獨秀在當時就主張必先進行思想改革。人們可以推論，強調思想力
量的說法是即席而作，因而不一定導致必先進行思想改革這一見解。然
而，這卻更使我們認為，陳獨秀和他同時代的知識分子一樣，是主張以思
想文化來解決中國問題的，或者最低限度地，他並不否認採取這一思想模
式的可能性。但由於有關這一時期的陳獨秀的文獻不足，我對他的觀點的
詮釋還只是暫時性的。（陳獨秀在辛亥革命前的著作，目前已有多篇收入
陳獨秀著，任建樹等編，《陳獨秀著作選編》，上海：上海人民出版社，
2009，卷1。——譯者注）

23 無疑地，像康有為、梁啟超、譚嗣同等第一代知識分子，以及陳獨秀、魯
迅等第二代知識分子，在其思想和政治活動中都並未堅持必先進行思想改
革的信念。他們的唯智論觀點同社會政治活動脫節的現象，並不能否定我
對他們的借思想・文化以解決（社會、政治等）問題的途徑之分析，而是
表明他們在語言和行動之間存在著矛盾。它進一步暴露了借思想・文化以
解決（社會、政治等）問題的途徑的思想模式，存在不足之處和進退維谷
的情況。例如，他們相信必先建立社會、政治改革的思想文化基礎，卻未
提出建立這種基礎的相應措施，因為思想文化的改革，取決於教育機構和
教育計畫的改革，而這些改革卻又取決於政治上的某些變革。

將對幾個持續展現這種思想模式的主要儒家思想流派，做一次扼要的檢視。

儒家的思想模式或分析範疇最重要的特徵之一，便是強調「心」的內在道德與／或理知經驗的功能。對於這種功能的強調，可以追溯到孟子與荀子，儘管他們對「性」「心」的看法十分不同。孟子所談的「心」，基本上指的是它的道德而非理知能力。事實上，《孟子》學說的一個基點（cardinal point），即是證明人心內在的善質。這一點可從下面這段著名的文字得到印證：

　　所以謂人皆有不忍人之心者，今人乍見孺子將入于井，皆有怵惕惻隱之心……由是觀之，無惻隱之心，非人也。無羞惡之心，非人也。無辭讓之心，非人也。無是非之心，非人也。惻隱之心，仁之端也。羞惡之心，義之端也。辭讓之心，禮之端也。是非之心，智之端也。（《孟子·公孫丑章句上》）

不過，《孟子》書中對「心」的用法，不無含混之處。心的道德能力與理知能力並未得到清楚的區分，因為源自「是非之心」的「智」，含有理知或智慧的意涵。在書中另一處，孟子寫道：

　　盡其心者，知其性也。知其性則知天矣。存其心，養其性，所以事天也。（《孟子·盡心章句上》）

　　這裡的「心」，是指一種若發揮到極致，即可使人自知其本性的能力。由此句的句法來看，我們可以推斷，當孟子在此處使用「心」字時，他所指的可能就是理知。（心是一個主體，性則是心之認知的一個客體）。在這段引文中，孟子對他的哲學做了輕微而細緻的改變，以釐清他之前關於心的含糊陳述。我們如果接受這一觀點，便可知孟子已從單純強調心的道德能力，轉向認定心的理知能力較其道德能力更為重要的立場。但如果有人堅持，上面援引的兩段《孟子》文本並無差別，只是一個有機哲學體系的不同部分的顯現罷了，那麼上述《孟子‧盡心章句上》引文中孟子關於心的概念就依然無法釐清，或是只能根據強調心之道德能力來予以理解。如此一來，他就只能論述，充分發揮心的道德能力，自然就會產生人的智能所認知的某種與生俱來的性善狀態。（這裡「心」必須是既指〔認識的〕主體，又指〔被認識的〕客體，「心」即是「性」。）

　　然而，確切理解上述《孟子‧盡心章句上》的引文，並非我們當前最重要的意圖。應當記住的是，宋代以來數百年間，朱熹及一大批深受其權威性《孟子集注》影響的儒者，都是將這裡的「心」解釋為「心智」的。[24]

　　根據荀子的觀點，使人去「惡」從善的內在根源是心的理知能力。[25] 任何哲學家都不能根據推論認定人不會犯錯誤。

---

24 朱熹，《孟子集注》四部備要本，卷7，頁1a。

25 「惡」在這裡作為學術上的用語，不同於一般意義上的邪惡或惡意。在荀子看來，人的欲望如果不加以克制，就必然導致社會衝突和混亂，原因是欲望本身具備侵略本質，而社會財貨又稀缺有限。因此荀子視人性為原

然而荀子哲學的獨特之處在於，其以對人性的根本悲觀看法為出發點。荀子對性「惡」的理解與他渴望遵循孔子所倡導的道德生活的訓示，這兩者之間的緊張，讓他希望能夠以他對人心智能的信心來予以化解。古聖王們認識到人需要社會生活，因而制定「禮」和「義」以確保合作與互助（見《荀子・禮論篇》）。常人雖無超凡才智，仍能以其心智去認識「道」，並從實利的考量去遵循它。就以革除與生俱來的「惡」之傾向而言，人也只有通過心的理知—道德功能才可以做到。（這裡將「理知」與「道德」連結並用，表明了一種信念：此處所討論的心，其特定的理知功能將帶來期望的道德影響。）

必須注意，強調心的理知—道德功能這一做法曾以不同的形式在理學的各種流派中出現。這並非是荀子思想的直接後果。荀子思想在漢朝時曾極具影響力，但後來卻黯然沉寂，直至19世紀。眾所周知，理學在很大程度上是受到孟子的啟發。理學家也許根據孟子所持的心智功能為先的思想，來理解孟子關於心的概念；又或許他們根據某些在《孟子・盡心章句上》中未曾闡明的新見解，已經「釐清」了孟子關於心的概念的含糊之處。

但是，理學家變得強調心的理知—道德功能，這種改變是如何發生的呢？確切的歷史原因尚待研究。理學關於心的理知—道德功能這一基本前提的形成，可能是受到社會政治因

「惡」。有關荀子人性論的深刻闡述，以及其與孟子人性論之對比，可參閱D. C .Lau, "Theories of Human Nature in Mencius and Shyuntzyy," *Bulletin of the School of Oriental and African Studies,* 15: 541-565（1953）.

素，以及思想因素的同等影響。其中一項可能的思想影響的來源就是佛教，其傳入中國對於理學思維的興起是關鍵性的。對於所有佛教流派來說，「業」的概念是一共同預設。根據這一概念，「有知覺的個人所見到的一切宇宙現象，都是心的顯現。」[26]「業」的報應觀是思維的直接結果。在佛教這種分析範疇的影響下，理學家們或許已充分「釐清」了孟子關於心這一概念的歧義之處。

在朱熹（1130-1200年）的哲學中，心被描述成「性之郛郭」，[27] 性即「理」，理在「氣」中。心之氣若純粹，心便具有意識與智能，足以導引人去認識理。朱熹說：

> 夫心者，人之所以主乎身者也，一而不二者也，為主而不為客者也，命物而不命於物者也。故以心觀物，則物之理得。[28]

因而朱熹把心看成人的性與情的主宰。他說：

> 心，主宰之謂也，動靜皆主宰，非是靜時無所用，及至

---

26 Fung Yu-lan（馮友蘭），*A Short History Chinese Philosophy*（New York, 1960），p. 243. 另參見L. de la Vallée Poussin "Karma," in James Hasting, ed., *Encyclopedia of Religion and Ethics*, 7: 674。

27 朱熹，《朱子全書》，卷42，頁7a。「性者，道之形體；心者，性之郛郭」，朱子在此引用的是邵雍的話。

28 朱熹，《觀心說》，《朱文公文集》四部備要本（《朱子大全》），卷67，頁186-199。英譯見Wing-tsai Chan, tr., *Souce Book in Chinese Philosophy*（Princeton, 1963），pp. 602-603。

動時方有主宰也。言主宰，則混然體統，自在其中。心統
攝性情，非籠統與性情為一物而不分別也。[29]

張載說：

心統性情者也……

朱子曰：

性是體，情是用。性情皆出於心，故心能統之。統，如
統兵之統，言有以主之也。[30]

可以肯定的是，朱熹的「二元論」哲學的內在邏輯，最終
使他認為，心不是它自己的主宰；相反地，心本身需要主宰。
這一點與陸王學派有著明顯差異。必須有統心之理。朱熹說：
「心是主宰……主宰本身即是理。」[31] 理被視為等同於「太
極」，且又包含於「太極」之內。[32] 這種把「主宰」地位看成
既是心又是理的混淆，實際上是由朱子的語言而非他的思想所

---

29 朱熹，《朱子全書》，卷45，頁4a-b。英譯見Wing-tsai Chan, tr., *Source Book in Chinese Philosophy*, p. 631。

30 朱熹、呂祖謙撰，江永集注，《近思錄集注》（1844），卷1，頁31a-31b。英譯見Chu Hsi and Lu Tsu-ch'ien, comps., *Reflections on the Things at Hand*, tr., Wing-tsai Chan（New York, 1967），p. 34。

31 朱熹，《朱子全書》，卷49，頁23a。

32 同上書，卷44，頁1b，「心之理是太極」。

造成的。

　　程朱學說以理為先的預設，必將肯定理為終極「主宰」；而心的「主宰」地位，則可以根據心的理知和道德的雙重功能加以理解。也就是說，首先，通過持續不斷的「格物」努力，心之智能便可以揭示事理（致知）；其次，對事理的理解，亦即意識中的某些概念形成（心中的思想形塑），將成為道德修養（修身）的基礎。

　　相對於朱熹的「性即理」學說，王陽明（1472-1529）主張「心即理」。[33] 根據王陽明的說法，眾多事物之所以存在，只因為人心知其存在；眾多事物之理是與心有機地聯繫在一起的，它們實際上正是心中之理的延伸。

　　心之本質是仁，展現於外者為愛——是一種包容世間萬物的品質。[34] 心天生有知的能力。[35] 心有「良知」（對善的固有認識）。王陽明在論述良知時，他指的是至少三種不同的事物範疇：知之（knowing that），知的指涉對象（the referent of knowing that），以及知道如何作為（knowing how）。[36] 良知意

33　王陽明，《傳習錄》，見《王文成公全書》四部叢刊本，卷1，頁3a，「心即理也，天下又有心外之事，心外之理乎？」

34　王陽明，《大學問》，見《王文成公全書》，卷26，2a-3a。

35　王陽明，《傳習錄》，見《王文成公全書》，卷1，頁10b，「心自然會知」。

36　關於「知之」與「知道如何作為」的區分，見Gilbert Ryle, *The Concept of Mind*（New York, 1949），pp. 25-61. 本文對於王陽明關鍵性概念的闡釋，有別於一般標準本。後者例如：Fung Yu-lan, *A History of Chinese Philosophy*（Princeton, vol. 2, chzp.14；Wing-tsit Chan（陳榮捷）, "Introduction," in Wang, Yang-ming, *Instructions for Practical Learning and Other Confucian Writings by Wang Yang-ming*（New Tork, 1963）。馮友蘭和陳榮捷忽略了這

為「知之」指的是人心中對是非的固有認識，以及對心之道德品質的覺察。[37]「良知」有時也指道德品質本身，我將此稱為知的指涉對象。[38] 此外，良知也指道或天理，意味著心天生就知道該如何依循道或天理來踐履道德。[39]

因此，「良知」將以如下的方式帶來「致良知」（擴充對善的固有認識）：首先，因為人有天賦的道德稟性，所以他能根據心所認知的「天理」去實現道德，將它擴展到更大的領域並提升至更高的層次。如同其他儒家，對王陽明來說，「是」即意味著「應該」。他哲學中認知與規範的面向，在道德論述的符號中合二為一了。其次，因為良知有時是指「天理」，所以良知的擴充可以被描述為心將所知之「天理」賦予眾多事物的一個過程。[40]

些概念在王陽明本即含糊的語言中，各有不同的含義。此處無法細究王陽明的哲學，但王陽明的著作能支持我的解釋。

37 王陽明，《大學問》，見《王文成公全書》，卷26，頁8a-8b，「良知者，孟子所謂是非之心人皆有之者也。是非之心，不待慮而知，不待學而能，是故謂之良知，是乃天命之性，吾心之本體，自然靈昭明覺者也。」另參見王陽明，《傳習錄》，見《王文成公全書》，卷3，頁45b，「良知而善惡自辨。」

38 王陽明，《大學問》，見《王文成公全書》，卷26，頁4a-4b，「至善者，明德、親民之極則也。天命之性，粹然至善，其靈昭不昧者，此其至善之發見，是乃明德之本體，而即所謂良知者也。」英譯見Wing-tsit Chan, *Source Book*, p. 661。

39 王陽明，《傳習錄》，見《王文成公全書》，卷2，頁48b，「良知即是道，良知之在人心，不但聖賢，雖常人亦無不如此。若無有物欲牽蔽，但循著良知發用流行將去，即無不是道。」英譯見Wing-tsit Chan, *Instructions,* sec. 165, p. 146。

40 王陽明，《傳習錄》，見《王文成公全書》，卷2，頁9b，「吾心之良知即

　　王陽明的哲學以「知行合一」學說為其發展極致。所謂「知行合一」，主要是指：當一個人將其心對是非的固有認識擴充，達到完全而熱切充盈的程度，則必然產生一種意志，並由此產生一種行「是」而不行「非」的行動。[41] 固有的良知中，蘊含著行善的原始衝動，而行善則源自這種認識的完全擴展或充盈。

　　在王陽明以心為先的教義中，心之作用的重要性和活力顯而易見，一如其在朱熹學說中一般。他的三大關鍵概念，事實上是由心的理知功能所聯繫起來的。心蘊含著一種傾向於向外散發的道德品質。但這種「擴充」並不穩定，因為它經常會受到私欲的障蔽。除非意識到它自身之善，否則心是無法持續其道德實踐的。心能意識到它固有之「善」，是「良知」最重要的一個面向。致良知有賴於良知。正因為人心中存在著固有

―――――――

　　所謂天理也，致吾心良知之天理於事事物物，則事事物物皆得其理矣。」英譯見Wing-tsit Chan, *Instructions*, sec. 135, p. 99。

41 根據錢德洪編，《年譜》，見《王文成公全書》，卷32，頁15a-17a，卷33，頁35b-37b，王陽明38歲時（1509）「始論知行合一」，50歲時（1521）「始揭致良知之教」。王陽明論述他哲學中的三個主要概念的歷史順序，同這裡論述這些概念的邏輯順序似乎不一致。他是在1508年，即提出「知行合一」的前一年，「忽中夜大悟格物致知之旨」。（參見《王文成公全書》，卷32，頁13b-14a）。雖然《年譜》沒有詳述王陽明悟道的過程，我們無從知曉他在1508年對「致知」概念的確切理解，但也許在那時他已經隱約形成了「致良知」的思想。無論如何，我們由《年譜》可知，當王陽明在1509年首度提出「知行合一」學說時，他已經說明「知是行之主意，行是知之功夫；知是行之始，行是知之成」，知必然包含著行。王陽明晚年更關心的是實際能動的道德作用，而不是良知的形式定義的枝節，所以他最終明確強調「致良知」。這裡所提出的他的三個主要概念的邏輯順序，與他晚年的實際能動的道德作用的觀點更加吻合。

之「善」的這種意識，才會不斷要求將這個善付諸實現。再者，如前所述，「知行合一」有賴於最大限度地擴充對固有之「善」的自覺。簡而言之，根據王陽明的一元論唯心主義，在指引世人實踐儒家道德理想的過程中，性善（固有之善）這個概念，而非性善本身，占有關鍵地位並發揮出重要動能。

　　從以上分析我們知道，強調心的理知─道德功能是這兩大理學學派的共同前提，儘管在發揮心之功能的管道方面，他們的觀點是有分歧的。（朱熹關於事理的概念，是由心通過對外在世界事物的審查──「格物」而形成的；而王陽明關於性善的概念，則是人通過自心的內在反省而獲得的。）人們無法認定，一個民族的文化風格，可以全然簡化為該民族不同哲學家所使用的共同分析範疇，或者反過來說，認定後者可以簡化為前者。但可以說，中國歷代不同的後古典儒家哲學流派的這種共同分析範疇，表現出後古典儒家文化的一種獨特傾向：一個通過強調基本觀念的力量和優先性，來研究道德和政治問題的一元論和唯智主義的思想模式，無論人們如何界定這些思想的內容和獲取方式。在哲學層次上，作為一種理解基本觀念的手段的心的理知能力，以及這些理解在促進道德和政治問題之解決上的功能，已經超越後古典儒家的不同流派的分野，成為其共同的著重之點。當中國人面臨某種道德和政治問題時，一種普遍的文化反應是，他們傾向於強調其所理解之基本觀念的力量和思想的優先性。

　　明朝覆亡後興起的「考據學派」（school of "evidential

investigation"），42 或稱「漢學」，顯然是反唯智主義的（anti-intellectualistic）。但若仔細審視其內容，其實它仍然預設了一個傳統唯智主義的思想模式。這一學派的奠基者之一顧炎武（1613-1682）對於王陽明的「良知」學說曾有一項著名的譴責，他認為是其播下了明朝覆滅的種子。43 他的這一指控不僅代表了當時對於形而上的思想的普遍反感，也反映出後古典儒家強調思想力量以及思想優先性的思想模式。44 由於戴震（1723-1777）的巨大貢獻，漢學在18世紀達到了頂峰。除了不少重要的文獻學著述外，戴震也很關注如何闡明儒家哲學中的若干重要概念。雖然他關於理的概念與朱熹的有明顯差別——

---

42 胡適將「考據學派」翻譯為school of "evidential investigation"，請參閱Hu Shih, "The Scientific Spirit and Method in Chinese Philosophy," in Charles A. Moore, ed., *Philosophy and Culture—East and West*（Honolulu, 1962），pp. 211, 218。筆者認為，胡適的譯法比一般通用的譯法school of「empirical research」要準確許多，因為這學派主要只涉及文本的批評與校核，而通用譯法所涵蓋的範圍則廣泛許多。主張通用譯法school of "empirical research" 有其理由的解說，請參閱Immanuel C. Y. Hsu（徐中約）為他所翻譯的梁啟超的《清代學術概論》（*Intellectual Trends in the Ch'ing Period*）英譯本所寫的導言，見該書英譯本，頁3。

43 顧炎武，《日知錄》（台北，1962），卷18，頁439。

44 還必須注意，程朱學派在清朝時位居正統。部分由於清廷的支持，部分由於對王陽明哲學思想的普遍敵意，一群學者熱切地著手重振程朱學派。儘管他們的原創性和複雜程度都無法匹配他們屏除「異端」、維護儒學正統的願望，但他們的著作還是展現了儒家文化中的一種共同傾向，即強調心的功能。陸隴其（1630-1693）：「聖王之治天下，莫先于正人心。人心正然後法度可行，法度行然後天下可得而治也。」（陸隴其，《殿試策》，《三魚堂文集‧外集》，卷2，頁28，《文淵閣四庫全書電子版》，迪志文化出版有限公司，2007。）

他認為「理在氣中」，而朱熹則認為「理在氣先」——他關於心的概念則與朱熹的相似。他相信，知的能力可以使人掌握人類行為的道德原理。他以其《孟子字義疏證》而自豪，因為他相信這部著作包含「導正人心」的基本觀念。[45] 他對心的理知—道德功能的強調，以及對思想力量和優先性的強調，與後古典儒家文化的特別傾向，顯然是一致的。

那麼似乎很清楚了，前兩代中國知識分子所共有的，借思想‧文化以解決（社會、政治等）問題的途徑，主要是被一種深層的中國文化傾向所形塑的。這種文化傾向，體現在後古典儒家的一元論和唯智論的思想模式中。然而，針對這一說法，至少有兩種主要的異議。

第一個問題最明顯，那就是西方思想的影響。誠然，眾多的外國思想曾經影響過中國知識分子。他們對西方思想的狂熱吸收，已經對他們的知識觀點造成了劇烈的變化。然而，儘管西方也有一些強調觀念力量的思想流派，這些唯智論或唯心主義的流派，卻沒有一個是西方文化的共同特性。不同的中國知識分子受到了各類西方思想的影響，而這些思想彼此之間常是互不兼容的。所謂西方影響，並不足以解釋：既然在中國前兩代知識分子中，許多成員都受到了西方思想流派的影響，而那些流派本身又都是否定唯智主義或唯心主義的，那麼為什麼他們幾乎所有人都還共同遵循著借思想‧文化以解決（社會、政治等）問題的途徑？同樣，西方影響論也不能解釋這一現象：

45　戴震，《致段玉裁書》，原作於1777年5月30日，轉引自胡適，《戴東原的哲學》（台北，1967），頁8。

雖然這些知識分子的思想隨著傳入中國的不同外國思潮而搖擺不定，但他們很多人仍頑固地堅持著借思想・文化以解決（社會、政治等）問題的途徑。

儒家文化觀點的唯智主義氛圍影響深遠，深入人心。因而對中國知識分子的分析範疇的塑造起了決定性的作用，而他們自身卻並未意識到這一事實。儘管現代中國知識分子的思想內容發生了巨大變化，但中國傳統一元式的和唯智主義的思想模式已滲入這兩代知識分子的腦中，並導致他們深信思想的力量與優先性。

第二種異議是比較理論性的。它可能論證說，後古典儒家對心之功能的強調，在理論上並未排除「更多功能」（further functions）運作的可能。人在意識中形成概念，並非概念自生，而是受到了非思想因素，例如政治權力、經濟條件和社會組織的決定性影響。

因此，這些非思想因素的功能便是這裡所討論的「更多功能」。這種爭論當然可以無限制地繼續下去。再者，必須指出的是，人類的思維容易產生邏輯矛盾和思想衝突。後古典儒家的學者們可以強調心的功能，強調基本觀念的力量和優先性，但他們或許也可以強調決定人類行為的非思想因素。這兩方面的著重可以維持在一個平等的立足點上，無須確切斷定其相對作用的孰輕孰重，並為它們建立等級架構。如果後古典儒家思想未曾將心的功能置於首位，那麼中國知識分子將思想變革視為優先，就不能算是體現於後古典儒家一元論和唯智主義思想模式的中國文化傾向的結果。

第二種異議在理論上是合理的，但缺乏歷史根據。歷史

事實是，後古典儒家一元論和唯智主義的思想模式，把心的理知功能所獲致的基本觀念的力量和優先性看作分析的終點或頂點。像這樣的思想模式，與中國知識分子借思想‧文化以解決（社會、政治等）問題的途徑是密切相連的，後者也把思想力量和思想優先性視為分析的終點。因此可以說，中國知識分子借思想‧文化以解決（社會、政治等）問題的途徑，主要就是受了這種傳統思想模式的影響。

　　但為什麼這種唯智主義的預設會成為後古典儒家思想模式的分析終點呢？我無法提供確切答案，但我認為或許與眾多儒家文獻中所呈現的「人為構成說」（anthropogenic constructivism）有密切關係。這在從《孟子》《荀子》，一直到康有為的著作皆可見到。所謂「人為構成說」，在這裡指的是一種信念，即認為這世界的社會、政治與道德秩序是由聖王和古聖先賢有意創造出來的。古代聖王、聖人蓄意創造社會和道德秩序的論點，在儒家文獻中屢見不鮮，這裡無須詳盡列舉，僅援引數例。

　　《孟子‧滕文公章句上》：

　　　人之有道也，飽食、暖衣、逸居而無教，則近於禽獸。聖人憂之，使契為司徒，教以人倫：父子有親，君臣有義，夫婦有別，長幼有序，朋友有信。

　　《荀子‧性惡篇》：

聖人積思慮，習偽故，以生禮義而起法度。[46]

康有為在其著作中，有意把人為構成說與現代情境聯繫起來，將其引申到了荒謬的程度。康氏把孟子「民為貴」的說法詮釋成一種為了現代民主所做的審慎設計。[47]

當然也有文獻顯示，創造社會、政治和道德秩序的力量，並不是由聖王與聖人自己產生的，而是他們透過與神明的接觸所獲得的。然而，儒家的特質卻是將文化、道德和制度的神性起源置於次要地位，認定聖王與聖人自身的力量——這有時損及了邏輯的一致性。

同樣地，《論語》中的某些章節將一種決定論的作用歸諸「天命」，而《中庸》中也有一些論述，將「誠」或「天道」視為擁有自我生息的力量。

子曰：道之將行也與？命也。道之將廢也與？命也。公伯寮其如命何！（《論語・憲問篇》）

誠者，天之道也……誠者，自成也；而道，自道也。誠者，物之終始，不誠無物。（《中庸》第二十二、二十五章）

根據上述引文，社會和道德秩序的終極起源，或能充分歸

46　王先謙，《荀子集解》（台北，1962），頁291。
47　蕭公權，《中國政治思想史》（台北，1954），頁688-689。

因於「誠」或「天道」的神祕作用。人們可以爭辯說，社會和道德秩序的產生，或許在古典儒家中還不是一個明確概念，如我闡釋的人為構成說所顯示的那樣。我不想在此詳細說明儒家有關「誠」或「天道」的性質與功能這樣一個複雜而難以解決的問題；也不想通過掩飾其中存在的思想衝突（或邏輯矛盾）來「系統化」古典儒家的複合哲學。然而在我看來，上述的「誠」或「天道」的觀念，並未改變儒家的人為構成說以及後古典儒家關於強調心的理知—道德功能之間的關係。就形而上學的層面來說，社會和道德秩序的根本起源可以追溯到「誠」或「天道」。但聖王和聖人早已將「誠」體現於其身（見《中庸》第二十章，第十八節）。當他們想為人類創造社會與道德秩序的時候，就經驗而論，他們並不依賴任何外部資源。然而，他們的內在必須擁有一種汲取建設力量的根源。由此立場，必然導致將「心」當成儒家建構主義（Confucian constructivism）的經驗性的（而非形而上學的）根源這樣一個推論。到了後古典儒家的時代，聖王和聖人的「功績」得到了明確的尊敬和讚賞，深信心的力量的觀點，便深深地滲入後古典儒家的文化之中。於是，唯智主義的預設便成為分析的終點。

即使儒家學者們想要超越他們自身的觀念和預設的框架，在中國文化的範疇內，他們也很難獲取任何其他思想選項。道家主張宇宙萬物生於無，這種激進的否定論哲學未能回答社會和道德秩序的起源問題。法家和墨家也未曾提出任何新的理論。事實上，儘管他們的思想內容與儒家不同，他們仍是以一種類似的人為構成說來詮釋人類制度和道德的起源。在（中國）思想界，似乎從未出現過有關各類自發的社會秩序的明確

見解，也沒有人試圖按照亞當・弗格森（Adam Ferguson）在1767年所敘述的「社會道德秩序，乃人類行為之結果，而非人類設計之執行」[48] 這一觀點來理解社會及道德秩序的演進過程。

在儒家思想中，在道德的自我修養（修身）與治理世界（治國平天下）這兩極之間，[49] 總是存在一種可能性，即傾向於後者，因為從「治國平天下」中，才可能更真實地理解制度的重要性。歷代那些關心國家和社會的客觀情勢更勝於關心道德修養的人，便時常強調制度的重要性。北宋時期（960-1127）王安石（1021-1080）的思想，以及清代經世學派的思想，就是絕佳範例。在中國思想史上，一些有創見的人物，甚至已經觸及社會政治秩序自然演化的觀點（例如柳宗元〔773-819〕對中國古代封建制度起源的解釋），[50] 也有關於制度的分立和獨立作用的見解（例如葉適〔1150-1223〕認為，君主專制的固有弱點，肇因於權力的過度集中）。[51] 這些新觀點，本來可以為突破儒家分析框架的限制，提供若干可能性。然而，柳宗元和葉

48　Adam Ferguson, *An Essay on the History Civil Society*（London, 1767），p. 187. 轉引自F. A. Hayek, *Studies in Philosophy, Politics, and Economics*（Chicago, 1967），p. 96。

49　Benjamin I. Schwartz, "Some Polarities in Confucian Thought" in D. S. Nivison and A. F. Wright, eds., *Confucianism in Action*（Stanford, 1959），pp. 50-62.

50　侯外廬等編，《柳宗元哲學選集》（北京，1964），頁7-10。另參見E. G. Pulleyblank, "Neo-Confucianism and Neo-Legalism in T'ang Intellectual Life, 755-805" in A. F. Wright, eds., *The Confucian Persuasion*（Stanford, 1960），pp. 103-104.

51　蕭公權，《中國政治思想史》（台北，1954），頁465-469。

適的這些思想並沒有產生什麼影響。柳宗元還因此被斥為「異端」。[52] 他最終以其散文名垂青史，但他對古代「封建」起源的真知灼見則鮮少被人論及。葉適則以他對國家和社會的「功利主義」關切而聞名於世，而不是因為他對君主制度的性質所做的精妙分析。這些思想新芽未曾在中國士人的心中扎根，更見證了人為構成說的強大支配地位。的確，結構主義的思想模式是傳統中國文化最重要的特徵之一。

　　根據儒家的觀點，無論是聖王或聖人皆非在類屬上異於常人，因為他們都被賦予了同樣的人性，儘管「天命」賜予了聖王卓越才能與重責大任，使他成為一個非凡人物。畢竟，孟子說了「人皆可以為堯舜」（《孟子·告子下》）。聖王或聖人的卡理斯瑪拉開了他與臣民的距離，但常人應將聖王或聖人所建立的思想行為典範作為自己的準則。常人如果想要修養和發展天性，就必須效法聖王或聖人之所為。常人或許不如聖王或聖人那樣，具有創造社會和道德秩序的能力，但他必須依靠他自己的心去理解這些秩序並且躬行實踐。

　　根據以上對一元論和唯智主義思想模式的分析，人心中最基本思想的改變才是最根本的轉變。只有智識上的信服（intellectual persuasion）才能帶來這樣的思想變化。強加於心的外在於思想的（extraintellectual）力量，很難導致思想的變化，因為思想的根本轉變必須基於對這種轉變的終極效應有所理解。可以肯定的是，人的思想可能受到外在力量的影響，如社會經濟變動的衝擊；外部刺激變化，心隨之做出反應，也可

---

52 同上注，頁408。

能導致思想的根本轉變。但這種論點，確實與中國傳統的思想模式相反。因為心有多種可能的反應方式，但沒有一種外部刺激的變化能保證人們所想要的那一種思想變化。另一方面，智識的說服將因為中國傳統的一項信念而被證明是正確的。那信念認定，人心具有掌握真理的天賦能力——無論真理如何定義——只要能給真理以充分的闡釋。

以上分析顯示，第一代和第二代中國知識分子的借思想‧文化以解決（社會、政治等）問題的途徑，是以一種決定性的方式，被深厚的中國傳統傾向，即一元論和唯智主義的思想模式所塑造的。當這種具有一元論性質的借思想‧文化以解決問題的途徑，在辛亥革命後中國社會政治現實的壓力下被推向極端的時候，它便演變成一種以思想為根本的整體觀的思想模式。五四時期的反傳統主義者，便根據這種思想模式把中國傳統視為一個有機整體而予以全盤否定。既然這一整體被看作是由它的根本思想有機地塑造的，五四時期反傳統主義的形式，便是整體主義的文化反傳統主義。

借思想‧文化以解決（社會、政治等）問題的途徑，就其應用範疇以及它逐步演化成一種整體觀的思想模式而言，並不能說與這裡討論的傳統思想模式完全相同。然而，正如以上分析所顯示的，它還保留著一種共通的屬性，即作為來自傳統一元論和唯智主義性質的、有鮮明特色的思想模式。中國五四時期的反傳統主義者，儘管看似弔詭，但都如我先前所定義的那般，深受其傳統影響，他們最終成為全盤性的反傳統主義者。

第四章

陳獨秀之整體主義的
反傳統主義

一、社會達爾文主義和民族主義

　　五四運動初期，大多數中國知識分子都把達爾文式
（Darwinian）變遷觀視為自然和社會的普遍法則。這個風靡一
時的觀念在《新青年》《新潮》及其他當時流行的刊物中特別
引人注目。無論討論什麼問題，幾乎每篇文章中都毫無例外地
可以見到「物競天擇」「適者生存」和「自然選擇」等等當時
流行的達爾文式口號。幾乎所有中國知識分子的領袖人物──
包括蔡元培、陳獨秀、魯迅和胡適等人──先後都曾明確表示
他們對於達爾文主義的信念。這般熱中於引用達爾文的術語，
反映出一個大家的總體信念（a general idea）：達爾文主義不
僅是生物界，而且是宇宙和人類的普遍法則。這些作者並未指
明為什麼只有最適者才能通過自然選擇而生存。他們以不言而
喻、毋庸贅述的方式接受它。

　　當然，達爾文變遷觀的巨大吸引力早在五四前就明顯可

見。隨著1898年嚴復所譯的赫胥黎（T. H. Huxley）的《天演論》出版，達爾文的思想和形象在第一代中國知識分子中日益風行；第二代知識分子對於達爾文變遷觀的著迷，不過是延續了原有的思想傾向。達爾文變遷觀之持續獲得不同世代中國知識分子的青睞，是個值得注意和耐人尋味的現象。實際上，以生存競爭為內容的變遷觀，與中國傳統世界觀中認為宇宙以仁愛為本質的主流看法，並不兼容。現代中國知識分子迅即接納達爾文變遷觀，這種情況看來違反人類學中某些文化融入論的主張（亦即外來文化的成分愈密切地接近本土文化，就愈容易被融入）。那麼，要如何解釋社會達爾文主義在中國的出現（on the Chinese scene）與風行呢？這裡必須考慮兩方面的因素：一是認知面的理解世界，另一是意識形態面的矢志求變。從純粹認知的一面看，達爾文變遷觀可以作為工具，用以理解和說明西方入侵所帶來的、前所未有的屈辱和震撼。它提供的思想架構，有助於中國知識分子因應由於不能理解中國危機而產生的極度焦慮。[1] 但若就知識分子意識形態上的矢志求變來考慮，則我們可以經由觀察陳獨秀的思想，來顯現社會達爾文主義的吸引力。借此探索，我將找出陳獨秀達爾文主義觀在他思想中的恰當地位，以及在他反抗中國傳統時曾起的作用。

　　在陳獨秀看來，主宰宇宙的規律就是自然選擇的法則；

1　蘇珊・K・朗格（Susanne K. Langer）曾經以其睿識寫下：「（人）多少能有辦法因應他所想像得到的事物，但是無法應付全然的混亂（Chaos）。由於概念是人特有的功能和最有價值的資產，他的最大恐懼就是碰上無法解說──亦即通常所謂不可思議──的事物。」見 *Philosophy in a New Key*, 4th ed.（Cambridge, Mass., 1960）, p. 287。

根據這一法則,「生存競爭,勢所不免」。[2] 這種自然法則不僅適用於生物有機體,而且適用於人類社會。有機體的新舊細胞不斷相互競爭以求生存,社會的新舊成員也是如此。正如同人的健康取決於體內自然選擇的正常運作,使「陳腐朽敗者無時不在天然淘汰之途,與新鮮活潑者以空間之位置及時間之生命」,[3] 社會的隆盛也在於社會內部的新鮮活潑者能否勝過陳腐朽敗者。不僅如此,達爾文的自然法則也以同樣效力適用於國際舞台上國與國間的競爭。強者勝、弱者亡,強者的力量來自它在演化過程中進步的能力。陳獨秀所闡明的社會達爾文主義世界觀,當然不僅被用來認識和解說宇宙的運行原則;它也被沉痛地用以認識和解說中國國家和社會的苦難:既然自然選擇是不改變就被淘汰的過程,凡個人或國家為了生存都必須改變和進步。這個求變的論述以達爾文主義為根據,因為後者宣稱是科學的(所以也是具有普遍意義的)自然法則。達爾文主義在這裡既被用來促進變化,也被用來說明變化的正當性。在陳獨秀看來,生物、社會,以及個人的存在,都以變化為必要條件。因此,為了自身的保存和進步,中國人必須改變自己。

借著訴諸自然法則來主張變化,這種做法是相當可以理解的。但是,自然法則(陳獨秀以為社會達爾文主義就是這種法則)並不必然導出求變的願望或決定。自然法則描述自然界中嚴格、不變的規律性,它是既定而不容更改的事實。決定與事

---

2 陳獨秀,〈敬告青年〉,見《獨秀文存》,第1冊,頁5。英譯本見Ssu-yü Teng and John K. Fairbank, *China's Response to the West*(Cambridge, Mass., 1954),pp. 240-245。

3 陳獨秀,〈敬告青年〉,見《獨秀文存》,第1冊,頁1。

實有關，但不能從事實演繹而來。[4] 人們在對待同樣的事實或自然法則上，總是可能採取不同的態度和做出不同的決定。例如，19世紀末和20世紀初，美國輿論的氛圍就把達爾文變遷觀構築成一種保守的意識形態，主張維護現狀，反對有意識、人為主導的變革。[5] 大約在同一時期，中國民族主義則把相同的變遷觀，視為支持變化的激進意識形態。事實或自然法則——無論人們怎麼解釋——基本上是中立的。

　　陳獨秀本人把他的社會達爾文主義思想，視為彷彿是自然法則衍生出來的必然結論，但他同時也徘徊在兩種關於達爾文變遷觀的不同解釋之間。根據達爾文的演化原則，變化的過程是不適者在生存競爭中敗亡的過程。「血爪紅牙」的大自然毫不留情地消滅所有的不適者。鑒於中國人體質孱弱、道德衰敗和思想消沉，中國社會的解體、經濟拮据和政治腐敗，陳獨秀找不到任何事物來支撐他維護和發展國家的期望。從任何可以想見的角度看，中國都全然不適於競爭。面對這些嚴酷而喪氣的事實，陳獨秀時而陷於悲觀。他在給畢雲程的信上寫道：

4　對於事實和決定之間的關係——關於事實和決定的批判二元論（a critical dualism）——的理解，卡爾‧波普爾爵士（Sir Karl Popper）有段最佳說明：「例如：反對奴隸制度的決定，並不取決於人生而自由平等，以及無人生來帶有鐐銬這一事實。即使人皆生而自由，有些人還是可能試著給別人加上鐐銬，他們甚至可能相信應該這麼做。相反地，即使人生來帶有鐐銬，我們很多人也許也會要求除掉它們。」K. R. Popper, *The Open Society and Its Enemies*, 4th ed., rev.（New York, 1963）, 1: 62。

5　Richard Hofstadter, *Social Darwinism in American Thought*, 2nd ed., rev.（Boston, 1955）.

僕誤陷悲觀罪戾者，非妄求速效。實以歐美之文明進
化，一日千里。吾人已處於望塵莫及之地位。然多數國人
猶在夢中，而自以為是。不知吾之道德、政治、工藝、甚
至於日用品，無一不在劣敗淘汰之數。雖有極少數開明之
士，其何救於滅亡之運命迫在目前。[6]

在這段話裡，社會達爾文主義沒有被用來激勵變革，反而
成為徹底絕望和宿命悲觀主義的論據。陳獨秀利用同樣的信條
支持兩種相反的立場。這個情形也許反映出他不具批判性的方
法，但它同時也表明：陳獨秀接受達爾文變遷觀這件事本身，
並不是自然而然地必定使他矢志求變的。

那麼，什麼是陳獨秀渴求變革的根本來源？如同前述，部
分答案就落在民族主義在他思想中曾起的作用。

五四運動初期，陳獨秀幾乎完全從個人主義式
（individualistic）的角度看待民族主義。他的民族主義和個人主
義之間有一種貌似而實非的緊張關係。我們因此需要弄清楚這
兩者之間的關係。為此，我們將考量陳獨秀在〈愛國心與自覺
心〉這篇著名的文章中，以強烈措辭所表達出的對於愛國主義
的不安。這篇文章發表於1914年11月，是說明陳獨秀在1915年9
月創辦《新青年》前後的民族主義和個人主義的重要材料。陳
獨秀在文中指出：「情」和「智」兩種要素，爭相規範天下人
心。愛國心發自個人情感上的矢志為國，它固然重要，卻不應
被盲目地歌頌。因為它儘管十分重要，卻也必須通過用以理解

6　「通信」部分，見《新青年》，卷2，第3期（1916），頁3。

國家目的的「自覺心」來引導，而這一自覺心的獲取，又只能經由「智」的運用。

　　國家的目的是什麼？是「保障吾人權利，謀益吾人幸福」。[7] 國家為了個人而存在，反過來說則不然。不能保障個人權利和謀求個人幸福的國家，不值得被愛。人民若是愛國卻不知道國家的目的，就可能被那些投機和自利的統治者所迷惑和誤導。愛國心和自覺心兩者都是建立國家的先決條件。不過，愛國心的運用必須受到智的規範。

　　在陳獨秀看來，他所處的中國有兩件事清楚可見。第一，外有西方列強和日本虎視眈眈地伺機侵襲；內則經濟被賠款的重擔所拖垮，政治腐敗，人民無知且怠惰，既沒有自覺的「智」，也沒有愛國的「情」。公正地說，這樣的中國實在不能被視為真正的國家。第二，國家事實上正在壓迫人民，而不在保障其權利、謀益其幸福。陳獨秀問道：「蓋保民之國家，愛之宜也；殘民之國家，愛之也何居？」[8]

　　顯然，陳獨秀這裡指稱的國家其實是政治國家（state），而非一般所說的民族國家（nation），雖然他自己在談到愛國時並未做出這般的區分。他反對的是盲目地愛國，或無條件地效忠政府及其權威，也就是所謂的政治國家。他並沒有說他反對人們效忠於自己的政治社群（如果政治社群意指：因為具有共

7　陳獨秀，〈愛國心與自覺心〉，載《甲寅雜誌》，卷1，第4號（1914），頁2。以李大釗不同意陳獨秀的說法為脈絡，對於陳獨秀這篇文章的討論，見Maurice Meisner, *Li Ta-chao and the Origins of Chinese Marxism*（Cambridge, Mass., 1967），pp. 21-26。

8　同上注，頁6。

同的傳統與共同的命運而相互認同的一群人），也就是習稱的民族國家。[9] 當陳獨秀指控國家對外不能對抗強權環伺，對內不能保障人民權利並謀益其幸福時，他指的是政治國家，而不是民族國家。

　　不僅如此，陳獨秀最後還做了個令人震驚的宣示。他這時相信列強瓜分中國只是時間早晚的問題，並且聲稱：如果殖民統治能夠依法治理中國，則即使遭到殖民也未必是不幸的。按照陳獨秀的個性和他寫這篇文章時極其悲觀的情緒看來，這般陳述相當可以理解。陳獨秀深苦於國家的不幸和國人的慘痛境遇。他懷著強烈的道德激情，幾乎不曾認真考量自己的說法或陳述所具有的意涵和反響，也不會因為自己改變立場或者同時懷著矛盾的看法而在心理上深感不安。[10] 陳獨秀在流放日本時完成了〈愛國心與自覺心〉一文。眼見袁世凱踐踏共和而自己卻無能為力，想及國人可悲的性格，再加上堅信社會達爾文主義中「適者生存」的理念，他在絕望中放棄了對於國家和自己的期望。既然沒有改變的希望，人民所能期待的只是更多的苦痛，那麼，外來民主強權的殖民統治（假定是以法治來統治）又何至於比袁世凱的政權更壞。

　　總之，這篇文章顯示出陳獨秀對於以袁世凱政權為體現的中國政治國家的疏離。但它還有更多的含義，其中包含：陳獨秀從個人主義的立場對於政治國家本身存在疑慮，他不信任

9　Rubert Emerson, *From Empire to Nation*（Boston, 1962），p. 95.

10　參見Benjamin I. Schwartz, "Ch'en Tu-hsiu and the Acceptance of the Modern West," *Journal of the History of Ideas*, 12.1: 61-74（1951）。

盲目地在感情上效忠政治國家，並相信這種忠誠不僅有害人民整體的幸福，也有害盲目效忠者個人的幸福。政治國家不能廢除，但它不是至高之善，也不是終極目的。它只能以「保障吾人權利謀益吾人幸福」的功能，作為其之所以應該存在的理由。

因此，我們在陳獨秀思想中的這一部分所看到的緊張關係，實際上是他的個人主義和政治國家理念之間的緊張關係。[11]如果民族主義意指「矢志維護與發展作為社會整體的國家」，那麼，他的個人主義和民族主義之間並沒有緊張的關係。相反地，他在五四時期幾乎所有方面的思想——包含他的整體主義的反傳統主義——都應該放在他矢志追求民族主義目標這一背景下來理解。[12]

然而，「民族主義」是個既曖昧又界定得極不清楚的概念。陳獨秀（與他的其他反傳統同志）的民族主義，需要根據他們關於中國國家認同的意識（sense of the identity of the Chinese nation）加以澄清。這一國家認同可以說是由西方列強

---

11 依照阿歷克西‧德‧托克維爾（Alexis de Tocqueville）的經典區分，可以說陳獨秀反對的是「本能的愛國主義」（instinctive patriotism），而不是「反思的愛國主義」（patriotism of reflection）。見*Democracy in America*, ed., P. Bradley（New York, 1954）, 1: 250-253。

12 陳獨秀和其他諸多五四知識分子並不認為他們的個人主義價值顛覆了他們矢志為國的追求。相反地，他們認為這些價值在實現民族主義的目標上，發揮了有效的功能。見Yu-sheng Lin, "Radical Iconoclasm in the May Fourth Period and the Future of Chinese Liberalism," in Benjamin I. Schwartz, ed., *Reflections on the May Fourth Movement*（Cambridge, Mass., 1972）, pp. 23-26。

入侵的事實帶給（或強加給）中國知識分子的。它在中西衝突中自然地出現。不過，如果中國不是過去已經有過同質性政治社群的歷史，它也不會這麼容易地概念化。

眾所周知，歐洲地區國家意識的成長，得益於兩種力量——俗世政治國家的擴張，與民族文化（包含歷史、白話文學、民俗）的出現——的相互作用。國家認同隨著逐漸意識到民族生活所具有的特色而產生。相較之下，中國的國家意識並非出於內部的歷史演化，而是經由外力的慘痛打擊所形成的。

當中國在世界上的地位突然改變了以後，傳統中國文化和政治體制不再被視為普世的典範，而被當作無法因應西方挑戰的中國特有的民族生活的根源。中國由於傳統文化和政治體制之間的密切整合（重要因素之一即是幾個世紀以來普遍王權的持續宰制），因此缺乏其他可行且有力量的，得以借國家認同之名予以復興的系統或符號。（不同形式的新傳統主義的確曾出現。但是，由於傳統中缺少其他可替代的系統或符號——至少這是部分的原因——這些新傳統主義難以在20世紀的中國生根。）正是在這樣的背景下，出現了許多五四知識分子的反傳統的民族主義：他們雖然把傳統文化和政治體制作為中國國家／民族生活的根源，卻又與傳統文化和政治體制有所疏離，並且感到為了國家必須對它們加以抨擊。

這種反傳統的民族主義急切地要求變革，它因此把時下流行的社會達爾文主義變遷觀轉變成主張變革的意識形態。[13]

---

13 這種情形帶來了新舊之間毫無調和餘地的看法。例見汪叔潛，〈新舊問題〉，載《新青年》，卷1，第1期，第4篇文章，頁1-4。作為一種意識形

二、「整體主義的反傳統主義」的背景

　　如果衡量偉人的標準是看一個人能否駕馭社會上強有力但迄今猶不明確的潛在社會力量，並且將它們導向爆炸性的社會和思想運動，從而帶來重大的歷史變革，那麼陳獨秀可以算是中國歷史上最偉大的人物之一。他是中國共產黨的創立者之一。正是他首先點燃了五四時期的整體主義的反傳統主義。陳獨秀缺乏高度精細和複雜的心思，不過這反而促成他在思想上的直截了當。[14] 在文化失序、多數人感到困惑和迷惘的時刻，陳獨秀融合明快思想、道德激情和頑強毅力為一體的做法，具有高度的「卡理斯瑪」號召力（highly charismatic）。他自然而然地成為五四知識分子的領袖，不是因為他的思想具有高度的原創性，而是因為他能夠賦予五四初期中國社會強大的反傳統力量以具體的形式。在以下的篇幅中，我將描述陳獨秀所采取的借思想・文化以解決（政治、社會等）問題的途徑，檢視他抨擊中國傳統的來龍去脈，並借由細究他的論述來說明前文

態，「改變」本身已經成為一種價值，支配了反傳統知識分子的思想，致使他們不僅鄙視中國傳統而且鄙視任何傳統中舊有的思想和價值。在它的影響下，反傳統知識分子把學習西方的熱情放在最新的思想和事物上，認為這些就是思想和事物中的最適者。

14 A・O・洛夫喬伊（A. O. Lovejoy）在他的《存在巨鏈》（*The Great Chain of Being*〔Harper Torch Book ed., New York, 1960〕, p. 7）一書中，對兩種心靈做了有用的區分。他說：「實際上以下兩種心靈存在非常重要的不同：一種是簡化的心靈（esprits simplistes）──習慣上傾向於假定他們正在處理的問題可以找到簡單的解答；另一種是常能感知事物整體複雜性的心靈，極端者具有哈姆雷特般的個性，即因所面對情況中可能相關的考慮的多樣性，以及它們之間可能的相互作用的複雜性，而備感壓力和恐懼。」

與第二、三章——關於他的「整體主義的反傳統主義」的要素——所做的分析的合理性。

　　陳獨秀在1915年9月15日發行的《新青年》創刊號上宣稱，他辦雜誌的宗旨在於協助青年改造思想和修養人格。「國人思想倘未有根本之覺悟，直無非難執政之理由。」[15] 他相信這一雜誌的宗旨必須被視為非政治的，它不會捲入對於時政的批評。它的基本目標是：借由轉變人們的根本思想，來促進文化的改變（特別是道德上的改變）。陳獨秀堅信，如果沒有牢固的文化基礎，社會和政治變革就不能成功，也不能維繫。

　　人們也許認為：陳獨秀宣示他辦雜誌的宗旨是非政治的，因為他意識到在袁世凱的暴政下批評時政有其危險，甚或是不可能的。袁世凱的暴政確實可能強化陳獨秀認為必須優先進行思想與文化改造的信念。

　　但這種信念源自他心中一項根深柢固的預設，而非他對於時下危險的意識，因為陳獨秀在袁世凱政權瓦解之後，仍繼續且堅決地倡導借思想‧文化以解決（政治、社會等）問題的途徑。陳獨秀在1916年11月1日發表的一篇文章中，重申必須優先進行思想和文化改造的信念。他主張最迫切和最基本的變革在於改變「根本的思想」，並且將這些根本思想的變革解釋成倫理的覺悟。無此覺悟則國人「猶在倘恍迷離之境」，所有政治和學術上的改變也只是徒勞的。「縱一時舍舊謀新，而根本思

---

15 陳獨秀答王庸功，見《新青年》，卷1，第1期（1915），「通訊」部分，頁2。精確地說，《新青年》這時名為《青年雜誌》。它從卷2第1期（1916年9月）才改名為《新青年》。

想未嘗變更，不旋踵而仍復舊觀者，此自然必然之事也。」[16]

　　陳獨秀號召中國青年進行他所想望（envision）的思想革命。在《新青年》創刊號的第一頁上，他做了如下的正式聲明：

　　　國勢陵夷，道衰學弊，後來責任，端在青年。本志之作，蓋欲與青年諸君商榷將來所以修身治國之道。[17]

　　在這份以文言寫成，並夾雜著修身、治國這些陳舊儒家用語的宣言中，昭然可見的是陳獨秀對於國家積弱和國人生活質量敗壞的憂心，和他對於透過青年促成改革的期望。

　　緊接著，陳獨秀在第一篇文章〈敬告青年〉中，向青年提出獨立自主、積極奮發，甚至勇猛進取的要求，敦促他們激烈反抗中國傳統的種種方面。西方人的活力、獨立精神、從科學和技術中汲取的國力，以及由功利性考慮而獲得的好處，與中國人的消極保守、奴性、迷信和虛文，形成了鮮明對比。陳獨秀以國家存亡的名義，熱情召喚大家改變中國的生活方式，使它合乎來自西方的模範。

　　雖然這篇文章基本上並未背離十餘年前嚴復和梁啟超所帶動的、對於西方浮士德─普羅米修斯動力論（Faustian-

16　陳獨秀，〈憲法與孔教〉，見《獨秀文存》，第1冊，頁103。

17　陳獨秀，〈社告〉，見《新青年》，卷1，第1號（1915），無頁碼的扉頁。本文由陳獨秀所作，揭示編輯方針，但並未收入中國群益書社和日本大安株式會社的《新青年》重刊版。所幸，1970年日本汲古書院發行的重印版，以《新青年》原刊為根據納入了本文。

Promethean dynamism）的讚揚，但其中有兩點我們應該特別注意。首先，陳獨秀在勸勉青年要進取而非隱退時，援引了孔子和墨子作為表率——這個事實顯示，他的整體主義的反傳統主義仍未完全成型。[18] 有人可能認為，陳獨秀之「願青年之為孔墨」，只是針對孔墨所展現出的奮發進取的形式，並不意味著他贊同該「動力主義」的實質內容。然而，一個人竟然選擇以他全然不贊同其看法的歷史人物來說明自己的觀點，這樣的做法似乎不近情理。陳獨秀雖然在文章中已經採取稱道西方並譴責中國的二分法，卻也可能尚未仔細想過他所採取的整體主義論調的意義，也還不曾明白地把中國傳統當作一個有機或統合的整體予以全然地排斥。

其次，陳獨秀斷然說出了他的——以社會達爾文主義語彙包裝的——「民族主義的反傳統主義」這一要旨。他宣稱：

> 固有之倫理、法律、學術、禮俗，無一非封建制度之遺，持較皙種之所為，以並世之人，而思想差遲，幾及千戴；尊重廿四朝之歷史性，而不作改進之圖；則驅吾民於二十世紀之世界以外，納之奴隸牛馬黑暗溝中而已，復何

---

18 陳獨秀，〈敬告青年〉，見《獨秀文存》，第1冊，頁6。「吾願青年之為孔墨，而不願其為巢由。」關於非孔運動的開始，我以為應晚於周策縱所說的：「對於儒家的全面攻擊，始于袁世凱展開帝制之時。陳獨秀的《新青年》月刊，從第一期（1915年9月）起，陸續刊載了攻擊中國傳統倫理、習俗和制度的整個架構的文章。他的論述以科學、人權和民主為基礎。」見Tse-tsung Chow, "The Anti-Confucian Movement in Early Republican China," in A. F. Wright, ed., *The Confucian Persuasion*（Stanford, 1960）, p. 293。

說哉！於此而言保守，誠不知為何項制度文物，可以適用生存於今世。吾寧忍去國粹之消亡，而不忍現在及將來之民族不適世界之生存而歸削滅也。（黑體為筆者另加。）

嗚呼！巴比倫人往矣，其文明尚有何等之效用耶？「皮之不存，毛將焉附？」世界進化，駸駸未有已焉。其不能善變而與之俱進者，將見其不適環境之爭存，而退歸天然淘汰已耳，保守云乎哉！[19]

在接下來的幾期《新青年》中，陳獨秀批判了中國傳統文化和制度中的各個方面（例如儒家、道家、法家、佛教、政治體系，以及家庭制度中的某些面相），並且刊載了易白沙的〈孔子平議〉。[20] 不過，他直到1916年11月1日在《新青年》上

19　陳獨秀，〈敬告青年〉，見《獨秀文存》，第1冊，頁4-5。

20　這篇文章分兩次在1916年2月和9月的《新青年》上發表。有學者認為它是當時非孔的一篇主要文章。實際上，易白沙仍在關於孔子和儒家的兩種不兼容看法之間猶豫不決。一方面，他辯稱（但所依據的材料不足為信），中國皇帝操控儒家思想來壓迫人民，其理由在於孔子思想的內在性質。孔子倡導普遍王權的必要，「尊君權漫無限制」、「言人治不言法治」。這些看法不僅可以而且已經被中國皇帝用來強化他們的專制。不僅如此，孔子乃「聖之時者也」，不持絕對的主張。他的態度為後來的儒者樹立了「滑頭主義」「騎牆主義」的典型（作者在此與他稍早關於孔子思想的絕對性的說法相矛盾）。另一方面，易白沙在他文章的後半部分宣稱孔子及其眾多弟子無論在文字或行動上都是革命家，「志在行道」、「誅殘賊，救百姓」。受到今文學派所詮釋的儒家的影響，易白沙自述其文章旨在闡發孔子思想的「微言大義」，以及顯示「獨夫民賊利用孔子，實大悖孔子之精神」。見易白沙，〈孔子平議〉，載《新青年》，卷2，第1期（1916），第4篇文章，頁1-6。總之，這整篇文章暴露的是作者心中猶豫與混亂的狀態，而不是對於孔子及其哲學的明晰批判。易白沙在1921年自

發表〈憲法與孔教〉一文時，才開始對儒家進行全面的抨擊。
我在闡述陳獨秀的整體主義的反儒家論述及其意義之前，將先
指出他在1916年11月以前所表述的反傳統主義的理由，因為這
些理由形成了一個總體的趨勢，導向他以整體主義的方式批評
儒家。

　　第一，陳獨秀批判中國傳統，其中部分原因在於他的個人
主義與民族主義之間的相互作用。陳獨秀雖然不曾以國家為至
善或終極目的，卻深刻關心中國的存亡。他的個人主義主要關
乎個人從中國傳統文化與社會的桎梏中解放，所以在功能上與
民族主義相聯繫。他認為，獲得解放的個人對於個人福祉和國
家福祉都能有所貢獻。「集人成國，個人之人格高，斯國家之
人格亦高；個人之權鞏固，斯國家之權亦鞏固」，[21] 陳獨秀如
是說。因此，個人的解放具有雙重的合理性：無論就個人的道
德體現或國家的存亡而言，解放都是必要的。

　　在此必須附帶指出的是，從我們的歷史視野看來，通常
情況下陳獨秀和反傳統的知識分子這時對於個人的重要性的強
調，不能被等同於西方——以倫理上深信個人的價值為基礎，
並主要透過宗教信仰的世俗化而演變成型——的個人自由的理
念。陳獨秀等人的看法反映了他們對於壓制個人的傳統中國社
會所進行的反抗。在他們試圖經由抨擊中國傳統來打破道德戒
律和社會規範（三綱五常）的藩籬時，個人的地位由此而凸顯

殺，不曾留下任何其他著作可藉以澄清這一文章的觀點。這一文章同時顯
現出一種思維的混亂，而這一混亂正是他撰文時社會中文化失序的症候。
21 陳獨秀，〈一九一六年〉，見《獨秀文存》，第1冊，頁44-45。

出來。

　　的確，反抗傳統中國文化與社會，這一做法之所以合理——就其直接背景而言——部分是因為反傳統主義者讚賞西方民主社會中人民所享有的某些個人權利以及某些個人主義的理念與價值。然而，這種讚賞並沒有在他們的意識中深入扎根。當反傳統主義的高潮退去時，五四的個人主義也就隨之而衰落。

　　第二，陳獨秀把他的社會達爾文主義，進一步發展成反傳統主義的宇宙論基礎。他在一篇題為〈抵抗力〉的文章中，用宇宙論的語彙讚揚活力和生機。「天道」嚴酷不仁。萬物必須與自然相抗以求生存；每種生物的演化和生存都取決於它是否有抵抗自然的力量。沒有抵抗力就沒有生命，甚至於沒有運動。從宇宙論的角度看，中國在西方列強傾軋下所受到的屈辱，最深層的理由就在於中國人缺乏抵抗力。「吾人所第一痛心者，乃在抵抗力薄弱之賢人君子……一遇艱難，輒自沮喪：上者憤世自殺；次者厭世逃禪；又其次者，嫉俗隱遁；又其次者，酒博自沉。此四者，皆吾民之碩德名流，而如此消極，如此脆弱，如此退葸，如此頹唐。」[22] 中國人如此可悲地缺乏抵抗力，其中一個主要原因就是中國文化留下的惡果：「老尚雌退，儒崇禮讓，佛說空無……充塞吾民精神界者，無一強梁敢進之思。惟抵抗之力，從根斷矣。」[23] 值得特別注意的是，即使在陳獨秀的不仁的宇宙中，決定民族存亡的最終執行者（the

---

22　陳獨秀，〈抵抗力〉，見《獨秀文存》，第1冊，頁31-32。

23　同上書，頁33。

ultimate agent），不是宇宙自身，而是人們所持的觀念。

　　第三，陳獨秀認為傳統中國文化與社會導致國人崇尚虛文和不務實際。他說：

> 　　而今日之社會制度，人心思想，悉自周漢兩代而來—周禮崇尚虛文，漢則罷黜百家而尊儒重道。名教之所昭垂，人心之所祈向，無一不與社會現實生活背道而馳。倘不改弦而更張之，則國力將莫由昭蘇，社會永無寧日。祀天神而拯水旱，誦孝經以退黃巾，人非童昏，知其妄也。物之不切於實用者，雖金玉圭璋，不如布粟糞土？若事之無利於個人或社會現實生活者，皆虛文也，誑人之事也。誑人之事，雖祖宗之所遺留，聖賢之所垂教，政府之所提倡，社會之所崇尚，皆一文不值也。[24]

　　陳獨秀建議，應該以科學作為解決不務實際的良藥。他不很清楚科學的性質，但注意到科學帶給近代西方列強的實利。他以科學主義（scientistic）的方式理解科學，認為科學是對抗中國傳統之虛文的武器。

三、論證

　　我們都知道，從《新青年》發行之始，反傳統主義就是主宰陳獨秀思想的一項主題。陳獨秀雖然對於中國傳統文化和

---

24 陳獨秀，〈敬告青年〉，見《獨秀文存》，第1冊，頁8。

社會的很多方面進行了戰鬥性的批判，但直到1916年11月才以儒家整體為箭垛。他之所以選擇這個進攻的時刻，背後有幾項因素。首先，如前所述，《新青年》是在袁世凱正式推動帝制運動一個月之後開始發行的。激進知識分子對於帝制運動的仇視，使得他們越發憎恨袁世凱為了個人目的所操弄的孔教符號。儒家再次被用來倡導帝制，這一事實確認了陳獨秀所相信的「孔教與帝制，有不可離散之因緣」。[25] 袁世凱帝制運動的開展無疑把陳獨秀的非孔情緒推往更激烈的方向，並且迅即驅除了他先前的短暫猶豫——例如先前他在批評儒家禮教的同時，仍以孔子為奮發進取的表率。不過，或許是因為擔心袁世凱政府會禁止《新青年》的發行和流通，陳獨秀避免公開地以整體主義的方式抨擊儒家，儘管他很可能已經感到有此必要。

　　第二，陳獨秀在1916年11月以降在《新青年》發表的一系列文章中，以整體主義的方式抨擊儒家，這是對於康有為頑固地再次意圖定孔教為國教的直接反應——康有為的這項努力可以追溯到1898年的戊戌變法。康有為一方面從基督教整合西方

---

25 陳獨秀，〈駁康有為致總統總理書〉（1916），見《獨秀文存》，第1冊，頁100。陳獨秀基於他的借思想‧文化以解決（政治、社會等）問題的途徑，在1917年5月（袁世凱帝制運動瓦解後近一年）預言，如果不把國人腦中的孔教思想和價值洗刷乾淨，帝制總是可以恢復的。參見陳獨秀，〈舊思想與國體問題〉，見《獨秀文存》，第1冊，頁147-151。張勳於1917年7月扶植清遜帝溥儀短暫復辟，這件事更加深了陳獨秀的借思想‧文化以解決（政治、社會等）問題的途徑，而且也可說加深了他認為孔教與帝制無法分離的信念。他在〈復辟與尊孔〉一文中，再次論辯孔教與帝政之間相依為命，孔教與共和之間絕對不可兼容。見《獨秀文存》，第1冊，頁161-168。

民主社會的功能中得到啟發，另一方面，既不了解西方有關政
教分離的爭論，又受到中國傳統將文化與政治視為一體的影
響，因此康有為相信定孔教為國教是拯救中國的必經之道。他
在1898年給皇帝的上書中建議：定孔教為國教並在全國普設孔
廟。1912年，康有為的門生陳煥章等共同成立孔教會。康有為
本人也在1913年2月開始出版《不忍》雜誌，期能促成定孔教為
國教。當「憲法起草委員會」在1913年7月開始草擬中華民國
憲法時，陳煥章向國會建議在即將頒布的憲法中正式定孔教為
國教。這項建議獲得袁世凱黨人和部分進步黨黨員的支持，但
遭到國民黨黨員的反對。經過多次辯論，在袁世凱的影響下，
中華民國憲法草案（通稱「天壇憲草」）於第十九條納入「國
民教育以孔子之道為修身大本」條款。1916年秋，國會在北京
召開時，此一條款成為爭辯的焦點。這個時候，袁世凱已經去
世，許多國會議員盡可自由（felt free）地反對這一條款。康有
為因而提出抗議，他寫了一封致總統黎元洪和總理段祺瑞的公
開信，再次提議定孔教為國教。[26]

　　康有為及其黨人在袁世凱帝制運動瓦解後的不合時宜舉
動，讓陳獨秀認識到：儒家的理論和實踐（就他的了解而言）
在國人的思想和行為中是如此根深柢固。正是在這樣的直接背
景下，他把已經醞釀完全的非孔立場，傾注入一系列對於儒
家整體的抨擊。這些以整體性（holistic）思維方式為基礎的攻

26　此處關於康有為所領導的定孔教為國教的運動的綜述，主要本於Chow Tse-
　　tsung, *The May Forth Movement*（Cambridge, Mass., 1960）, pp. 291-293;
　　"The Anti-Confucian Movement in Early Republican China," in Wright, ed., *The
　　Confucian Persuasion*, pp. 290-293。

擊，很快就擴及整個的中國傳統。從1916年11月號到1919年11月（卷6最後一期出版的時候），這一議題是《新青年》關注的焦點。[27] 即使是文學革命的號召和日後馬克思主義的介紹，都不曾在這一五四時期最具影響力的評論性刊物上占據如此顯著的位置。

在陳獨秀的非孔立場中最醒目的特徵就是，他對於儒家整體的持續攻擊與他所提出的非孔的具體論證這兩者之間的落差。陳獨秀聲稱他攻擊儒家整體，但他的論證不曾支撐這樣的宣稱。他並未鉅細靡遺地檢視許多世紀以來儒家理論和實踐中的所有面相，並未因為所使用的各種儒家經典的作者和年代問題而感到困擾，也並未正視儒家歷史中的各種變化，或者儒家思想與傳統中國的其他非思想性因素之間的互動等問題。陳獨秀憎惡的是禮教〔儒家關於禮與社會行為應有（proper）形式的教誨〕，但他認為他不僅必須反對禮教本身，更重要的是要直搗禮教的根基。根據他的說法，這個根基就是孔子的思想。

在社會政治和文化秩序解體之後，質疑傳統中所有面相的可能性出現了，而一如事實所見（as it were），陳獨秀得以從外部把中國傳統看作一個整體。陳獨秀的借思想・文化以解決（政治、社會等）問題的途徑，如同第三章所顯示的，已經演變成一種整體主義的思想模式。從這一視野出發，他把儒家傳統看成一個整體，日後所有儒家理論和實踐的發展，都是孔子

---

27 這一系列文章的第一篇是〈駁康有為致總統總理書〉（出版於1916年10月1日）。陳獨秀在文中批判康有為定孔教為國教的荒謬論證，但並未詳細批評孔教。他對孔教的全面抨擊始自第二篇文章〈憲法與孔教〉（出版於1916年11月1日）。

思想所構成的原始整體的有機性（organismic）衍生物。他並未考慮歷史變遷的問題，以及思想和非思想因素之間的相互作用：隨著時間推移而來的任何變化都被認作這一傳統的本質所衍生的變異和分枝，而且，如果認可以思想為根本的整體觀的（intellectualistic and holistic）思想模式，必然會忽視非思想因素可能具有的作用。當假定儒家傳統的政治、社會、經濟各層面，乃至於它文化上的所有面相（包括不同儒家經典中的種種思想和格言，以及儒家傳統的後續發展）都是孔子思想的有機性衍生物時，反傳統的抨擊也就無須奠基於鉅細靡遺地研究儒家傳統的各個方面和文本的問題。這類研究反而會被貶為賣弄學問。

　　不僅如此，如果認為儒家傳統是整體性的實體（holistic entity），決定了中國傳統的本質，那麼檢視與抨擊中國傳統中非儒家成分的必要性，也會變得相當地微小。陳獨秀確實有時也批評道家、佛教和法家等，但他認為這些相對而言都是無關緊要的。因為如果中國傳統的基本性質被認定為由整體性的儒家所形塑，則非儒家因素不可能改變這個傳統的本質。因此，我們必須把陳獨秀對於儒家的整體性攻擊，當作代表了他「整體主義的反傳統主義」的主要推動力。

　　簡言之，陳獨秀把儒家傳統視為整體加以反對時，所提供的是形式主義的（formalistic）論證，雖然他自己沒有充分意識到這一點。他的論證的形式主義性質，出自他的宣稱和他的實際說明之間的落差，以及他對於自己的形式主義謬誤不曾有所自覺或關注。我們對於這一形式主義性質的探究，將會揭示出：借思想‧文化以解決（政治、社會等）問題的途徑，主

宰了陳獨秀的整體主義的反傳統主義。陳獨秀在《新青年》所
發表的早期文章中確定了反傳統的方向，接著則以孔教與現代
的生活方式不能兼容為中心議題，建立他反對儒家的論證。根
據他的說法，現代生活方式的決定性特徵是：個人在倫理、政
治、經濟、法律和社會關係諸領域中所保持的獨立。就此而
言，儒家關於社會倫理和社會規範的教誨，在各個方面都與現
代的生活方式背道而馳。現代精神以平等和獨立為本質，儒家
倫理的要旨卻是三綱五常，它只能被界定為不平等的道德原
則。[28] 陳獨秀的論證具體見於他在〈孔子之道與現代生活〉這
篇著名文章中的一番話：

> 　　現代生活，以經濟為之命脈，而個人獨立主義，乃為
> 經濟學生產之大則，其影響遂及於倫理學。故現代倫理學
> 上之個人人格獨立，與經濟學上之個人財產獨立，互相證
> 明，其說遂至不可搖動；而社會風紀，物質文明，因此大
> 進。中土儒者，以綱常立教。為人子為人妻者，既失個人
> 獨立之人格，復無個人獨立之財產。父兄畜其子弟，子弟
> 養其父兄。[29]

　　陳獨秀進而大量引述《禮記》（傳統禮教的基本經典之
一）來說明：根據傳統，妻和子不能做獨立的政治判斷，因為

28　陳獨秀，〈憲法與孔教〉，見《獨秀文存》，第1冊，頁108-109。

29　《禮記》第三十章〈坊記〉曰：「父母在，不敢有其身，不敢私其財。」
　　此甚非個人獨立之道也。（陳獨秀，〈孔子之道與現代生活〉，見《獨秀
　　文存》，第1冊，頁117-121。引文見頁117。）

他們必須服從夫和父，但由每個人所做的這些判斷是現代憲政國家的必要條件；男與女之間的社交關係也不被容許，但凡此往來是現代社會生活中慣常和必需的活動。陳獨秀在文中給予婦女和青年較多的同情和關注，因為他們的個體性比其他人更易被剝奪，也因為他們由於被迫屈從男人和長者，成為社會上比較不具獨立性和生產力的成員。儘管如此，這篇文章仍然是陳獨秀認為孔子之道與現代生活並不兼容的總體陳述（general statement）。

陳獨秀這時雖然注意到經濟在現代生活中的作用，卻並未留意以這個觀點去限定他的反傳統主義中的唯智和整體主義式論證。這篇文章所呈現出的非孔的特色——恰如其標題所顯示的——就在於陳獨秀堅決主張：所有社會禮儀和道德教訓中不實際和不道德的做法都必須被界定為孔子之道，因為它們都源自孔子最初的想法。如果儒家思想被定義為一個整體性的實體，陳獨秀除了主張將它全部摒棄外，再無其他辦法。

我們在陳獨秀非孔的論證中，找不到就儒家傳統本身的哲學層次所提出的批判。陳獨秀從未觸及經典儒家哲學的中心思想「仁」，也不曾駁斥經典儒家對於「仁」和「禮」之間關係的看法。由於陳獨秀早年接受的是儒家經典教育，他對於「四書」和「五經」無疑是相當諳熟——甚至可以說其中許多部分他都能背誦，因為背書正是他早年接受教育的方式。他的非孔論證鮮少把儒家視為一種道德哲學，顯然不是因為他對於這些文獻並不熟悉。

陳獨秀以儒家傳統為整體性實體的看法，使他假定孔子原初的思想（不論究竟是什麼）本來就不適於現代生活，因為

從它們衍生出來的正統儒家社會行為的規範不適於現代生活。在這種情況下，他也就不需要把儒家思想當作哲學加以批判。當敦促陳獨秀在孔子的思想與後來的儒家之間做出區分時，陳獨秀的傲慢回答清楚表明了他以整體主義的方式對待儒家傳統（乃至於任何傳統）。他說：

> 鄙意以為佛耶二教，後師所說，雖與原始教主不必盡同，且較為完美繁瑣。而根本教義，則與原始教主之說不殊……其功罪皆應歸之原始教主聖人……孔子之道，亦復如是。足下分漢宋儒者以及今之孔教孔道諸會之孔教，與真正孔子之教為二，且謂孔教為後人所壞。愚今所欲問者：漢唐以來諸儒，何以不依傍道法楊墨，人亦不以道法楊墨稱之？何以獨與孔子為緣而復敗壞之也？足下可深思其故矣……足下謂孔教壞于李斯、叔孫通、劉歆、韓愈者，不知所指何事？含混言之，不足以服古人。足下能指示一二事為劉、李、叔孫通、韓愈之創說，而不發源於孔孟者乎？30

視儒家傳統為整體性的看法，將使得無論是經由引介外來的文化因素，還是經由自我的努力，都不可能達成改造儒家的目標。如果像陳獨秀般主張文化傳統中的每一成分都以有機的

---

30 陳獨秀，〈答常乃惪〉（1916），見《獨秀文存》，第3冊，頁25-26。李斯是荀子的學生，但通常被認為是法家而不是儒家。常乃惪給陳獨秀的信上提到李斯是歪曲孔子原來教義的人之一，陳獨秀因此也在回信中提及李斯。

方式相聯繫，在屬性上也為該文化所特有，那麼其中將沒有什麼空間可以吸收外來文化中屬性不同的成分，因為沒有地方能讓外來因子融入本來的系統。另一方面，新傳統主義者如同康有為般，借由宣稱儒家最早的思想中包含民主原則來倡導民主的方案，最多也只能促成經典儒家的復興，而不能帶來民主的實現。因此，正如陳獨秀煞費苦心地提醒他的讀者的，康有為在張勳復辟中充當顧問這件事與他的新傳統主義相當地一致。[31]要將傳統中國文化和近代西方文化綜合為一，簡直是不可能的。如果要求根本的改變，唯一辦法就是全面摧毀中國的傳統文化，並且代之以近代西方文化。（在陳獨秀眼中，近代西方文化同樣被認為是一個一元式的實體，一個可以被引進中國的實體。）陳獨秀在1916年11月1日寫道：

> 欲建設西洋式之新國家，組織西洋式之新社會，以求適今世之生存，則根本問題，不可不首先輸入西洋式社會國家之**基礎**，所謂平等人權之新信仰，對於與此新社會新國家新信仰不可相容之孔教，不可不有徹底之覺悟，猛勇之決心；否則不塞不流，不止不行！[32]（黑體為筆者另加）

在反傳統主義的高潮中，陳獨秀再三重申類似的說法。他在1917年3月1日的《新青年》上寫道：

31　陳獨秀，〈復辟與尊孔〉，見《獨秀文存》，第1冊，頁161-162。
32　陳獨秀，〈憲法與孔教〉，見《獨秀文存》，第1冊，頁111-112。

　　倘以舊有之孔教為是，則不得不以新輸入之歐化為非。
新舊之間，絕無調和兩存之餘地。吾人只得任取其一。[33]

　　陳獨秀認為，從內部改造儒家是不可能的。這一觀點在他
和俞頌華的通信中也可以證實。俞頌華論證孔教為一種特殊的
宗教後，緊接著說：

　　至孔子之教義，固有不合現代生活者存，然在他教，亦
不免此。特他教有嬗蛻，而孔教仍舊貫，此乃宗教發達與
否之問題，非關教義之本質也。孔子教義，自有其不可誣
者。擇其善者而從之，其不善者而改之。與時遞變，滋長
增榮，是則昌明孔教者應有事也。譬之周、秦、漢、唐之
文，非不甚美，以時代已遙，不足賅今世思想事情之變。
吾友胡適之君，為作文學改良論，慨乎言之。夫改良之可
也，若以不便於用，舉而廢之，而以他國之文為代，豈不
甚謬？夫一國文化，自有特質。知文學可改良而不可廢
棄，則知孔教亦可改良而不可廢棄矣。

對此，陳獨秀答以：

　　惟謂孔教等諸古代文學，只可改良不可廢棄，此殊不
然。教義為無形的，而文學乃無形的（思想部分）而兼有
形的（文字部分）。足下對於文學改良之意見，非謂廢其

<hr />

33 陳獨秀，〈答佩劍青年〉，見《獨秀文存》，第3冊，頁48。

無形的部分，而存其有形的部分乎？由斯以談，則孔教與
舊文學同一可改良而不可廢棄之說，未必有當矣。[34]

　　在陳獨秀看來，儒家傳統中沒有容納改革（或轉化）的餘
地。他認為，在其結構內的逐漸改變，總會保留它的基本性質
的衍生物或分枝。他不曾想到改革也可以是一種辯證性變革，
轉化儒家的基本性質卻不完全背離。對他來說，除了延續整體
性的中國傳統之外的唯一選項，只能是革命——全面地擯棄傳
統。因為陳獨秀不認為儒家思想與中國文學能夠類比，所以他
反對以這樣的類比方式論證儒家之能夠被改造。中國文學可以
被改造，因為舊文學中的文字（形式部分）與思想並不是以有
機的方式相聯繫的。陳獨秀相信能夠以舊文字表達新思想，因
此他承認改造中國語言的可能性。不過，在以整體主義的方式
反對傳統的激流中，他的這個觀點也沒能堅持多久。1918年3
月，北京大學語言學教授、《新青年》同人錢玄同主張經由首
先廢除中國文字，來全盤擯棄儒家思想和中國傳統裡的所有其
他種種。陳獨秀在1918年4月15日表示同意，他說：「然中國
文字，既難傳載新事新理，且為腐毒思想之巢窟，廢之誠不足
惜……當此過渡時期，惟有先廢漢文，且存漢語，而改用羅馬
字母書之。」[35]

---

34 俞頌華致陳獨秀的信，載《新青年》，卷3，第1期（1917），「通信」部
　　分，頁21（或見《獨秀文存》，第3冊，頁63-64）；陳獨秀的回信，見同一
　　期的《新青年》，頁23（或見《獨秀文存》，第3冊，頁66-67）。
35 錢玄同1918年3月14日致陳獨秀的信，載《新青年》，卷4，第4期
　　（1918），頁350-356（或見《獨秀文存》，第3冊，頁150-159）；陳獨秀

　　借思想・文化以解決（政治、社會等）問題的途徑，在形成陳獨秀以整體主義的方式抨擊儒家的做法上，起了主導作用。這可以進一步借由留意他運用這種途徑時的曖昧之處看出。在給俞頌華的回信中，陳獨秀繼續寫道：

> 　　孔教為吾國歷史上有力之學說，為吾人精神上無形統一人心之具，鄙人皆絕對承認之，而不懷絲毫疑義。蓋秦火以還，百家學絕，漢武獨尊儒家，厥後支配中國人心而統一者，惟孔子而已。以此原因，二千年來訖於今日，政治上，社會上，學術思想上，遂造成如斯之果。[36]

　　陳獨秀提及秦始皇焚書和漢武帝獨尊儒術。這或可視為一項徵兆，即顯示出他已經認識到包含非思想性因素在內的諸多因素之間複雜的交互作用，對於儒家在傳統中國社會中的統治地位有所影響。如果陳獨秀更深入地探究這一認識中的意涵，他也許就不會以這麼教條的方式，墨守借思想・文化以解決（政治、社會等）問題的途徑。

　　然而，為什麼陳獨秀即使認識到儒家之所以盛行於傳統中國的種種理由，也仍然堅持借思想・文化以解決（政治、社會等）問題的途徑呢？我認為這與其歸因於他想像力的貧乏，不如歸因於深植在他心中的分析範疇（或思想模式）所占有的主

的回信，見同一期的《新青年》，頁356（或見《獨秀文存》，第3冊，頁159-160）。

36 陳獨秀答俞頌華，載《新青年》，卷3，第1期（1917），「通信」部分，頁24（或見《獨秀文存》，第3冊，頁68）。

導地位。他給常乃惪的信明白顯示，他的心思盡為借思想‧文化以解決（政治、社會等）問題的途徑所占據，以至於想要依據它來安頓並解消所有的矛盾。他受到這種對他而言理所當然的分析範疇的影響太大，以至於沒有辦法打破它，無法就事論事地考慮任何他所察覺到或者別人提醒他注意的可能的矛盾。如果我對於他的分析範疇的理解是正確的，我猜他會用這樣的方式來「澄清」前段引文中的曖昧性，他會說：就是由於孔子原來的想法包含了足以啟發帝王專制的根源，漢初的皇帝才會在秦始皇焚書之後搜尋儒家遺留的經典，漢武帝也才會尊崇儒術。

　　陳獨秀同一時期另有兩段話，可能用來質疑我對於他的借思想‧文化以解決（政治、社會等）問題的途徑所做出的說明的有效性。第一，陳獨秀在1916年9月發行的《新青年》上，表達了他關於人口增加和經濟制度對於道德的影響，以及道德進步有賴於社會和經濟變遷的一些模糊的看法。[37] 第二，他在1917年7月發行的《新青年》上指出：對於通過教育和工業發展

───────────────

37 陳獨秀在給程師葛的信中，討論今日之道德是否不如過去。他說：「近世德育進步是否果遜於智育，愚誠不敢妄斷。今人所見德育無勝於前代者，有二原因：其一由於人口加增、經濟制度未及改良、富力失其均平、金錢造成罪惡，此非高談道德所可補救者也。其一由於社會已成之道德，不克範圍今日之人心。近世思想法度月異日新，駸駸未已，而封建時代之道德、宗教、風俗習慣，仍復遺印影，逞其餘勢，善惡是非之辨遂紛不可理。綜上二因以判民德，世人之所謂罪惡，未必為罪惡；所謂道德，未必非不道德。欲救斯弊，第一，當改良社會經濟制度，不使不道德之金錢造成社會種種罪惡；第二，當排斥社會已成之道德，而尊行真理，不使不道德之道德演成社會種種悲劇。」見陳獨秀答程師葛，載《新青年》，卷2，第1期（1916），「通信」部分，頁9。本文未收入《獨秀文存》。

來促使社會進步而言，相當程度的政治發展是其先決條件。[38]

　　這些說法確實與陳獨秀的借思想・文化以解決（政治、社會等）問題的途徑相矛盾。但是，指出陳獨秀以這個途徑作為他分析事物的基本範疇，並沒有排除他說出與它相矛盾的話的可能性。前曾提及，大家都知道陳獨秀並不是個前後完全一致的思想家。[39] 然而，在這裡爭論的焦點是：他如何對待這些說法？他是否意識到自己提出了與該途徑相矛盾的說法？是否探究了由於持有兩種對立觀點所造成的張力的含義？如果我們讀過陳獨秀這段時間的全部著作，就會發現陳獨秀幾乎不曾意識到自己的矛盾，或者說根本不曾因為這些矛盾而苦惱。他這麼相信借思想・文化以解決（政治、社會等）問題這一途徑的有效性，以至於幾乎沒有注意到自己關於社會和經濟制度在道德與教育上所造成的影響的模糊看法。陳獨秀借思想・文化以解決（政治、社會等）問題的途徑的觀念，幾乎彌漫在他的每一篇文章中。它是他用以論證和處理問題的工具，而他偶爾提到的社會和經濟因素，雖然可以說使他的立場受到了挑戰，但只是邊緣性的和孤立的。這些孤立和例外的個案固然為他日後轉向馬克思的經濟決定論提供了潛在的基礎，但事實上並沒有削

---

38 顧克剛籲請陳獨秀不要批判時政，要固守原先所允諾的借由講述學說改造青年思想的宗旨。陳獨秀答以：「政治不得不為人類生活重要部分之一。倘漠視之，必為其群進化之最大障礙。蓋一群之進化，其根本固在教育、實業，而不在政治。然亦必政治進化在水平線以上，然後教育、實業始有發展之餘地。」載《新青年》，卷3，第5期（1917），「通信」部分，頁6（或見《獨秀文存》，第3冊，頁126）。

39 參見並比較Schwartz, "Ch'en Tu-hsiu and the Acceptance of the Modern West," p. 63。

弱本書關於陳獨秀借思想‧文化以解決（政治、社會等）問題所做的闡述，反倒加強了這個論點。陳獨秀無意於或者無法推論出他所意識到的非思想性因素之作用的含義，恰恰顯示出該途徑在他心中是多麼根深柢固。顯然，陳獨秀的心思深受該途徑中的整體主義且唯智論的範疇所影響，以至於無法處理他在常識上所認知到的非思想性因素的作用。要把這一常識性的認知納入他的整個視野，需要分析歷史和社會上的思想性與非思想性因素之間的相互作用。但這不是陳獨秀力所能及的，因為他的心中缺乏這麼區分的機制。

　　在結束本章以前，我們另需面對陳獨秀非孔思想中的一個重要問題。陳獨秀以整體主義的方式拒斥儒家，但這一取向並沒有使他不在常識的層次上承認儒家傳統中的部分正面價值。這種承認可能引發很多相關的問題，例如：什麼是這些正面價值的根源？這些價值既然見於儒家傳統，它們要怎麼和他所理解的儒家傳統的整體性本質相聯繫？不過，陳獨秀並沒有探索他在常識上肯定這些價值這一狀況的含義，也沒有處理上述問題（如果他察覺到這些問題的話）。陳獨秀辯稱這些是所有的傳統都共有的普世性道德價值。借著這般解釋，他暗示這些價值不能指稱或解釋儒家特有的性質，也因此與這一特性不相關。他說：

　　　記者之非孔，非謂其溫、良、恭、儉、讓、信、義、
　　廉、恥諸德，及忠恕之道不足取；不過謂此等道德名詞，

　　乃世界普通實踐道德，不認為孔教自矜獨有者耳。[40]

　　陳獨秀的反傳統主義在他後來的著作中變得更為激進，這可見於他和錢玄同一樣認為必須廢除所有的中國傳統，包括文字和語言。顯然，他偶爾出現的「限定性」表達，並沒有改變他以整體主義的方式非孔的一般方法。

　　然而，通過斷言儒家中的正面價值是普遍的道德系統所具有的公約數的一部分，陳獨秀未言明地承認了儒家思想中有些成分並不依附於它的整體性質。儘管這種矛盾在邏輯上打破了全盤反儒的整體主義論述，但陳獨秀似乎從未清楚地意識到它。即使有所察覺，他也受到借思想・文化以解決（政治、社會等）問題的途徑的支配，從而無法正視這一矛盾。歸根究柢，陳獨秀的常識不曾證明它足以抗衡深藏在他心中的中國文化傳統預設所具有的力量。這一預設形塑了他，他也因此一再堅持全盤摒棄中國傳統的必要性和有效性。儘管陳獨秀熱烈號召從中國傳統中解放出來，但從某種意義上講，他的整體主義的反傳統主義本身就是這一傳統的受害者。

40　陳獨秀答讀者，載《新青年》，卷3，第5期（1917），「通信」部分，頁3（或見《獨秀文存》，第3冊，頁119）。這段話幾乎一字不改地重複陳獨秀在〈憲法與孔教〉（1916年11月1日《獨秀文存》，第1冊，頁110）中首先提出的說法。與陳獨秀關於此等道德名詞「乃世界普通實踐道德」的說法相反，我們可以有力地論證：這些美德雖然包含普世性的道德成分，卻還是儒家特有的德行。

第五章

胡適的偽改革主義

一、胡適的思想模式

用最一般性的話來說，胡適的思想中看起來帶有明顯的相互矛盾的緊張關係。[1] 他有時候用整體主義的方式抨擊中國傳統，但也經常主張與西方文化進行漸進的和「有機的同化」（「organic assimilation」）。[2] 1929年，他以提出全盤西化論聞名。[3] 晚年，他卻又在不曾提出思想上的合理性的情況下，有

---

[1] 由於王浩教授之助，本文得以免去初稿在論述胡適反傳統思想上的一項邏輯錯誤。在此謹申謝忱。關於胡適的反傳統思想和西化觀點的另一不同解釋，參見Jerome B. Grieder, *Hu Shih and the Chinese Renaissance*（Cambridge, Mass., 1970）, pp. 284-289, 317-321。

[2] Hu Shih, *The Development of the Logical Method in Ancient China*（Shanghai, 1922）, p. 7.

[3] 胡適最先在題為〈文化的衝突〉（"Conflicts of Cultures"）一文中，交替使用「全盤接受」（wholesale acceptance）和「一心一意接受」（whole-hearted acceptance）這兩個說法（China Christian Year Book, 1929〔Shanghai, 1930〕, pp. 112-121）。1931年，太平洋學會（Institute of Pacific Relations）第四屆會議在杭州和上海舉行，胡適這時擔任學會主席，他在致辭中提出中國應該「一心一意地」「採納」西方文明和「毫無保留地接受近代西方

如文化民族主義者（cultural nationalist）般宣稱他的文化信條以「振興舊文化」為宗旨。[4] 胡適一生在很多方面改變過看法。不過，他關於中國傳統和西化的思想上的紊亂，並不是出於這個緣故。確切地說，胡適思想的特點是：即使到了晚年都仍固守他在五四期間有關中國傳統和西化的每個主要觀點。

文明」，而不曾使用「全盤接受」一詞，參見Bruno Lasker, ed., *Problems of the Pacific*, 1931（Chicago, 1932），p. 477。這一用詞上的修正可能是因為潘光旦在評論〈文化的衝突〉一文時，指出「全盤接受」和「一心一意接受」兩者的意義不盡相同，參見*China Critic*, 3.9（February 27, 1930）: 210-211。

1935年，距離他將著名的十位教授聯名發表的〈中國本位的文化建設宣言〉正確評為披上新衣的新傳統主義之後不到三個月，胡適寫了〈充分世界化與全盤西化〉一文。他在文中對潘光旦的評論表示感謝，並提議以「充分世界化」取代他先前所用的不無語病且引起「許多無謂的文字上或名詞上的爭論」的「全盤西化」一詞。他也承認，「數量上的嚴格『全盤西化』是不容易成立的」，「文化本身是保守的」（胡適，《胡適論學近著》〔上海，1935〕，頁552-561）。然而，儘管加進這些（很可能是因為論戰而提出）的限定，胡適對於西化的態度基本上並沒有改變。他的「充分世界化」並非意指有意識地創造性地綜合或整合世界所有文明的努力。他的用法恰恰暴露出他預設了近代西方文明是普遍有效和普遍可行的。他長久以來都相信西方文明「正在快速地成為世界文明」（Hu Shih, "The Civilizations of the East and the West," in C. A. Beard, ed., *Whither Mankind*〔New York, 1928〕, p. 25）。對於胡適這位進步理念的鬥士來說，西方文明的內容並不模糊。以約翰・杜威（John Dewey）工具主義為表徵而講求實用結果的美國文明，就是近代西方文明。誠然，胡適坦承「充分世界化」的實際結果和近代西方文明之間難以畫上等號。不過，根據他的說法，無論稱之為「全盤西化」「一心一意現代化」或者「充分世界化」，中國人所應採取的就是盡可能地接受近代西方文明。就胡適態度的積極面看來，他的目標是全盤或者以整體主義的方式西化。

4　Hu Shih, "The Chinese Tradition and the Future," *Sino-American Conference on Intellectual Cooperation: Reports and Proceedings*（Seattle, 1962）, p. 21.

　　把握胡適反傳統主義中難以捉摸的性質的最好辦法，是分析一個他顯然不曾清楚察覺但終其一生都存在的矛盾的含義；亦即：他同時矢志追求以演化的方式改造中國傳統和以整體主義的方式拒斥傳統這兩項目標。為了確知這項矛盾的含義，以及胡適為何不曾清楚地察覺它的存在，我們首先應該注意胡適形式上的宣稱及其實質內涵之間的差異。從以下分析將可以看出，上述矛盾只是形式（或邏輯）上的矛盾。胡適的改革主義不能只是從字面上理解，而必須被視為一種偽改革主義（pseudoreformism）——也就是說，他的改革主義是以整體主義的方式西化中國的手段，而不是目的本身。胡適在中國傳統裡發現的科學方法（或科學方法的雛形），對於他經由改革（或漸進的方式）進行西化的方案固然有用，於他對於中國傳統的反傳統評價卻絲毫不相關。他承認中國傳統裡存在這一具有正面意義的成分，但並未因此而不以整體主義的方式抨擊中國傳統和倡導西化。因此，從實質上說，整體主義的反傳統主義主宰了胡適的意識，並成為他要求以整體主義方式西化中國的基礎。

　　我在下面的討論中將首先追溯胡適借思想‧文化以解決（政治、社會等）問題的途徑的根源；該途徑把他反抗中國傳統的衝動，形塑成一種整體主義的文化反傳統主義。之後，文中將區分出胡適思想裡以科學改革主義為名的形式上的宣稱，以及實際上的真正反傳統的本質。

　　胡適借思想‧文化以解決（政治、社會等）問題的途徑，在他最早的著作中明顯可見。1906年秋天，他就讀於上海中國公學，並開始為剛創刊的《競業旬報》撰稿。根據他的自述，

該報「骨子裡」就是要向大眾「傳佈新思想」。[5] 1908年，胡適成為《競業旬報》的編輯，時年十七歲。[6] 他筆下即已無可置疑地顯現出他此生所秉持的對於思想力量及其優先性的重視。在一篇抨擊國人的宗教迷信的文章中，他說：「惑世誣民之學說得以大行，遂舉我神州民族投諸極黑暗之世界。」[7] 在胡適看來，對於人事起決定性作用的是思想。他的看法顯示出一種唯智論的思考模式，這一思考模式對他而言已根深柢固到不需要再加闡述或維護的地步。胡適的短篇小說《真如島》以「破除迷信，開通民智」為目的。[8] 他在文中就明白喟歎國人思想上的惰性，指出國人愚昧「都是不肯思想之故」。[9] 由上述可見，胡適年輕時所強調的在形塑國人（Chinese people）的生活和歷史上思想所具有的力量，有兩層意義：第一，它賦予思想的素質以決定性的作用；第二，它極力強調智慧的思考的作用。

胡適在準備撰寫《四十自述》時重讀了他早年的著作，並且驚奇而愉快地發現自己先前十分強調思想重要性的傾向，實際上預示了他日後將會走上杜威實驗主義哲學的道路。的確，胡適稍後發現的杜威的實驗主義，是肯定和強化了他在留學美國前已有的唯智主義的立場，使它更為周密細緻，而不是使它削弱和改變。然而必須指明，杜威是按照他自己所界定的「科

5　Hu Shih, "My Credo and Its Evolution," in *Living Philosophies*（New York, 1931），p. 249.

6　胡適，《四十自述》（台北，1954），頁63。

7　同上書，頁65。

8　同上書，頁62。

9　同上書，頁66。

學方法」的結果，來強調思想的功效的，亦即「科學方法」將帶來「創造性智慧」，「創造性智慧」能有效解決社會生活中的種種問題。胡適年輕時所強調的智慧的思考，提供了他日後吸納杜威「科學方法」理念的起點。但就杜威而言，形塑人們的生活和歷史的原因相當複雜，他雖然在強調理性的時候談及心靈的素質，卻不曾主張思想的素質本身具有決定性作用。胡適強調思想的重要性所展現出的，是他借思想‧文化以解決（政治、社會等）問題的途徑，這一途徑將在傳統中國文化道德秩序解體後，衍生成一種兼具唯智和整體主義的思考模式。關於杜威的「科學方法」和「創造的智慧」理念，胡適在著作中談了很多。但他強調中國傳統心靈對形塑中國傳統的本質起了整體性作用（詳見下文），這顯然來自上文所述的他年輕時的　元論觀點，這　觀點反映出中國文化裡　項根深柢固的預設。

　　胡適借思想‧文化以解決（政治、社會等）問題的途徑，得見於他一生中的諸多場合。1914年他在康乃爾大學（Cornell University）讀書時給《中國學生月刊》（*Chinese Students' Monthly*）寫的一篇文章中，把辛亥革命這種政治革命視為「思想革命」的自然結果。[10] 1917年歸國後，胡適開始大力支持正在發展中的思想革命。他和陳獨秀一樣，對於國人經過了政治變化卻還是那麼地漠然、腐敗和愚昧，深感沮喪。「七年沒見面的中國還是七年前的老相識！」他在回國後發表的第一篇文

---

10 胡適，〈中國的孔教運動〉，載《中國學生》月刊，卷9，第7期（1914），頁534。

章中這樣寫道。[11] 在胡適眼中，張勳復辟這齣鬧劇（他在歸國途經橫濱時得悉此事）在袁世凱那場不合時宜的帝制夢結束後一年就出現，真是絲毫不足為奇。辛亥革命後顯現的黯淡政治和社會現實，確認而且強化了深植在胡適心中的信念，即如果不預先為中國社會的改變建立起牢固的文化基礎，設法改造政治是毫無意義的。他這時決心「二十年不談政治」，更不用說從事政治活動；他寧願試著努力「從思想文藝的方面替中國政治建築一個非政治的基礎」。[12]

　　胡適於1922年在《努力週報》上評議時政。一部分讀者稱許他的討論「不趨極端、不涉妄想」，另一部分讀者則批評他未能堅持「二十年不談政治」的許諾。胡適迅速承認自己未能

11　胡適，〈歸國雜感〉，載《新青年》，卷4，第1期（1918），頁20（或見《胡適文存》，集1，卷4，頁1）。

12　胡適，〈我的歧路〉，見《胡適文存》，集2，卷3，頁96、108。胡適一生固守並反覆重申這一看法。見胡適，〈陳獨秀與文學革命〉，收入陳東曉編，《陳獨秀評論》（北平，1933），頁51；Vincent Y. C. Shih（施友忠），"A Talk With Hu Shih," *China Quarterly*, 10: 163（April-June, 1962）。但周策縱在敘述胡適強調文化的變遷，以及在援引杜威實際上是報導學生運動和「新文化運動」的兩篇文章時，卻聲稱「杜威在分析中國西化運動的歷史之後得出同樣的結論：『缺乏以思想變化為基礎的社會變化，中國不可能改變。政治革命失敗了，因為它是外緣和形式上的，雖然觸及社會行動的機制，卻未曾影響真正控制社會的人生觀』」（Chow Tse-tsung, *The May Fourth Movement*〔Cambridge, Mass., 1960〕, pp. 223-224）。周先生誤讀了史料。他所引述的不是杜威自己的意見，而是杜威對於中國知識分子部分主張的綜述。見John Dewey, "The Sequel of Student Revolt," *New Republic*, 21.273: 380-382（February 25, 1920）; "New Culture in China," reprinted in John Dewey, *Characters and Events*, ed., Joseph Ratner（New York, 1929）, 1: 270-284, esp. 272。

遵守前言，但也表示這是被國內的腐敗政治和空談主義的輿論激出來的，並堅決重申思想的力量和優先性。他說：

> 我們至今還認定思想文藝的重要。現在國中最大的病根，並不是軍閥與惡官僚，乃是懶惰的心理，淺薄的思想，靠天吃飯的迷信，隔岸觀火的態度。這些東西是我們的真仇敵！他們是政治的祖宗父母。我們現在因為他們的小孫子——惡政治——太壞了，忍不住先打擊他。但我們決不可忘記這二千年思想文藝造成的惡果。打倒今日之惡政治，固然要大家努力；然而打倒惡政治的祖宗父母——二千年思想文藝裡的「群鬼」——更要大家努力。[13]

二、從改革主義到「改革主義」

　　胡適從留學美國之日起，對於中國傳統一直都採取改革主義的態度，只是他的改革主義的性質隨著時間的推移有了激烈的變化。他在信奉（committed himself to）杜威實驗主義（或稱工具主義）之前，對於儒家的看法絕對不是負面的。這主要因為胡適旅居遠離故國的異邦，他的意識並未（如同第二章所指出的）立即受到辛亥革命之際普遍王權瓦解所導致的傳統文化和道德秩序的崩潰的影響。不過，及至返抵國門之時，他已經如同其他五四知識分子般感受到它的作用。胡適曾在留學之初探索改革儒家的辦法。例如，他在1914年以英文發表的〈中

13　胡適，〈我的歧路〉，見《胡適文存》，集2，卷3，頁108。

國的孔教運動〉（"The Confucianist Movement in China"）一文中，對於由中國第一代知識分子所推動的定孔教為國教的這一運動多有批評，因為他認為這個運動只以恢復儒家思想為目的。胡適的批評明白顯示出他所追求的是孔教的改革。他不質疑孔教存在的必要性，而是致力於如何使它在現代中國具有活力這一問題。胡適說：「真正的孔教改革尚未到來。孔教中人必須正視遠比只是要求政府以其為國教更為重要和攸關生死的問題。」[14] 為了開始進行可能的改革，胡適提出了下列四組問題：

1. 孔教這個名詞究竟蘊含什麼意義？它只包含儒家經典中的信條？抑或它也應該包含遠在孔子時代之前就已存在、並經常被大而化之地等同為儒家中的宗教成分的古代中國的宗教？或者，它也應該包含宋明時期興起的形而上學和倫理學？

2. 哪些書應該被視為儒家真正且基本的經典？我們是否應該接受既存的所有的神聖經典？或者我們應該以現代歷史研究和批評中的科學方法鑑定它們的真偽？

3. 新的孔教中的「教」應該是中國意義的宗教（「教化」或最廣義的「教育」），或西方意義的宗教？換言之，我們只是重新詮釋儒家的倫理與政治信條就足夠了，或者也應該重建儒家關於帝或天以及生和死的觀念，以便使孔教能夠既是精神和出世的力量，也是人倫日用的明

---

14 Suh Hu（Hu Shih），"The Confucianist Movement in China," pp. 535-536.

燈？

　　4. 我們要經由哪些方法或管道宣揚孔子的教導？我們應
如何把孔子的教義導引和灌輸到人們心中？我們如何能使
孔子的教導適應現代的需求與變化？[15]

　　胡適主張改革的態度可以經由閱讀《胡適留學日記》得
到印證，1914年1月23日的日記即概述了上述引文所從出的文
章。[16] 胡適這時對於中國傳統的社會規範和精神的態度是擇其
善者而從之。他有時抨擊中國的家庭價值，因為它們造成家庭
成員的相互依賴，把家庭福祉置於社會福祉之上。其他時候，
胡適也曾表示中國婦女的地位高過西方婦女 —— 雖然他歸國
後將成為積極主張從傳統家庭中解放婦女的健將 —— 因為前者
無須在社交場合通過吸引和取悅男人的方式尋求夫婿。[17] 至此
已經清楚可見的是：胡適不喜歡傳統中國文化和社會的某些面
相，但也正面看待其他的部分。他基本上採取了改革主義的立
場。

　　胡適發現了杜威。這一發現起了決定性的作用，使得胡適
先前模糊的、試探性的，但真正追求改革的態度，轉變成清楚
的、直接的，但只是以改革的方式西化中國的主張 —— 以杜威
早期實驗主義所提供的現代性和現代化作為西化的模仿對象。
胡適於1915年夏天開始系統性地閱讀杜威哲學，並於1917年4月

---

15 同上書，頁536。

16 胡適，《胡適留學日記》（台北，1959），頁157-160。

17 同上書，頁154、168-169、250-252。

在杜威的指導下完成博士論文。[18] 在這些關鍵的年代裡，他的思想和價值理念經歷了深刻的變化。然而，在變化中持續得見的是他在接觸杜威之前已有的漸進主義的和唯智論的解決問題的途徑；就某種意義而言，該解決問題的途徑也正為這一變化做了準備。胡適的思想發生根本的變化，部分原因在於他毫無保留地接受了杜威的科學主義觀點，認為科學方法普遍適用於人類所努力的各個領域。他也因此從探索改造儒家的方案，轉為尋求將杜威關於科學方法的思想移植到中國的途徑。

　　實際上，如果有人用杜威所界定的科學程序來研究當時中國的具體問題，結論很可能是：許多的社會和政治改革應該優先於思想上的變化；或者換個說法，如果有人創造性地應用杜威的科學方法，就有充分論據反對以介紹杜威的科學觀思想為首先要務的論述。然而，胡適先前就相信借思想・文化以解決（政治、社會等）問題的途徑，再接受了杜威的意識形態，即以科學主義的方式強調科學所具有的意義和作用，這兩方面結合的結果使得胡適認為：解決中國問題首先有賴於引介杜威的科學方法觀，以使國人掌握獲取「創造的智慧」的關鍵，而

---

18 胡適，〈自序〉，見《胡適留學日記》（台北，1959），頁5-6。Hu Shih, *The Development of the Logical Method in Ancient China*, "A Note" preceding the introduction（n. p.）. 根據胡適自己的說法，杜威著作中對他影響最大的是《我們怎樣思想》（*How We Think*〔Boston, 1910〕）和《實驗邏輯文集》（*Essays in Experimental Logic*〔Chicago, 1916〕）。Hu Shih, "Dr. Hu Shih's Personal Reminiscences," an interview conducted, compiled, and edited by Te-Kong Tong, with Hu's Corrections in his own handwriting, typescript, 1958（Department of Special Collections, Butler Library, Columbia University）, pp. 95-106.

「創造的智慧」正是成功解決中國現代化中任何問題的先決條件。

　　反諷的是，杜威的科學觀在胡適的解釋中成為解決中國社會和文化問題的前提，而這些中國問題和杜威哲學所直接關注的問題，卻出自完全不同的背景，在性質上也極其不同。姑且不論對於杜威哲學是同情或是批評，它畢竟是地地道道的美國哲學。[19] 它出自美國的社會和宗教背景，並且認為其中的部分基本假設是理所當然的。它與美國當時的社會和文化問題有緊密的關係，也指向美國未來的前進道路。這麼說並非認為杜威哲學是個鐵板一塊般的不可分割的體系，不能為解決其他社會的問題提供建議。但胡適以原教旨主義的方式接受杜威早期的思想，這一做法已經被證明在中國社會並不像他所期望的那般有力。當然，我們對於胡適也不應苛責。一些涉及個性、歷史和杜威早期思想性質的因素，不是他有意識的努力就能夠駕馭的，但這些因素，對他接受杜威實驗主義的方式卻產生了嚴重的影響。胡適的溫文儒雅更甚於其思想的深刻，從某個角度看，他內在的智性與精神資源都不足以承擔起文化領袖的使命，去面對在生活各方面都深陷危機的中國社會中產生的政治和文化問題所具有的前所未有的困難和複雜性。再者，中國文化的解體這時明顯可見，填補此一文化「真空」的急切需要使得簡單而全面性的答案更具吸引力。更有甚者，在形式層面上，杜威思想以人與社會的共同問題為對象，並宣稱具有普世

---

19 從同情的角度對於杜威哲學的深刻分析，參見Paul K. Conkin, *Puritans and Pragmatists*（New York, 1968）, pp. 345-402。

的適用性，其中對於「方法」的強調尤其給人超越文化界限的印象。杜威的早期思想帶有相當高度的簡單性和概括性，以至於它們——由於大為簡化了思想（的過程和內容）——以自明真理般的面貌出現。杜威的忠實信徒很難意識到，杜威這些形式性主張深受他的實質關懷的影響，也因此很可能不適用於其他（非杜威所關注的）社會和文化中的特殊問題。更進一步地說，胡適篤信演化的進步論，把杜威哲學視為整個人類文明演化過程中最新和最先進的成果。[20] 杜威不僅相關於美國社會，也（或者將）相關於其他所有的社會，只要它們演進到與美國社會相同的階段。因此，從胡適的借思想・文化以解決（政治、社會等）問題的途徑看來，中國社會將可以借由接受杜威思想而更快趕上美國這一先進的社會。

　　杜威主張漸進的而非革命性的社會和文化變革。胡適早期的改革傾向在接受杜威思想後獲得了確認和強化，雖然他對杜威式科學認識和評價的採納給他帶來了價值觀的激烈變動，不過，在此仍應清楚地指出，胡適所持的改革主義的性質也因此

---

20 胡適的進步觀有時讓他不自覺地提出一些很讓他的崇拜者感到尷尬的意見。他相信進步將不可避免地發生在人類幾乎所有的活動中，這份信念使他把這些意見說得彷彿是真理一般。有一回，胡適向友人辯稱，莎士比亞不可能與歐洲後來的劇作家相比，後者已經遠比伊麗莎白時代的人進步得多。按照胡適的說法，《奧賽羅》是齣鬧劇，《哈姆雷特》也看不出什麼精彩之處。胡適的文學批評或許不只是受到進步觀的影響，不過整個這次談話卻奠基於他所認定的進步觀的有效性。參見胡適未發表的1921年6月3日的日記（Microfilm in the archives of the Oral History Project, Columbia University）。承韋慕庭（C. Martin Wilbur）教授之同意，我得以閱讀這些資料，謹此深致謝忱。〔這段日記現已收入胡適著，《胡適日記全集》（新北：聯經出版公司，2004），頁76-77。——譯者注〕

有了截然的變化。

　　胡適在他的博士論文的前言中，確立了他在思想上努力的方式和畢生的事業，即主張以演化和改革的手段實現一個非常激進的目標——根據杜威所提供的形象，以及他的理念和理想所指向的模範，來實現中國的現代化。因此，對於胡適而言，現代化和現代性所指稱的內容和含義並不含糊，它們意指杜威早期實驗主義中積極肯定和論述的所有內容。（胡適似乎不曾跟上杜威後期哲學中較為成熟和細緻的發展。舉例來說，他不怎麼熟悉杜威在「經驗」的美學和宗教層次上所發展出的「質」〔quality〕的概念）。胡適在思想上努力的目標既簡單又明確，那就是：把中國文化科學化，以科學和杜威的科學方法為依據，裁定其中（包括倫理學在內）的各項內容。21

　　根據胡適的說法，借由中國本土文化「有機地吸收」「近代文化的精華」，22 將能達成這一目標。他開始在中華文明中尋找「兼容相近的枝幹」，23 以使國人能與（由杜威實驗主義所界定和體現的）美國科學文化進行有機地結合。胡適在他的論述中「借鑒和借助於近代西方哲學」，24 使孔子的「正名」說成為一種邏輯的（a sort of logic）思維。只是，他對於這種儒家「邏輯」並不滿意。他另求助於《墨子》和《公孫龍子》，

---

21 胡適，〈科學與人生觀序〉，見《胡適文存》，集2，卷2，頁1-29。關於對倫理學可以成為一門經驗科學這一杜威命題的反駁，參見Morton White, *Social Thought in America*（Boston, 1957），pp. 203-219。

22 Hu Shih, *The Development of the Logical Method in Ancient China*, p. 7.

23 同上。

24 同上書，頁9。

從中找到一種非常重要的、得以作為杜威方法原型的「邏輯」方法。胡適經由發現古代中國邏輯理論和方法的「示範」，[25]幫助國人看出「這些西方的方法對於中國的心靈而言並非全然陌生」。[26] 簡言之，胡適認為杜威的科學方法雖然遠比中國傳統的科學方法來得精緻，彼此卻無屬性的不同。「有機地吸收」近代西方文明因此不僅值得追求，而且是可行的。胡適提議以杜威的科學方法為模範，改革中國傳統的科學方法。他相信：這麼做不是捨棄中國傳統的一個元素，而是將它轉變為現代性的一部分。

胡適歸國後繼續致力於證明：中國所發展出的科學方法的原型與杜威的科學方法這兩者在屬性上相似。他論證說朱熹所頌揚的格物致知理想，在精神和方法上都是科學的。[27] 宋明理學中的其他思想——胡適認為它們主要受了佛教的影響——雖然妨礙了科學研究的進步，卻無法阻止過去三百年來考據學的興起，考據學是本土的科學傳統、是「大膽假設，小心求證」傳統的「復興」。[28]

如果我們檢視胡適思想上的努力的這一層面，就可以看出

---

25 同上。

26 同上。

27 胡適，〈清代學者的治學方法〉，見《胡適文存》，集1，卷2，頁208-211。

28 胡適將他曾在許多場合說過的、其著名的科學方法要義「大膽假設，小心求證」翻譯為"boldness in doubt and hypotheses coupled with a meticulous care in seeking verification"。見Hu Shih, "The Scientific Spirit and Method in Chinese Philosophy," in Charles A. Moore, ed., *Philosophy and Culture—East and West*（Honolulu, 1962），p. 221。

他不但主張近代西方文明和傳統中國文明之間屬性上的相似，並且聲稱科學精神和科學研究是中國傳統的特徵，也使得中國傳統較諸印度傳統更接近近代西方傳統。姑且不論胡適對於朱熹哲學的解釋是否曲解了朱熹的根本思想，從前述說明看來，他所主張的以整體主義的方式西化中國，不能被視為含有完全否定中國傳統的意思。因為，依照其中的定義，經由中國特有的科學傳統而「有機地吸收」近代西方文化所達成的整體主義式的西化，意味著這一工作以本土的科學傳統為根基，雖然其他不合於近代西方文化的中國傳統元素將會在西化的過程中被消滅。

如同先前所述，胡適關於中國文明以演化的方式「有機地吸收」近代西方文明的主張，奠基於這兩種文化的屬性相似這一理念。胡適用生物和環境決定論說明這種相似性。他說：文明是生活的方式；其間，人們根據自己的生物需要而適應既有的環境。不同文明的個別變異只是環境和時間的結果。近代西方在科學和民主上的成就，即根源於西方過去三百年歷史中所處環境的要求。秉持這一人類整體歷史日益進步的信念，胡適認為中國人將遭逢類似環境和問題的挑戰。他也預言科學和民主將會毫無疑問地興盛於中國的未來。簡言之，胡適在論述的過程中，否定了中西文明之間在性質上存在任何差別的可能性。[29]

作為主張進步理念的世界主義（cosmopolitan）知識分子，

---

29 胡適，〈讀梁漱溟先生的《東西文化及其哲學》〉，見《胡適文存》，集2，卷2，頁57-85。

胡適安然地（unabashedly）奉行杜威的思想和價值理念，把它們視為既是西方文化特有的一組思想和價值理念，也是世界文化中最進步的思想和價值理念；根據他的說法，各個文化或早或晚都要走上這條道路。至此可以清楚看出，就其思想上的信念（commitment）和論述而言，胡適的科學的改革主義基本上是杜威化中國的手段，而不是在中國現代化過程中真實地尋求中國文化的特徵（identity）。如果胡適的「改革主義」並非源自尋求中國文化的特徵，那麼它的主要理由又是什麼？其中之一就是剛才所指出的，他將這一改革主義視為杜威化中國的道路。另一項理由則是他意識的裡層仍保留著文化的民族主義，縱使他對於各式各樣的民族主義有所疑慮。胡適在中國傳統中有所找尋，期能因此獲得作為中國人的自尊，抵消他在接受西方價值時對於中國傳統不如他人的真正感受。胡適將自己與中國的科學傳統相聯繫，部分原因即在於：身為文化民族主義者，他對於存在這項使他能夠主張「有機地吸收」近代西方文化的傳統感到自豪。[30]

---

30 胡適樂意且經常承認中國傳統的缺失，從而給人一種心志堅強（tough-mindedness）的印象，即他免於當代許多人的心理需求——借由宣稱中國具有諸多與西方成就對等的特色來減少自卑感。胡適對於自己能冷靜承認中國種種的缺失，感到自豪；這份自豪更加深了他並無上述心理張力這一看法。然而，儘管胡適很少在感情上依戀中國的過去，他發現中國的科學傳統這件事，既是他以個人方式宣稱中國也有事物與美國的重要發展（或者是這項發展的初始形態）相匹敵，也是他穩定內心的源泉，而他內心的穩定至少也有助於支撐起他心志的堅強。胡適對中國的科學傳統的發現是他內心中兩項需要——心理上需要中國的資源藉以面對較高的美國文化，智性上需要建構改革的工具，藉以完成杜威化中國的激進目標——相互作用的結果。

　　在此必須指出的是，胡適有的時候說：全盤西化將會帶來在民族（indigenous）基礎上生機蓬勃的中國文化。他因此給人一種印象，似乎他的全盤西化說只是復興中國文化的手段而已。[31] 然而，這是胡適在應然和實然（現有或將來）之間的混淆，是他對於知識上的推論和信念與文化民族主義之間張力的「解決」。就他知識上的推論和信念而言，中國文化的全盤西化既是過程也是目的。這個過程將是演化且「有機地吸收」近代西方文明。至於目標——由於他所認知的近代西方文化不具歧義而且是一元式的——也就是中國文化的杜威化。

　　然而，胡適也意識到中國應該力求完成的目標其實遠不可及：基於文化的保守性質，整體的西化在數量上說是不可能的。有的時候，胡適說起話來似乎是很讚賞這種不可能性，而且樂於見到中國文化繼續保留在本民族的基礎上。然而，他的態度實際上是文化民族主義的表現，從他的著作中看不出他在整體主義的西化主張上有任何實質性的改變。

　　胡適無法在應然和實然之間做出區分，這一失敗反而漸漸成為他後來在知識信念與文化民族主義之間張力的「解決」（辦法）。在內外交迫的壓力下，胡適感受到他的全盤西化說中有些牽強之處，但無法正視這個問題，也提不出一個可行的理論來創造性地轉化中國的傳統，亦即既摒棄傳統中的不良成分，又能追求現代性，並在此現代化過程中保存真正中國文化的特性。他反而宣稱全盤西化說其實是追求民族文化復興的手

---

31 胡適，〈試評所謂「中國本位的文化建設」〉，見《胡適論學近著》，頁552-557。

段。如此一來，他可以使自己和別人都相信：即使提倡每個人
應該竭盡所能地杜威化，也無須擔心國家將會失去自己的文
化。胡適有的時候說，如果中國傳統裡有真正的珍寶，它們將
會透過西化的過程獲得生機；但他就是避而不談這個情形如何
能夠出現。

　　胡適有時候也聲稱中西文化應該兩相融合。不過，這又是
他的文化民族主義促成的說辭。如果本民族傳統中除了在好的
情況下仍不如西方的科學方法之外，其餘皆在摒棄之列，又如
何可能正當化或實際進行中西文化的融合？胡適提不出論據來
主張：杜威需要學習中國學術裡的科學方法，以在理論或實踐
上改進他的科學方法。既然胡適認為傳統中國文化中沒有什麼
東西可以提供給近代西方，則他所建議的傳統中國與近代西方
文化的融合在提法上就是自相矛盾的。

三、整體主義的反傳統主義

　　要說盡胡適對於中國傳統所持態度的曲折，不能只是解
說他的科學主義的改革主義。他的改革主義奠基於傳統中國與
近代西方文化兩者屬性相似這一看法，並且另以生物和環境決
定論作為支柱。胡適在生物和環境決定論中看到的絕不是悲觀
和無所作為，而是全盤西化將會成功這一希望的支柱。身為一
個樂觀的改革主義者，胡適相信中國社會的新情勢將會帶來中
國的西化。他認為歷史站在他這一邊，他的角色就是讓國人意

識到這股歷史潮流並指出能使中國西化的明確路徑。[32] 然而，胡適的「改革主義」並未削弱他以整體主義的方式攻擊中國傳統的反傳統衝動。他似乎不曾意識到，這樣的攻擊並不符合作為其「改革主義」之基礎的生物和環境決定論。如果一切都由生物學和環境所決定，傳統中的罪惡也就可以都化約為外部和歷史這兩方面的既定因素。果真如此，則沒有正當的理由責怪任何事物，自然也就無法提出反傳統的控訴。但是，胡適由於深受借思想・文化以解決（政治、社會等）問題的途徑的影響——這一途徑這時已演化成一種唯智而整體主義的思考模式——以至於他還是認為：中國傳統中的罪惡歸根究底來自傳統中國心靈的痼疾。這項根深柢固的文化預設，使得胡適無法看出他的生物和環境決定論帶有的自相矛盾的含義。

胡適認為殘酷、懶惰與壓抑個人是中國傳統基本的和顯著的特徵。只有用傳統中國心靈深染痼疾的說法，才足以解釋中國傳統的性質。

胡適於1918年10月15日的《新青年》上，在一封與陳獨秀共同署名的答讀者信中表示：「舊文學，舊政治，舊倫理，本是一家眷屬，固不得去此而取彼。」[33] 他在為《吳虞文錄》所寫的序文裡，稱譽吳虞是「四川省只手打孔家店」的老英雄。[34]

---

32 胡適，〈讀梁漱溟先生的《東西文化及其哲學》〉，見《胡適文存》，集2，卷2，頁82-85。

33 《新青年》，卷5，第4期（1918），頁433。

34 吳虞，《吳虞文錄》（上海，1921），頁vii；或見《胡適文存》，集1，卷4，頁259。吳虞欣賞道家、法家和佛教中的若干想法，但認為它們無關緊要，因為它們並未改變中國文化與社會中的儒家本質。《吳虞文錄》，卷

他經由全面抨擊孔教而有如清道夫般除去街上的塵土，為青年開闢出前進的道路。胡適對於他用整體主義的方式攻擊孔教的最終辯護，與陳獨秀對於非孔的辯護相類似。他援引陳獨秀答常乃悳信中的重要段落，來支持他對吳虞抨擊孔教的認可（見本書第四章，注30）。胡適的說法中有個含糊之處值得注意。他說：「正因為二千年吃人的禮教法制都掛著孔丘的招牌，故這塊孔丘的招牌——無論是老店，是冒牌——不能不拿下來，捶碎，燒去！」[35] 這幾句話脫離了上下文也許可以被理解為：所有禮教、法律和制度都以孔子的名義施行，但它們的形式和內容是否合於孔子原來的教義，是個尚待討論的問題。然而，胡適在文中表達的是，他贊同陳獨秀對於常乃悳的答覆。這清楚地表明，胡適與陳獨秀在整體式非孔的立場上完全一致；於胡適而言，中國兩千年來的禮教、法律和制度，都源自孔子最初的教誨，因此孔教必須被推翻。

　　前引胡適兩篇文章是他以整體主義的方式攻擊儒家思想的主要論據。他日後抨擊中國傳統的時候，並未針對任何特定的層面。毫無疑問地，胡適會承認中國的文化傳統包含儒家、道家、法家、文學、藝術，以及其他等等。不過，他在抨擊中國傳統時，無意對它們加以區分。因此，我們有充分的理由把他的立場稱為整體主義的反傳統主義。

　　胡適在他的學術著作中並未貶抑孔子。他認為孔子把握了人類的某些普世價值，如忠、孝、仁、愛。

1，頁23-46；卷2，頁1-10、15-20。

35　《吳虞文錄》，頁vi-vii；或見《胡適文存》，集1，卷4，頁259。

　　但他和陳獨秀同樣地辯稱，就這些價值為中國傳統辯護是毫無意義的。這些價值是世界上所有文明都享有的人類共同的理想，因此不能解釋中國傳統特有的性質。尤有甚者，這些價值在中國沒有辦法實現，它們「只是一些空名詞而已」。[36] 能表明中國傳統特質的是中國「獨有的寶貝」：「八股，小腳，太監，姨太太，五代同居的大家庭，貞節牌坊，地獄活現的監獄，廷杖，板子夾棍的法庭。」[37] 胡適指出：「講了七、八百年的理學，沒有一個理學聖賢起來指出裹小腳是不人道的野蠻行為。」[38] 相反地，「只見大家崇信『餓死事極小，失節事極大』的吃人禮教。」[39] 胡適並沒有將這些罪惡或中國「獨有的寶貝」化約為生物或環境的因素，而是把它們歸諸傳統中國心靈的邪惡本性──「祖宗造的罪孽」。[40] 根據胡適的整體主義的思考模式，既然傳統中國的心靈是邪惡的，文化傳統中的每一成分也都具有這種性質。對於中國傳統的抨擊要有任何的成

---

36 胡適，〈再論信心與反省〉，見《胡適論學近著》，頁488、490。

37 胡適，〈信心與反省〉，見前揭書，頁483。

38 同上。胡適太沉浸於意識形態的激情之中，遂而未能提及或甚且忘了李汝珍曾經在其小說《鏡花緣》中詛咒婦女纏足的習俗。李汝珍或許不能算是宋明理學中的聖賢，但他痛責纏足習俗的做法並未受到任何外來的影響。根據胡適的研究，《鏡花緣》出版於1825年前後；另說則以為約在1820年。胡適，〈鏡花緣的引論〉，見《胡適文存》，集2，卷4，頁119-168。亦見鮑家麟，〈李汝珍的男女平等思想〉，載《食貨月刊》卷1，第12期（1972），頁12-21。胡適在他以整體主義的方式抨擊中國傳統時，似乎腦海裡再也容不下任何相反的證據，因此（也許是無意識地）就把李汝珍這一證據棄之不顧。

39 胡適，〈信心與反省〉，見前揭書，頁483。

40 胡適，〈三論信心與反省〉，見《胡適論學近著》，頁495。

效，也就必須以整體主義的方式進行。

　　胡適很快就承認「西洋也有臭蟲」，[41] 例如「貞操鎖」和「初夜權」。不過，他認為這些西洋的罪惡都是個例，無法與中國「獨有的寶貝」相比擬；中國「獨有的寶貝」不是個別或例外的情形，而是傳統中國心靈的典型產物。[42]

　　在此也必須指出：胡適在「想了二十年」後，終於體認出中國傳統裡的三項優點：中國語言中簡單的文法、傳統社會中相對平等的社會結構，以及薄弱的宗教迷信。[43] 其中前兩項無法影響胡適整體主義的反傳統主義。第一項只涉及語言的形式方面，與中國傳統的道德品質之間難以有所聯繫。第二項，胡適用歷史情境來解釋，因此也使這一優點無關於傳統中國的心靈。至於第三項，則可能改變或者緩和胡適的反傳統主義。胡適承認傳統中國心靈中存在一種特別的、自然主義的和入世的

41　這是周作人在他給胡適信上的諷刺話，用以譏諷那些以獲悉西方也有應予譴責的欲望、習俗和其他等等為樂的人。周作人，〈西洋也有臭蟲〉，載《獨立評論》，第107期（1934），頁12。胡適曾引述這句話，見胡適，〈三論信心與反省〉，見《胡適論學近著》，頁494。

42　胡適，〈三論信心與反省〉，見《胡適論學近著》，頁494-495。

43　同上書，頁496-497。胡適一方面斷言中國傳統心態中傾向於宗教迷信的程度極小（估計是因為賦予理性重要的地位），另方面又經常指責中國人有著其他種種根深柢固的迷信，例如迷信名字（或稱號）。胡適會用什麼方法化解這兩者之間的矛盾（如果他意識到這一點）？我們不得而知。參見胡適，〈名教〉，見《胡適文存》，集3，卷1，頁91-107。中國人如果傾向於「宗教迷信」的程度極小，又為什麼容易接受其他種種迷信？即使胡適意識到這一問題，他也從未面對或以任何實質性或有證據支撐的方式解決它。如同我在下文中所指出的，無論實際情況如何，胡適對於中國的理性心態的看法並沒有改變他的反傳統立場。

成分（在他看來，「自然主義的」「理性的」和「科學的〔或科學原型的〕」都是同義詞）。胡適的這一看法不僅與他的演進西化論中的做法——把一項中國特有的成分當成某種科學理性——之間有未曾明言的聯繫，而且對他來說應該會意涵中國傳統裡至少存在這一不該受到攻擊的成分。果真如此，則胡適很可能因此緩和他的整體主義的反傳統主義。然而，綜觀胡適整個的反傳統思想，他顯然並沒有做這樣的推論。胡適和杜威同樣都相信，科學理性內在蘊含了道德性，但他同時知道：傳統中國心靈裡這一有助於建立他的演進西化論的理性成分，不曾起過任何道德的作用。因此，這一傳統中國心靈裡的理性成分，也無關於中國傳統的道德（或不道德）性。

上述傳統的理性成分與中國傳統的道德性質並不相關的看法，暗含在胡適對於中國傳統的評價中，並清楚地見於胡適關於佛教帶給中華文明不良影響的主張。胡適在受到文化民族主義情緒影響較大時，傾向於從佛教所帶來的影響的角度說明中國人的殘酷。[44] 不過，他的反傳統著作並沒有把中國人的殘酷視為佛教影響的結果，因為他意識到：宋、明期間中國心靈中本有理性成分的再興，在讓人們擺脫佛教影響的同時，並沒有產生一個更為人道的文明。因此，把中國人的殘酷歸因於外來的影響，是沒有根據的。簡單地說，我們似乎很難避免得出這樣的結論：胡適認為傳統中國心靈本質上是絕對邪惡的。有一

---

44 例見Hu Shih, "The Indianization of China," *Independence, Convergence and Borrowing in Institution, Thought and Art*（Cambridge, Mass., 1937），pp.244-246。

邪惡且更為根本的成分，以整體主義的方式制約或管制住中國傳統裡的理性成分。

　　根據上述理路，傳統中國心靈既然病得如此之深，也就無法憑藉自己的力量治癒。它只可能在西方文明進入中國之後獲救。胡適說：八股文、纏足等的廢除，並非來自程頤、朱熹、顧炎武、戴震和其他人的努力，而是由於中國人民與近代西方文明的接觸。只是，纏足的惡習和毫無內容的八股文雖然已經被廢除，「裹小腳的殘酷心理，上夾棍打屁股的野蠻心理，都還存在無數老少人們的心靈裡。今日還是一個殘忍野蠻的中國，所以始終還不曾走上法治的路，更談不到仁愛和平了。」45 照這麼說來，中國人民能否真正獲得拯救，取決於他們是否能夠完全地西化。

　　至此已經可以看出，胡適既以一個傳統的因素作為他的漸進的改革主義的基礎，又以整體主義的方式抨擊傳統，其間存在邏輯上的矛盾。不過，從胡適反傳統的視野來看，傳統中國的科學成分雖然有助於西化中國並因此免於遭到抨擊，它在中國傳統內部卻是個無關緊要的成分。胡適不曾敏銳地覺察出這項邏輯上的矛盾，因此也是可以理解的。只是，他總認為身為杜威的忠實信徒，首要之務就是要清楚地思考。46

45　胡適，《再論信心與反省》，頁491。楷體為筆者另加。

46　胡適常說：「我從杜威教授那裡學到，人生最神聖的責任就是努力地好好思考。漫不經心地思考，不詳計理念之前因後果地思考，以現成和未經分析的概念作為思考的前提，不自覺地任由個人因素影響一己的思考，或者不經由找出其結果而驗證一己的觀點，這些都是思想上不負責任的做法。」Hu Shih, "My Credo and Its Evolution," p. 255.

　　胡適晚年對於他的整體主義的反傳統主義或是全盤西化論，添加了許多限定性的說明。如果我們孤立地看待這些說明，而不根據胡適思想的來龍去脈考慮它們的含義，則這些說明可能顯得與我在前面所做的分析有所矛盾。不過，經過仔細地研究就可以看出，這些說明只是為了化解他早期說法中的緊張而拼湊出來的說辭，並不是對於早期說法加以有力的維護或真正的修訂。例如，胡適在1958年的一次訪談中說：「有許多人認為我反孔非儒，而我對於儒家漫長歷史中諸多方面也確實有過嚴屬的批評。不過，大體上說，我所有的著述中對於孔子和他早期的門徒如孟子都相當地推崇。我對於12世紀宋明理學的開山祖師之一朱熹，也十分地崇敬。我不認為自己本質上是反孔非儒的。」[47] 胡適說他推崇孔子、孟子和朱熹，這是什麼意思？是不是能從字面上來理解他的說法？前曾提及，胡適在他的學術著作中並無輕視孔子之意。他的學術研究且以朱熹的科學方法為例證實中國的理性思維。有的時候——通常是在面對外國人時——胡適甚至表示，孔子有教無類的理念和孟子「聞誅一夫紂矣，未聞　君也」[48] 的主張，為中國埋下了民主

---

47 Hu Shih, "Dr. Hu Shih's Personal Reminiscences," p. 263（此處「反孔非儒」一詞取自唐德剛譯注，《胡適口述自傳》〔台北：傳記文學出版社，1986〕，頁335。——譯者注）

48 Hu Shih, "Historical Foundations for a Democratic China," in *E. J. James Lectures on Government*, 2nd ser.（Urbana, 1941），pp. 54-55. 此處胡適的語言相當鬆散。他用《孟子》中的說法支持他的解釋，把「君之視臣如土芥，則臣視君如寇仇」（〈離婁下〉第三章），譯成「當統治者對待他的人民有如雜草和土壤一般，他的人民也就應該把他當作盜匪和敵人一般對待」。（更符合原文的說法是：「當統治者看待他的人民有如雜草和土壤一般，

的種子。胡適的這些說法究竟有什麼含義？即使把這些說法當作他在反傳統主義高潮中已經隱然持有的看法，而不是事後之明，它們還是不曾阻止他用整體主義的方式無情地抨擊中國傳統。如同我在前文所指出的，這些說法是胡適以整體主義方式西化中國時有用的工具，但不曾發揮積極的作用，減輕他——基於唯智而整體的思維——所指出的傳統中國社會和文化的罪惡。換言之，它們只是他偽改革主義的組成部分而已。[49]

他的人民也就看待他如盜匪和敵人般。」）孟子在此所討論的是政治上國君和臣子之間相處的對應原則。在《孟子》書中，人民固然有權反抗暴君，但這個「權利」並沒有帶出全民主權的理念。中國傳統普遍王權的正當性是以承受天命為基礎的，但是「天不言」、「天視自我民視，天聽自我民聽」（〈萬章上〉第五章）。天命的彰顯有待於人民接受君王的統治。造反可以被視為君王正在喪失天命的象徵，但只有在造反成功、另一統治者鞏固其地位後，才能確定前朝的君王已經喪失了天命。萬一造反遭到了鎮壓，它就只能被視為中土太平時期的一場騷動而已。政治正當性決定於人民造反的成功與否，這一看法仍然沒有超出普遍王權理念的範圍。它並沒有改變這樣的事實，亦即天命只能轉移給新的君王，而不是人民。人民沒有權利統治自己，使天命落實為制度的方式只能在中國普遍王權的架構中完成。

49 胡適在他的文學革命理論中主張：中國文學史記載的是白話在促成文學形式演化上的活力，文學革命的意義因此不在於排斥過去這一通行的趨勢，而在於將它更進一步地發展。參見胡適，〈文學改良芻議〉、〈歷史的文學觀念論〉、〈建設的文學革命論〉，見《胡適文存》，集1，卷1，頁7-24、45-49、71-96。胡適的文學理論儘管在當時成為文學革命的基礎，今日看來卻過於簡略而難當大任。不過，如果我們照字面意義把握胡適的整體主義的反傳統主義，則胡適的文學理論對於他的反傳統主義將造成兩個問題。首先，胡適怎麼能一方面接受並發展中國文學過去通行的趨勢，另一方面固守以整體主義的方式拒斥中國傳統的立場？其次，如果中國的心靈是以這般整體主義的方式患病的，它又怎能接納白話的活力？然而，即使胡適意識到這些問題，它們也並未對他的整體主義的反傳統主義構成重

　　另有一次，胡適以下列說明限定他在《吳虞文錄》的序言
中所表達的反孔非儒立場：「中國過去許多反動的東西，都是

大的挑戰（儘管它們顯示出他的反傳統主義有個形式或邏輯上的難題）。
胡適提出他的中國文學發展的理論，目的與其說是為求有力地解釋中國文
學的複雜歷史，毋寧說是為了因應他的杜威式歷史演化論。胡適身為工具
主義的虔誠信徒，把杜威改革必須行之以漸的理念作為起點。他在傳統中
尋求建構文學理論的資源，這一理論形式上以他對於西方的理解──白話
在西方文藝復興時期被用以創作出新的文學，如但丁的《神曲》──為支
撐。胡適也不同於部分文學評論家，他進而認為中國文人過去所用的白
話和傳統中國文學的內容這兩者之間並無有機的關係。他因此能倡導經由
追隨過去通行的趨勢（也就是：運用活的語言），來表達西方所激發出的
現代性和現代化的思想與價值。對於胡適而言，採取整體主義的文化反傳
統主義乃是全面拒斥傳統中國思想和價值的實質內涵；白話文則是文學表
達的工具，並被視為與這些實質內涵之間並無有機的聯繫。因此，胡適絲
毫不覺困難地把中國文學演化過程中所看見的通行趨勢，當作性質上絕
對不同的新思想和價值的表達工具，而且也不認為這麼做會對他的整體主
義的反傳統主義構成任何挑戰。不僅如此，在胡適看來，雖然白話文體曾
經是中國文學發展的活力，它對於中國過去邪惡和無用的思想與價值卻不
曾產生正面的影響。誠然，中國文學中也有胡適所欣賞的審美和道德的特
徵，而且它們還出於中國獨特的文體。但是，胡適卻可以輕易地設想──
如同他把傳統中國優良的道德價值和理念化約為世界所有文明的公分
母──這些是世界文學的共同成分，並非中國所獨有。全盤患病的中國心
靈如果能表達世界文學中一些共同的成分，自然也能夠以白話文來表達這
些成分。當然，這個說法會帶來問題：為什麼中國傳統裡有世界文學共同
的成分？為什麼傳統中國的心靈──如果已經全盤患病了──能接受以白
話文來表達這成分？胡適沒有辦法回答這些問題，這一狀況正揭示出他
的整體主義的反傳統主義中有個邏輯或形式上的困難。不過，胡適自己並
不急於回答這些問題，這是很容易理解的，因為在他眼中它們僅以形式上
的問題出現，而與中國文學裡中國獨有的實質內涵（也是他整體主義的反
傳統主義的關注所在）並不相干。基於上述種種理由，胡適能夠在倡導演
化的文學革命論的同時，不覺得他的整體主義的反傳統主義實質上正受到
極大的挑戰。

喜歡掛上孔子的招牌；為了打倒這些反動的東西，自然應該打倒這些招牌。這與打倒孔子該是兩回事。」[50] 這番話表明，胡適當時所攻擊的是孔子的形象，或者是人們借孔子之名的所作所為，而不是孔子本人或者也可以說不是孔子的思想。然而，胡適這時候所說的，恰恰不是他為吳虞寫的那份知名序言中的含義。我在前面已經指出，胡適在序言中的說法明白顯示，他和陳獨秀同樣以唯智而整體主義的論述攻擊儒家思想，但並未針對孔子思想的內容進行實質的分析，而是本於孔子思想以整體主義的方式形塑儒家傳統這一假設。

　　總結地說，胡適並沒有對他早年的整體主義的反傳統主義或全盤西化論提出思想上有力的修正。相反地，他不斷重述他早期的主張，有時候還堅持他並非（但實際上是）反孔非儒。這種藉口正暴露出他及至晚年仍無法直面其早期想法中顯而易見的牽強之處。唯智而整體主義的思想模式主導了他的意識，這或可視為他缺乏藉以脫離早年所持整體主義的反傳統主義和西化論的資源的一個主要因素。

50　轉引自胡頌平，〈胡適先生年譜簡編〉，載《大陸雜誌》，卷43，第1期（1971），頁6。

第六章

魯迅意識的複雜性[1]

　　魯迅意識的特徵呈現著一種深刻而又無以疏解的矛盾與衝突，及因之而產生的精神上和思想上的緊張（tension）：既全盤化地反傳統，[2] 卻又同時在理知和道德上肯定中國傳統中的一些價值。為了簡要論述，本文將以闡釋他所肯定的價值之一——念舊——以及在他生命歷程中對其原則的堅守與履行，來說明魯迅意識中的這種緊張感的強度及其對他不可磨滅的影響。

　　若將魯迅的全盤化摒棄中國傳統和對傳統某些成分的賞識作為形式上的矛盾來進行分析，這樣的做法並不能成功地說明他的緊張。另外，就魯迅的意識而言，若應用有名的列文森（Joseph Levenson）的「歷史」與「價值」二分法——即認為

1　譯自Lin Yu-sheng（林毓生），*The Crisis of Chinese Consciousness: Radical Antitraditionalism in the May Fourth Era*（Madison: University of Wisconsin Press, 1979）（《「五四」時期激烈的反傳統主義》），頁104-151。

2　根據林毓生先生的意思，原文中的iconoclastic totalism與totalistic antitraditionalism，以及totalistic iconoclasm，均指同一個現象，即同一個意識形態，直譯為「整體主義的反傳統主義」。本譯文除採用此直譯外，也用「全盤化反傳統主義」這個意譯。——譯者注

存在著在情感上對中國過去的依戀和在理智上對西方價值的肯定與投入——來解釋這兩者之間的緊張，也未必恰當。的確，我願意就此問題與那些似乎不能或不願從其他方面來理解現代中國知識分子的意識的人，保持不同看法。[3] 魯迅意識中的矛盾與衝突，不是介於情感與思想兩個領域之間，而是在同一個思想與道德的領域之內的緊張。換句話說，這緊張是不可避免的，正是出於理智上的考慮和道德上的關懷——魯迅拒斥整個傳統的同時，又在傳統中國文化和道德中發現了一些有意義的成分。不過，他對這些傳統成分的肯定，並未帶領他去探索創造性地轉化中國傳統的可能性。

為了便於分析，我將把魯迅的複雜意識分成三個層次來論述：一是顯示的、有意識的層次，另一是有意識而未明言的層次，此外便是下意識的層次。如果要探究最後一個範疇的意義，將會遠離我的正題，因此，除了偶爾參考魯迅的散文詩集《野草》中的一些文字外，我不擬做詳細的討論。魯迅的那本著作是探究1924年至1925年時期他的下意識性質的重要材料。

我要著重探討的是兩個意識層次，即顯示的層次和隱示的層次。魯迅顯示層次的意識可以從四個方面來觀察：論辯的、

---

3 本章特就列文森未曾涉及的現代中國思想史的內容來進行探討。列文森的論述著手的是相當不同的問題，他的分析範疇本來就不是要解釋像魯迅那樣有創造力的人物的複雜意識。我相信列文森也不至於斷言他的理解方法已涵蓋一切，不可能還有其他研究面向了，但是他截然二分法的論述脈絡，儘管很出色，卻限制了他對現代中國思想史的複雜現實的理解。參見Joseph R. Levenson, *Liang Ch'i-ch'ao and the Mind of Modern China*（Cambridge, Mass., 1959）和*Confucian China and Its Modern Fate*, 3 vols.（Berkeley, 1958-1965）。

學術的、文體的,以及個人和美學的。要了解他意識中論辯的一面,可以就他在雜文中公開表達的關注以及從他的創作中所蘊含的思想進行解析;他創作中所蘊含的(極端反傳統)思想,和他明言其論辯中的關注,在類型和結構上是相同的。我將從他留學日本時期這種關注的根源與發展談起。

一、一個分析範疇和早期關注

1902年,魯迅從南京礦務鐵路學堂畢業後,接著東赴日本留學。他在東京弘文學院學了兩年日語,1904年秋遠赴仙台醫學專科學校就讀。在當時的留日中國學生當中,醫學是個冷門,而魯迅卻決定到中國學生不曾涉足的、偏遠的本州東北部市鎮仙台去學醫。這是很不尋常的事。據他自己說,他要成為一名醫生,是出於他目睹病重的父親在傳統中醫的誤診與誤治下殘喘受苦而自己卻無能為力所受的創傷,加上後來又知道日本維新很大程度上肇端於引進西醫之故。「我的夢很美滿,」魯迅這麼追述,「預備卒業回來,救治像我父親似的被誤的病人的疾苦,戰爭時候便去當軍醫,一面又促進了國人對於維新的信仰。」[4] 他學醫成績還不錯,並且得到教授藤野嚴九郎的賞

---

4 魯迅,〈自序〉,收入《吶喊》,見《魯迅全集》(北京:人民文學出版社,1956)(以下簡稱《全集》〔1956〕),卷1,頁4。魯迅對他父親患病和亡故的敘述見於〈父親的病〉,收入《朝花夕拾》,見《全集》(1956),卷2,頁257-262。許壽裳說,魯迅立志當醫生,一方面也是因為想幫助不願再纏足的中國婦女。見許壽裳,《我所認識的魯迅》(北京,1952),頁19。促使魯迅決定當醫生的另一個私人原因,見本章注12。

識，後來他以溫馨的筆調寫過關於藤野的回憶。[5] 然而，在1906年，他便棄醫從文了。關於魯迅的這個決定，研究魯迅的著作中經常都會根據他的自述提到下面這件事：一位微生物學教師教完了課，還剩下一點時間，便放映一些有關日俄戰爭（1904-1905）期間拍攝的時事幻燈片。其中一幅特別引起魯迅的日本同學們的笑聲：

> 　　有一回，我竟在畫片上忽然會見我久違的許多中國人了，一個綁在中間，許多站在左右，一樣是強壯的體格，而顯出麻木的神情。據解說，則綁著的是替俄國做了軍事上的偵探，正要被日軍砍下頭顱來示眾，而圍著的便是來賞鑒這示眾的盛舉的人們。
>
> 　　這一學年沒有完畢，我已經到了東京了，因為從那一回以後，我便覺得醫學並非一件緊要事，凡是愚弱的國民，即使體格如何健全，如何茁壯，也只能做毫無意義的示眾的材料和看客，病死多少是不必以為不幸的。所以我們的第一要著，是在改變他們的精神，而善於改變精神的是，我那時以為當然要推文藝，於是想提倡文藝運動了。[6]

　　魯迅生命中的這段經歷，雖然戲劇性地說明了他欲獻身於對中國思想和文化的變革，卻不是他決定以文藝為志業的主

5　魯迅，〈藤野先生〉，收入《朝花夕拾》，見《全集》（1956）卷2，頁271-277。

6　魯迅，〈自序〉，收入《吶喊》，見《全集》（1956），卷1，頁4-5。

要原因。這事件對他放棄學醫的決定起了催化作用，但並非決定因素。他的抉擇有更深的根源。魯迅個人的喜好向來是在文學和藝術方面。從年少時期起，他便是個好學的讀書人。除了他在故鄉紹興上學時必讀的四書五經，以及一些名家詩選和正統史書外，他讀了許多「非正統」的書——舊小說、俗文學、道家的經典及注釋、野史雜說、地方誌，以及繪畫評論等。這些被魯迅的胞弟周作人稱為「雜覽」[7] 的閱讀，讓魯迅更深入而廣泛地接觸到中國社會和文化的具體事實，使他在社會政治和文化事務方面能超越狹窄的正統觀念。在後來的時日中，這背景對他成為一個社會批評家很有幫助，因為在他思想形成時期，他已累積了對中國社會、文化和文學史的大量知識，這些知識提供給他辨識與評論的實質能力。魯迅又終生對於版畫藝術很感興趣，在童年與青年時期，他的嗜好是把傳統木版或平版印刷版本上的畫描摹下來。[8] 此外，他十七歲時寫的〈戛劍生雜記〉和十九、二十歲時寫的舊體詩〈別諸弟〉和〈惜花四律〉，都顯露出他在散文和詩歌方面已有很高的造詣。[9] 他早期詩作所表現的思想內涵和婉約風格，尤其值得注意。[10]

　　魯迅已完全具備作為一個作家應有的知識和素養，國家

7　周作人，〈關於魯迅〉，收入《瓜豆集》（上海，1937），頁225。

8　同上，頁212-226。頁217-218上列了一部分魯迅早期的藏書。魯迅也喜歡抄錄孤本或善本書籍，這興趣使他後來出版了自己編訂的舊文學和有關紹興的筆記，以及自己精編的《嵇康集》。見周遐壽（周作人），《魯迅的故家》（香港，1962），頁50-51和頁77-78。另見魯迅另一個弟弟喬峰（周建人）的回憶錄《略講關於魯迅的事情》（北京，1954），頁3-5。

9　這些文字收入魯迅〈集外集拾遺〉，見《全集》，卷7，頁709-721。

10　參見周作人對魯迅〈惜花四律〉的評語，見《魯迅的故家》，頁173。

的苦難激發了他的愛國熱忱，加上1898年至1902年在南京受到嚴復和梁啟超等人譯著和論著的影響，在他負笈日本時，已深切地關懷中國的命運。據他的老友許壽裳的回憶，1902年他們在弘文學院結識時，魯迅對一些事物鍥而不捨的關懷留給他極深的印象。許壽裳特別指出，魯迅心裡總想著以下問題：什麼才是最理想的人性？中國國民性中最缺乏的什麼？它的病根又在哪裡？[11] 他們在討論中發現，中國國民性最缺乏的是「誠和愛，換句話說，便是深中了詐偽、無恥和猜疑相賊的毛病。」[12]

　　由此可見，魯迅在學醫之前，就已經清楚地認定國民性的缺陷實為中國危機的核心問題。這樣的看法，意味著改變中國人的國民性是解決中國諸多問題的根本。（筆者關於「國民性」及其問題的進一層分析，參見本書所收《魯迅的「個人主義」──兼論「國民性」問題以及「思想革命轉向政治‧軍事革命的內在邏輯」》。）但認識這個問題並不等於立志要由他個人來解決這個問題。若說一個好懷疑、對中國留學生的浮誇那麼反感，而且才二十三歲的年輕人，竟已將改變中國人的國民性視為己任，則未免過於狂妄。這使魯迅選擇了有限的、但比較實際的醫生的角色，不只是因為前述個人的理由，[13] 而且

11　以至於在寫魯迅的回憶錄時他一再提起這件事。見許壽裳，《我所認識的魯迅》，頁8、18；許壽裳，《亡友魯迅印象記》（北京，1953），頁20。

12　許壽裳，《我所認識的魯迅》，頁18-19。

13　除了目睹他的父親受苦以外，魯迅自己在十四、五歲時，也曾因患嚴重的牙痛而對傳統中醫失去信心。不僅中醫的藥方不見效，魯迅還遭受中醫理論的羞辱。根據中醫的說法，牙齒在生理上與腎有關，而腎則屬男性的生殖系統──牙痛暗示腎虧，這是縱欲的後果。如果魯迅訴說他的牙痛，總會有人指斥他不知羞恥。因而他便默默地忍受自己的痛苦。他曾對孫伏園

也為了要真誠地彰顯現代科學知識的價值，以便為中國的重建做出貢獻。這樣的工作本身難以導致中國國民性的改變，但至少與其終極目的並不違背，可以問心無愧。

魯迅選擇到遠離東京的城鎮去學醫，是因為他對許多中國留學生的膚淺和時而流露的十足的虛偽感到厭惡。大部分中國學生以愛國的名義來到東京，儘管口頭上高談闊論，追逐起流行的風尚卻不落人後，投機取巧地選讀一些有利可圖的學科，如政治、法律、警政等。如果魯迅想在東京附近學醫，本可找到學校，但他寧願到仙台去，就是要遠離那群人。[14] 對當時的這種感受，他有一段生動的描述：

> 東京也無非是這樣。上野的櫻花爛熳的時節，望去確也像緋紅的輕雲，但花下也缺不了成群結隊的「清國留學生」的速成班，頭頂上盤著大辮子，頂得學生制帽的頂上高高聳起，形成一座富士山。也有解散辮子，盤得平的，除下帽來，油光可鑒，宛如小姑娘的髮髻一般，還要將脖子扭幾扭。實在標致極了。
>
> 中國留學生會館的門房裡有幾本書賣，有時還值得去一轉；倘在上午，裡面的幾間洋房裡倒也還可以坐坐的。但到傍晚，有一間的地板便常不免要咚咚咚地響得震天，兼以滿房煙塵鬥亂；問問精通時事的人，答道，「那是在學

說，這一經歷也與他決心學醫有關。見孫伏園，《魯迅先生二三事》（上海，1945），頁66-67。魯迅自己的相關敘述，見於〈從鬍鬚說到牙齒〉，收入《墳》，見《全集》（1956），卷1，頁338-339。

14 周遐壽（周作人），《魯迅小說裡的人物》（上海，1954），頁6。

　　跳舞。」

　　　到別的地方去看看，如何呢？

　　　我就往仙台的醫學專門學校去。[15]

　　魯迅到了仙台，再也不會遇見他引以為恥的「清國留學生」，他對他們的疏離感也就漸漸淡遠了。另一方面，看幻燈片的經歷再度激起他無法忘卻但又深藏於心的念頭：復興中國最主要、也是首要的工作，是改變中國的國民性。從理論上說，要實現這個目標可以有許多其他方案。魯迅之所以決定從事文藝工作以求達其目的，是因為他的愛好和才能與他所主張的「借思想・文化以解決（政治、社會等）問題的途徑」相結合的結果。〔關於「借思想・文化以解決（政治、社會等）問題的途徑」的根源，詳見拙著《中國意識的危機》第三章。〕而且那次看幻燈片後所激發的迫切感，使他不再有任何保留地將這工作當作個人任務來承擔。中國人精神上的痼疾太嚴重了，他覺得必須立即盡自己力所能及地去工作。

　　回到東京以後，他和周作人以及幾個朋友開始籌畫創辦一份文學雜誌，雜誌的目的就是改變中國人的精神。但因為支援不足，這一充滿年輕人理想的計畫中途夭折了。

　　1907年，魯迅用文言文為其他學生刊物寫了一些文章，這些文章在當時並未引起注意。它們對了解魯迅的進化論和改革主義思想是很重要的。分析這些文章的含義將顯示，在他思想

────────────

15 魯迅，〈藤野先生〉，收入《朝花夕拾》，見《全集》（1956），卷2，頁271。也見周遐壽（周作人），《魯迅小說裡的人物》，頁230。

中同樣占主導地位的，除了「借思想・文化以解決（政治、社會等）問題的途徑」以外，還有另一基本預設，就是：傳統架構裡的一些中國文化質素仍然有其生機。

〈文化偏至論〉也許是魯迅這段時間最重要的文章，他開始嚴厲批評盛行的各種唯西方是從的模式。魯迅評論道：自中國為外來強權擊敗以來，有些人只接觸到中國問題的皮毛，主張強兵之說。另有許多歸國的留學生，既不察中國之情況，又不了解西方文明之實質，以所拾的「西方塵芥」來附和。他們認為武力本身是文明的標誌，這看法尤其令魯迅不滿，他提醒讀者，加強軍備只能是為了自衛，一個國家不應把武力當作終極目標。他說「且使如其言矣，而舉國猶屏，授之巨兵，奚能勝任」。[16] 魯迅認識到現代武器對國防是必要的，但認為缺乏新的精神和文化基礎，有了武器是不能發揮實際效果的。

至於那些主張中國發展工商業、實現憲政和眾庶民主的人，魯迅察覺到他們就如那些主張加強軍力的人一般，大部分偽裝其面以掩飾利己之念。誠然，主張憲政和眾庶民主的，也有「中較善者，或誠痛乎外侮迭來，不可終日，自既荒陋，則不得已，姑拾他人之緒餘，思鳩大群以抗禦」。[17]

魯迅無意中透露了他的進化論式的意識形態──他相信眾庶民主在西方已經過時。同時，他以為相信多數人的力量，不僅同相信魔法或萬靈藥一樣是迷信，而且眾庶民主容易變質為

---

16 魯迅，〈文化偏至論〉，收入《墳》，見《全集》（1956），卷1，頁180。

17 同上。

恃眾以凌寡的暴政。

　　魯迅反對唯武力論，堅持以文化和精神改造國人。這點並非異乎尋常，當時許多敏感的中國知識分子都有類似觀點。然而，他認為眾庶民主已經過時的想法值得特別注意。在中國知識階層大多數人都疾呼眾庶民主的聲浪中，他的思想獨樹一幟，這是他受到以進化論觀點解釋西方歷史和閱讀尼采著作的影響。不過，魯迅沒有意識到伴隨這見解而來的，是一個無法解決的邏輯難題。

　　魯迅指出：「文明無不根舊跡而演來，亦以矯往事而生偏至。」[18] 因此，歐洲的眾庶民主產生於革命時期，是對以前獨裁政體的偏激反應；而正是由於對中世紀基督教正統派統治的過激反應的結果，才使奠基於科學研究的物質進步發展到高峰。然而文明永遠不能達到均衡狀態，它有走向過激的自然傾向，在演化過程中會產生尖銳的反應。19世紀末葉，眾庶民主和物質進步已發展得過度了，於是產生了魯迅所謂「神思宗之至新者」的新觀念論思想[19] 的反應。極度的物質進步演化成了唯物主義，對社會眾庶民主的崇拜導致作為最低公分母的眾庶的意義擴展太大，而不能容忍獨立的個性與天才。魯迅舉叔本華、齊克果、尼采和易卜生等為例，說明個性自由發展的作用和意義。[20]

　　魯迅認為，「新觀念論思想」的興起是物質進步和眾庶

18　同上書，頁184。
19　同上書，頁185。
20　同上書，頁185-191。

民主均已過時的證據。不僅如此，鑒於西方潮流是西方社會和文化內在進化的結果，他質疑中國追隨西方潮流是否有益，由於中國自身的問題產生於本國演化的過程，很難任意採用不相干的西方處方來應付。魯迅極力主張以改革的方法調適西方質素，認為只有這樣，才能使中國在各國頻密接觸的時代，不會在世界文明之演進中落伍。他也力主保存本國文明的某些成分，使中國「弗失固有之血脈」。[21] 簡言之，對中國問題的解決，他認為國人應在透徹了解自己國民性的基礎上，創造性地將本國某些因素與西方的因素相結合，以便尋求一個解決中國問題的可行方法。

魯迅固然沒有提出任何全面的計畫以使中國達到他認為理想的目標，但他抨擊唯物主義和眾庶民主，視它們為個性發展的阻礙，又強調培養強有力的個人主義精神，作為使中國新生的重要方法。他認為最根本和最主要的改變，是中國人精神和性格的改變。而他所譴責和積極強調的，「湊巧」與他描述的「新觀念論思想」這一歐洲最新的想法相吻合。在這篇長文的最後部分，他甚至將造成歐洲文明的光輝和力量的複雜根源，歸結為一元論式的因素，謂歐洲文明的基礎在於歐洲人的性格。[22]

這些結論帶來了許多問題。首先，魯迅似乎落入他所鄙棄的人云亦云的看法，即採納盛行於歐洲的潮流以應用於中國。其次，他認為歐洲文明是一個演化過程，它的根源是繁複盤雜

21　同上書，頁192。

22　同上書，頁193。

的，它的過程是由一系列的偏激和對偏激的反應所構成的。那麼，他怎麼最後會得出他那種一元論的結論（強調「新觀念論思想」所主張的培養強有力的個人主義獨立精神）？

從他的結論顯然可以看出「借思想‧文化以解決（政治、社會等）問題的途徑」的影響。儘管這種影響是不自覺的，在結論中他把歐洲文明的諸多源流歸諸歐洲人的性格，而這種性格，則可推測是他們的精神和思想所形成的。同樣，他力主要通過新思想來培養強有力的個人主義精神，卻沒留意到他論說中的邏輯上的困難。事實上，正是他思想深處的「解決問題」的思考模式轉變了他對於歐洲「神思宗之至新者」的主張的歷史主義式描述，使其變得合乎他思考中的規範性要求。

我們也應該注意，在魯迅這篇「少作」中，他的主張與他在五四時期整體主義地抨擊中國傳統的主張，構成了鮮明的對比。魯迅此時嚴厲批判了那些追逐西方潮流而背叛中國傳統的人。他知道中國必須圖變以求存，但主張這種變革並不是要完全摒棄中國傳統和「全盤西化」，而是融匯中國和西方的文化質素。他不覺得有必要對其改革主義的立場做明確的辯解，由於當時中國的傳統文化尚未完全解體，他對中國過去的一些質素仍然視為應然。在這一點上，魯迅尚未把中國的危機，以為是涉及整個中國文化的危機。

二、整體主義的反傳統主義與〈狂人日記〉

除了寫文章，魯迅於1908年和他的胞弟周作人合作把西方文學介紹到中國，尤其是俄國和東歐作家如安德列耶夫（Leonid

Andreyev）和軒克維奇（Henryk Sienkiewicz ）等的小說，其目的就是刻畫反壓迫精神。他們努力的結果是在1909年出版了兩冊譯文集《域外小說集》。但這兩冊書，就像魯迅其他文學上的嘗試，幾乎沒有引起絲毫的反響。[23] 魯迅年輕時期要以文學喚醒中國人的雄心壯志，遂以完全的失敗告終。這經驗帶給他無可抗拒的寂寞之感，後來他寫道：「凡有一人的主張，得了贊和，是促其前進的，得了反對，是促其奮鬥的，獨有叫喊於生人中，而生人並無反應，既非贊同，也無反對，如置身毫無邊際的荒原，無可措手的了。」[24]

　　1909年8月間，魯迅帶著積抑的痛苦與寂寞的心情回到中國。他先在杭州一所師範學堂裡教書，一年後回到老家紹興，在一所中學裡執教。1911年（辛亥），革命出乎意料地發生了。在紹興地方上，和光復會有聯繫的祕密會黨首領乘機以戲劇性的方式奪權，宣布自己是軍政分府都督。儘管如此，魯迅還是懷著喜悅的心情對待這突變，並且答應出任紹興初級師範學校的校長。但是不久，由於他不贊同這位新首領獨斷的政策而發生糾葛。就在這個時候，蔡元培邀他到教育部工作。他接受了這邀請。雖然在地方上，他看到革命並未帶來任何實質的變化，在南京的頭幾個月，他不能不為國家新的氣象而感到高

23　《域外小說集》於1909年2月印出第一冊，同年6月印出第二冊，寄售的地方是上海和東京。在東京，第一冊賣了二十一本（包括魯迅的朋友許壽裳，為查看書商是否遵守定價售書而試買的一本），第二冊是二十本。在上海，也只賣了相近的數目。參見周作人《關於魯迅之二》，收入他的《瓜豆集》，頁235-236。

24　魯迅，〈自序〉，《吶喊》，見《全集》（1956），卷1，頁5-6。

興。[25] 不過，1912年5月，他和教育部同仁一起遷到北京後，很快就發現那只是空喜一場。後來他寫道：「見過辛亥革命，見過二次革命，見過袁世凱稱帝，張勳復辟，看來看去，就看得懷疑起來，於是失望，頹唐得很了。」[26] 辛亥革命的失敗令他感到至為沮喪，而個人方面，欲借文藝改造中國人的精神的努力也只是徒勞而已。這些因素使他完全被深刻的絕望的心情所占據。

從1912年起，魯迅除了在教育部擔任僉事、處理例行公事外，深居簡出，幾乎完全不問世事。他埋首于抄古碑，搜集金石拓片，輯校古籍舊文，尋求流失的古小說、俗文學，和他自己家鄉的地方誌等等。回顧這些活動，它們為他成為傳統小說和民間文藝方面開拓性的文學史家做了準備之外，也使他能與周遭保持精神上的距離。此種距離對他日後創作上的突破是很重要的，這是一種心靈上的「延期補償」。然而，無論他這些活動的終極價值為何，用他自己的話來說，他當時做這些事正是因為它們「沒有甚麼用」，只用來「麻醉自己的靈魂」。[27]

然而，魯迅1912年以後自動與社會保持距離，並不表示他對中國的重大問題已漠不關心，它毋寧是說明了他因嘗試改變現狀而終於徒喚奈何的無力感。他的一位老朋友，也是《新青年》編輯之一的錢玄同，於1917年8月到訪，勸說他給《新青年》寫文章。錢玄同提出的理由，最主要的是希望他能來幫助

25　魯迅，〈兩地書〉，見《全集》（1956），卷9，頁26。

26　魯迅，〈自選集・自序〉，收入《南腔北調集》，見《全集》（1956），卷4，頁347。

27　魯迅，〈自序〉，收入《吶喊》，見《全集》（1956），卷1，頁6-7。

實現思想和道德革命，倒不是為了要促進文學革命。錢玄同的話觸動了魯迅持久而又深刻的信念。[28] 他答應寫稿，並非因為他的絕望感已完全被錢玄同的一席話所驅散，而是他發現還有主張思想與文化更新有其優先性的一群志同道合者，因而打動了他。

　　無論魯迅對《新青年》群體能否達到這個遠大的目標有什麼保留，他還是把這雜誌當作為改變中國人意識的重任的，一個在其中可以進行耕耘的實際園地。

　　魯迅答應提筆後的第一篇作品，便是用白話文寫成的名作〈狂人日記〉。它刊登於1918年5月15日的《新青年》。這篇作品對中國文化和社會進行整體性抨擊，透露了魯迅對自己辛亥革命前所採取的改革立場的斷然棄絕。魯迅意識中的這一截然分明的改變，也許是對社會政治秩序和文化道德秩序的同時解體以及辛亥革命以來的黯淡無望的現實的反響：在這種情況下，他源於傳統的、視思想事務為根本的一元論思考模式逐漸形成一種整體觀（holistic）的分析範疇，這種分析範疇推動他走向整體主義的反傳統文化論。他認為中國傳統社會和文化已完全被腐敗的民族性所侵蝕，而這民族性，是中國人的「昏亂思想」鑄成的。[29]（「民族性」與「國民性」在魯迅著作中，其

---

28 正如周遐壽後來加以證實的，魯迅對《新青年》倡導的文學革命並無特別的熱情，但對「思想革命」很動心。見周遐壽（周作人），《魯迅的故家》，頁221-222。

29 魯迅，〈隨感錄三十八〉，《新青年》卷5，第5期（1918），頁517；重印於魯迅出版的《熱風》，見《全集》（1956），卷1，頁389。這篇文字繼〈狂人日記〉發表之後六個月刊登於《新青年》。它明確地說出魯迅全

基本指謂是相同的。）

　　應該注意的是，當魯迅在這篇文字裡談到「思想上的病」[30]時，他用了梅毒這種最可怕的、會遺患後代的人體上的病來做比喻。對未曾涉入五四反傳統運動的人來說，這比喻可能駭人聽聞、有欠公允，甚至詭異。但對魯迅而言，借重梅毒影響人體器官的比喻，不啻傳達了關於思想病毒對中國人發生的有機組織式效應的觀念，並且抒發了他對中華民族劣根性的恐懼和厭惡。思想上的病就像梅毒，侵蝕到人體每個範疇的活動，並使這些活動的產物——即中國傳統本身——完全令人憎惡。魯

面拒斥傳統的原因，整體主義的反傳統主義初見於〈狂人日記〉。周作人重讀曹聚仁著《魯迅評傳》（香港，1956）時，發現曹引用〈隨感錄三十八〉文字，於是在給曹聚仁的一封信上說，這篇文字其實是他寫的。不過，他沒有表示裡面的想法不是魯迅的。他只說這篇文字的風格和魯迅的稍異，不易為人察覺到。見周作人和曹聚仁，《周曹通信集》（香港，1973），卷1，頁51-52。

無論如何，這篇文字原是以（魯）迅的名義發表於《新青年》，而且一直收入《熱風》的各種版本中。寫這篇文章時，周作人和魯迅同住在北京紹興會館，兄弟倆密切合作從事文學事業，有很多共同的信念。他們各自以本名或筆名發表自己的文章、翻譯、創作和《隨感錄》。周作人於1918年以本名發表一系列《隨感錄》（〈隨感錄二十四〉見於《新青年》，卷5，第3期〔1918〕，頁286-290；〈隨感錄三十四〉見於《新青年》，卷5，第4期〔1918〕，頁409-412）。而〈隨感錄三十八〉，雖然據周作人說是他寫的，卻以魯迅之名發表。魯迅將它收入1925年出版於北京的《熱風》初版時，和周作人已經決裂，這明顯表示文中想法基本上是魯迅的，不管是什麼原因由周作人起草或寫成。他於1923年7月與魯迅決裂，見於《魯迅日記》（北京，1959）上卷，頁453-455、490，即1923年7月14日和19日、8月2日，以及1924年6月11日的記載。

30 魯迅，〈隨感錄三十八〉，《新青年》，卷5，第5期，頁517；或《熱風》，見《全集》（1956），卷1，頁389。

迅寫道：悲哀的是，即使這一代的中國人渴望有一個新的開
端，也難確定他們能否擺脫根深柢固於「血管裡的昏亂分子」
的影響。[31] 因為一個民族的性格一旦形成，是很難改變的。不
過，治療梅毒的「606」已經發明了，科學也應該用來醫治中
華民族思想上的病。[32] 只要邁出第一步，就不能斷言這方法不
會導致將來的成功。重要的，是要求改變的意志；而要改變的
話，根據魯迅的意思，必須從「掃除昏亂的心思，和助成昏亂
的事物（儒道兩派的著作）」[33] 開始。

　　應當留意的是，雖然魯迅的文章原是特地為全然決絕地摒
棄過去這目標而寫的，但反傳統運動是否能夠完全剷除過去的
弊病，他卻不自覺地在字裡行間流露了猶豫。這潛伏著的悲觀
情緒迴響於〈狂人日記〉裡，並且幾乎滲透在他後來在五四時
期寫的所有文字中。

　　由於敏感與多疑的氣質，魯迅認為中華民族根性的痼疾太
深、他們的傳統是那麼腐敗，以至於能否治癒他們的沉痾，過
去的傳統能否摒除，均為未知之數。他陰鬱和沮喪的心境使他
的懷疑更加重了。此點在與錢玄同談話中顯露了出來：

---

31 同上。

32 從較寬廣的角度來看，魯迅的思想對中國傳統做出了尖銳的批判，但他卻
　無法為中國的重建提出同樣透闢而又明確的方案。他一次又一次地坦言，
　不知道走向光明的未來的道路是什麼？參看《全集》（1956），卷1，頁
　362-363；卷3，頁40-42；卷9，頁11-14、312-314。魯迅之所以提出「科
　學」，和當時中國盛行「科學主義」有一定的關係。不過，魯迅的「科
　學」是運用於爭辯的語境中，不能視為魯迅周詳考慮過的信念。

33 魯迅，〈隨感錄三十八〉，《新青年》，卷5，第5期，頁517；或《熱
　風》，見《全集》（1956），卷1，頁390。

　　假如一間鐵屋子，是絕無窗戶而萬難破毀的，裡面有許多熟睡的人們，不久都要悶死了，然而是從昏睡入死滅，並不感到就死的悲哀。現在你大嚷起來，驚起了較為清醒的幾個人，使這不幸的少數者來受無可挽救的臨終的苦楚，你倒以為對得起他們麼？[34]

　　他終於答應提筆，因為他「雖然自有我的確信，說到希望，卻是不能抹殺的，因為希望在於將來」。[35] 他寫道，他在《吶喊》集子裡的短篇小說中避免表露自己的悲觀，是因為作為一個士卒，他願意聽從《新青年》的主將的意見，他們是反對消極的。另一方面，他也不願「將自以為苦的寂寞，再來傳染給也如我那年青時候似的正做著好夢的青年」。[36] 但他並未表示自己已不再悲觀，雖然他的悲觀，並未使他把話講死，對未來仍是採取開放的態度。

　　另外，儘管有懷疑和悲觀的傾向，他對中華民族的獻身使他在面臨著不可知的情況的同時，仍要做自己應該做的事。深受「借思想・文化以解決（政治、社會等）問題的途徑」所驅使，他堅持，如要從中國傳統的桎梏中解放出來，這個目標只能從抨擊中國傳統的整體來完成。因為中國傳統的本質是由其思想所塑造的，反傳統運動必須摧毀它的根源——它的思想與文化系統——而不局限在傳統的任何特定方面。[37]

---

34 魯迅，〈自序〉，收入《吶喊》，見《全集》（1956），卷1，頁7。

35 同上。

36 同上書，頁8。

37 在1925年，他仍然主張「思想革命」為首要任務。魯迅，〈通訊〉，收入

　　〈狂人日記〉傳達了魯迅創作旺盛時期（1918-1926）的主題。魯迅採用了果戈理（Nikolai Gogol）原著〈瘋人手記〉的日文和德文譯本的篇名，即〈狂人日記〉。魯迅在日本時喜讀果戈理的作品，並受到他描寫人生黑暗面的諷刺文體和技巧的影響，而果戈理在同時代人中是以冷嘲的幽默著稱的。[38] 然而，魯迅這篇小說的主題卻是原創的，他運用了果戈理作品所沒有的寓意技巧，賦予狂人的話雙重的意義。[39] 魯迅並運用現代心理學上精神分裂症的概念來描繪狂人，系統化、亦且高度發展的幻覺。單從表面上看，這故事給人真實感。實際上，這篇小說是作者借寓意的表現手法對中國傳統所做的控訴。這點是很清楚的。這控訴並不局限於傳統的任何個別部分，而是延伸到中國歷史的整體。例如，下引為人熟知的文字裡，魯迅視中國歷史為吃人的紀錄：

　　　　凡事總須研究，才會明白。古來時常吃人，我也還記得，可是不甚清楚。我翻開歷史一查，這歷史沒有年代，歪歪斜斜的每葉上都寫著「仁義道德」幾個字。我橫豎睡不著，仔細看了半夜，才從字縫裡看出字來，滿本都寫著

　　《華蓋集》，見《全集》（1956），卷3，頁17。

38　例子見周遐壽（周作人）的《魯迅的故家》，頁188-189、205-206；又曙天，《訪魯迅先生》，重印於曹聚仁，《魯迅年譜》（香港，1967），頁262-264。

39　參見J. D. Chinnery, "The Influence of Western Literature on Lu Xun's 'Diary of a Madman'," *Bulletin of the School of Oriental and African Studies,* 23: 309-322（1960）。

兩個字是「吃人」！[40]

「吃人」這字眼聽起來太直率。正如魯迅後來坦然承認的，它原是為了表達他深廣的「憂憤」。[41]

這裡必須指出兩點。第一，魯迅並未表示應該在社會和政治方面探掘中國「吃人」傳統的成因，相反地，他堅決地暗示思想在中國歷史上起了決定性的作用。原始人演變成人，是始於思想：「大約當初野蠻的人，都吃過一點人。後來因為心思不同，有的不吃人了，一味要好，便變了人，變了真的人。有的卻還吃。」[42] 第二，他提到希望，它是有條件地奠基於心思的改造，而改造則是只要「跨過這一步」[43] 便可進行。然而，〈狂人日記〉的主題思想並沒有指出真正的希望在哪裡。這篇作品最後的話——「救救孩子……」[44]——是一個絕望的吶喊；我們無法從作品的內在邏輯中推論出，的確有救出孩子的希望。相反地，狂人感到他所遇見的孩子全都懷著吃人的意向。這不足為奇，因為他們都是在人吃人的社會中被養大的，已內化了這社會的習俗與準則。用狂人的話來說，「這是他們娘老子教的。」[45]

---

40 魯迅，〈狂人日記〉，收入《吶喊》，見《全集》（1956），卷1，頁12。

41 魯迅，〈《中國新文學大系》小說二集序〉，收入《且介亭雜文二集》，見《全集》（1956），卷6，頁190。

42 魯迅，〈狂人日記〉，收入《吶喊》，見《全集》（1956），卷1，頁16-17。引文中黑體為筆者所加。

43 同上書，頁16。

44 同上書，頁19。

45 同上書，頁10。

　　中國社會是一個大染缸：一旦生於斯，沒有人能逃脫它的文化的感染。中國社會的每個成員，不管自覺與否，都是吃人的人。他們沒有能夠產生思想與文化變革的內在資源，使這社會變得較為人道。十分諷刺的是，只有當一個人「瘋」了以後，他才能感觸到他生存其中的中國文化和社會的真正本質。然而，正因為他醒悟了，他被社會裡的「正常」人當作「瘋子」來打發。

　　雖然狂人的形象有可能源於魯迅的尼采式悲情，[46] 因而被描繪為一個藐視整個社會的孤軍作戰的勇士，但是狂人同時也是個悲劇人物。他的覺醒無濟於事，因為他的語言的真正意

---

[46] 魯迅在日本時便喜歡讀尼采。見周作人，〈關於魯迅之二〉，收入《瓜豆集》，頁239-240。他在1907年所寫的文章中，數度提到尼采對個性獨立的主張。見魯迅，〈文化偏至論〉，收入《墳》，見《全集》（1956），卷1，頁184-185、187-188，和〈摩羅詩力說〉，收入《墳》，見《全集》（1956），卷1，頁195。早在1919年，他在《新青年》的「隨感錄」系列裡發表一篇文章，文中引尼采的話，以強調個人須力求達到自我完善。見唐俟（魯迅），〈隨感錄四十一〉，《新青年》，卷6，第1期（1919），頁68-69。1920年，魯迅發表尼采《察拉圖斯忒拉如是說》序言的翻譯。見唐俟譯，《察拉圖斯忒拉的序言》，《新潮》，卷2，第5號（1920），頁954-973。然而，魯迅對尼采的喜愛，並未促使他信奉尼采的整個人生哲學，不僅如此，誠如史華慈（Benjamin I. Schwartz）所正確指出的，魯迅也沒有「尼采對許多問題的苦思和激憤。吸引他的，最主要的，是這位敏感志士面對愚蠢而又墮落的世界、面對『無知民眾』那充滿感懷的印象。這種感時憂世的情懷見於尼采，也見於其他思想不同的人，它在善感、多少有些憤世嫉俗的年輕魯迅心裡引起共鳴。據記載，魯迅同時也十分傾心於拜倫（Byron）的詩。因此，魯迅從尼采那兒發現的不是整體的學說，而是一種讓他感同身受的悲愴。」見Benjamin Schwartz, "The Intellectual History of China: Preliminary Reflections," John K. Fairbank, ed., *Chinese Thought and Institutions*（Chicago, 1957），p.17。

義，社會裡的其他成員無法理解，所以是完全沒有效果的。如果一個人對中國社會和文化的性質沒有自覺，不能從其影響中解放出來，他便不能突破中國的吃人傳統；然而，弔詭的是，他根本的醒悟和解放，卻抵消了他改變這個社會和文化的能力。

〈狂人日記〉裡表達的整體主義的反傳統主義，其脈絡在魯迅的辯難文章裡是表現得很清楚的。他一度視中國人的特點為「瞞和騙」。[47] 另外，他把中國歷史說成是兩個階段的輪流替換：「一，想做奴隸而不得的時代；二，暫時做穩了奴隸的時代。」[48]

更有甚者，中國人比愚昧、軟弱、虛偽和自欺還要糟。他們建立了一個容不下善良的社會和文化，而他們反過來又受到這個社會和文化的影響。例如，在〈祝福〉這篇小說中，像祥林嫂那樣一個刻苦耐勞而又好心腸的農婦，卻在人們的惡意、無情、腐敗文化，以及不公不義的社會制度的交相逼迫下死去，甚至她想在陰間與孩子和丈夫見面的希望也被民間的宗教所毀滅。沒有比這情節更活生生地表明了這善良人無可救贖的劫難和無依無靠的淒涼。[49]

不過，善良的祥林嫂的存在呈現了一個明顯的矛盾。如果中國傳統是全然邪惡的，它因何、如何能有好人出現——不只是祥林嫂，還有〈明天〉裡的單四嫂子[50] 和〈故鄉〉裡的閏

47　魯迅，〈論睜了眼看〉，收入《墳》，見《全集》（1956），卷1，頁329。

48　魯迅，〈燈下漫筆〉，收入《墳》，見《全集》（1956），卷1，頁312。

49　魯迅，〈祝福〉，收入《徬徨》，見《全集》（1956），卷2，頁5-22。

50　魯迅，〈明天〉，收入《吶喊》，見《全集》（1956），卷1，頁35-42。

土？[51] 他們也都是傳統的中國人，他們的人格體現了中國式的特定的素質。

魯迅的作品，並沒有在思想上對這個問題給予具有足夠說服力的解答。毋庸置疑，他準備好對傳統做整體的推翻：那些好人也許是傳統的產物，不過，正因為他們也是傳統的受害者，魯迅情願毫無遺憾地期望將來，屆時，縱使不再有像他所描述的祥林嫂等那樣的好人，卻也不會再有傳統社會那樣的受害者。

一些時候，魯迅對中國歷史上某些可予正面肯定的事實的具體觀察，似乎使他的整體主義的反傳統主義受到一些限定與節制，例如，寫於1925年的〈看鏡有感〉。他發現漢代的古銅鏡子背面刻有外來的動植物做裝飾花紋，唐太宗的昭陵墓碑上刻有一匹鴕鳥（外來的鳥）和帶箭的駿馬，因而觀察到漢人一般心胸較閎放，唐人也較強悍，因為他們對外來的事物毫不拘忌，不像後世的人。[52] 然而，這些漢唐素質，是面對「蠻夷」挑戰時表現的魄力和自信心。魯迅當然知道中國綿延長遠的歷史中的起伏興衰，在一些朝代的鼎盛時期，強大的政治與軍事力量自然地激發起民族的自信心。但他從未暗示在這些帝國的最雄偉時期，中華民族的道德（或不道德）的性質有所改變或修正。

魯迅倒是指出，唐以後當契丹人、女真族、蒙古人相繼入

---

51 魯迅，〈故鄉〉，收入《吶喊》，見《全集》（1956），卷1，頁61-71。

52 魯迅，〈看鏡有感〉，收入《墳》，見《全集》（1956），卷1，頁300-303。

侵時，中國人喪失了他們的勇氣和自信心。僅僅看這評論，人們可能禁不住會說魯迅的看法中，中華民族的性格在很大程度上受「蠻夷」入侵的影響，甚或被深刻地改變。那麼，關於他對思想的決定性作用的觀念，我們的了解應該有所限定。魯迅對這些史實的理解，確是涉及一點國家和「蠻夷」入侵這兩方面力量的作用。不過，這裡出現了兩個問題：魯迅認為這些因素在哪一方面改變了中國人的民族性？如果他的確認為有所改變的話。或者說，他是否認為外表上的榮枯交替對中國人應付外在環境的方法有所影響，卻不一定改變他們的本性？

　　單就這篇文章，我們不清楚他會同意哪一個答案。不過，為了使「蠻夷」作用的想法與他一貫強調為正確的、可行的「借思想‧文化以解決（政治、社會等）問題的途徑」相契合，看來他會採取第二個觀點，以便確立他對中華（或華夏）民族根性的、本質論與整體論的（essentialistic and holistic）觀點。不過，即使他認識到在決定中華民族的基本性質方面，一些外在因素，如「蠻夷」入侵，構成獨立的動因，他大概並不因此被打動而為根本變革所需而加上新的變革因素。他的思考繼續為思想改變的優先性所主宰（詳下）。

　　在同年寫的另一篇文章裡，魯迅探討《左傳》裡的一段話的意思時，認為中國人的「吃人」早在西元前6世紀時便已經開始了：

　　　　我們且看古人的良法美意罷──
　　　　「天有十日，人有十等。下所以事上，上所以共神也。故王臣公，公臣大夫，大夫臣士，士臣皂，皂臣輿，輿臣

隸，隸臣僚，僚臣僕，僕臣台。」（《左傳》昭公七年）
但是「台」沒有臣，不是太苦了麼？無須擔心的，有比他
更卑的妻，更弱的子在。而且其子也很有希望，他日長
大，升而為「台」，便又有更卑更弱的妻子，供他驅使
了。如此連環，各得其所，有敢非議者，其罪名曰不安
分！

　　雖然那是古事，昭公七年離現在也太遼遠了，但「復古
家」盡可不必悲觀的。……中國固有的精神文明，其實並
未為共和二字所埋沒，只有滿人已經退席，和先前稍有不
同。……所謂中國者，其實不過是安排這人肉的筵宴的廚
房。53

　　這段文字說明中國民族性的基本特徵——嗜食同類、自相
殘殺——是很久以前便自內部發展出來的，而不是任何外來力
量影響所致。單看文字表面，會使人以為是古代等級制（壓迫
人的社會、政治系統），造成這種「人吃人」現象。但是，若
大多數人都從這制度得利與受害，利弊事實上已相互抵消。既
然壓迫人的人自己也成為制度的犧牲品，他們沒有理由來享受
使他們也成為犧牲品的這種制度所安排的「筵宴」。此文凸顯
了魯迅特別要求破除社會不平等的呼籲。然而，階級結構本身
並不能解釋中國人的民族特性。追根究底，是中國人的「昏亂
思想」導致他們在自己的毀滅中盲目地樂意壓迫他人。

---

53 魯迅，〈燈下漫筆〉，收入《墳》，見《全集》（1956），卷1，頁314-
　315。

三、《阿Q正傳》

　　我們已勾畫出魯迅整體主義的反傳統主義的大輪廓，接下來的問題是：他對中國人民的實質特性持怎樣的看法？能說明這些特性之所以成為中國人基本性格的又是什麼？

　　回答上述問題的一個辦法是檢視魯迅的重要著作《阿Q正傳》的主題和含義。這篇小說是以諷刺體裁寫成的，然而它顯著的特色卻使它打破了一般諷刺文學的窠臼。正如魯迅自所明示，它原是為了要描繪中國「國民的魂靈」和「中國的人生」。[54] 但是，中國人的性格是那麼不可思議地腐敗和令人憎惡，以至於荒謬可笑，因而諷刺才是一個適當的表現形式。在小說的技巧方面，魯迅很費了些心思（例如，避免給其中出現的人物特別的名字、避免用方言鄉俚等等），以便使讀者不誤以為寫的是特別的某一些人或某個地方。「那樣的苦心，並非我怕得罪人，目的是在消滅各種無聊的副作用，使作品的力量較能集中，發揮得更強烈……我的方法是在使讀者摸不著在寫自己以外的誰，一下子就推諉掉，變成旁觀者，而疑心倒像是寫他自己，又像是寫一切人，由此開出反省的道路。」[55] 魯迅通過這篇小說成功地描繪出中國人的共同特徵。小說發表後不

54　魯迅，〈俄文譯本《阿Q正傳》序及著者自敘傳略〉，收入《集外集》，見《全集》（1956），卷7，頁78。魯迅也說過「《阿Q正傳》的目的不是嘲弄和憐憫」。見許廣平編，《魯迅書簡》（上海，1946），頁249。

55　魯迅，〈答《戲》週刊編者信〉，收入《且介亭雜文》，見《全集》（1956），卷6，頁114。

久，評者即認識到那是中國人民的綜合畫像。[56]

《阿Q正傳》雖然不無瑕疵，卻不失為具有原創性、傑出的作品。它的人物寫得突出、栩栩如生，口語運用得嫻熟巧妙，行文則輕快流暢，彷彿毫不費功夫。[57] 最重要的是，阿Q，以及他周圍人們的特殊行為和鮮活的個性體現了中國人的綜合特徵，以致這些特徵成為20世紀中國人想像力的組成部分：「阿Q」已成為現代中國思想、文化中界定意義的一個範疇，是五四時代和後來的許多中國人借其形象以表白中國人的傳統性格。「阿Q主義」「阿Q邏輯」「阿Q式」等說法，已變成了現代漢語的一部分。簡言之，這篇作品的力量在於它融合了普遍性和特殊性。貫注在阿Q品性和行為的個別特徵上的，正是中國人的

---

56 周作人《阿Q止傳》，重印於曹聚仁，《魯迅年譜》，頁193-96。另外，茅盾，《魯迅論》，重印，同上，頁197-229；尤其是頁221-222；蘇雪林，〈《阿Q正傳》及魯迅創作的藝術〉，重印，同上，頁230-253，尤頁230-240；張定璜，《魯迅先生》，重印，同上，頁278-290，尤其是頁285-286。（周作人在《阿Q正傳》一文裡指出，阿Q是一幅中國人品性的「混合照相」，見《魯迅年譜》頁196。──譯者注）

57 這篇小說結構上欠完善，其格調也有前後不一致的地方。這些缺點，可能是由於開始執筆時的特殊情況。魯迅回憶道：「阿Q的影像，在我心目中似乎確已有了好幾年，但我一向毫無寫他出來的意思。」遲至1921年，由於魯迅過去的一個學生孫伏園正擔任《北京晨報》文藝副刊的編輯，邀請魯迅為副刊的「開心話」一欄寫稿，魯迅就是在這樣的因緣下寫了小說的第一章。由於原是要符合逗趣打諢的要求，這一章的格調和後來的多少有些不同。（後來的數章移到副刊的新文藝欄上刊登。）這篇小說在文藝副刊上連載，自1921年12月4日起發表，至1922年2月12日為止。要知道魯迅自己對這篇小說的結構和不一致的格調的批評，以及他怎麼作起這篇小說來，可參見他的〈《阿Q正傳》的成因〉，收入《華蓋集續編》，見《全集》（1956），卷3，頁279-286。

一般特徵的具體表現。換言之，是體現於阿Q品性和個別行為上的中國人的共同特徵，賦予這篇作品強大的文學旨趣和歷史意義。

阿Q是活在清王朝滅亡前夕、一個靠做短工謀生的不識字的農民。他沒有家庭，沒有人知道他是哪裡人。人們叫他「阿Quei」，作者聲稱，因為不知道「Quei」音是指哪個中文字，只好簡稱他阿Q。他窮，常被村裡人取笑，但一般地說，他在傳統中國文化和社會中活得相當愉快。這不單是由於他把現行的社會和文化架構視為當然，並且願意接受自己的命運，問題的實質是，他的快活是他意識的特性和他的思維模式相互加強的結果。

阿Q的性格顯現出卑劣、怯懦、狡猾和狂妄的特點。這些特點的相互作用使他在被凌辱時得以殘存，同時又促使他在情況許可時主動地去欺凌別人。[58] 至於他的思維模式，即魯迅所謂「精神上的勝利法」，[59] 乃是：他總是把自己被凌辱的下場加以合理化，使這些下場顯得反倒是自己的優勝。一個卑劣、怯懦、狡猾和自大狂的人往往會活得很不愉快——尤其是他行為的結果對自己不利時。但阿Q不論遭遇的下場如何，他通常是快活的。倘若結果帶給他個人的樂趣，他本能地認知和享受

58　《戲》刊編輯曾於1934年將《阿Q正傳》改編為劇本，魯迅為此描述阿Q的外形：「我的意見，以為阿Q該是三十歲左右，樣子平平常常，有農民式的質樸，愚蠢，但也很沾了些遊手之徒的狡猾。」魯迅，〈寄《戲》週刊編者信〉，收入《且介亭雜文》，見《全集》（1956），卷6，頁117。

59　魯迅，〈阿Q正傳〉，收入《吶喊》，見《全集》（1956），卷1，頁77。接下來引用這篇小說文字時，將在括號裡標明頁碼。

它。不過更多時候，他是被人占了便宜，那些人若不是社會、文化、經濟上有權勢的鄉紳，便是僅僅比他身強體壯的村民。在這種情況下，他解決問題的方法就是把結果合理化，以至於這些下場的結果變成他精神上快感的來源。因此，儘管遭受挨打或挨餓等肉體上的折磨，他總是因為能夠「想得通」而感到自得，這使他沒有能力感到真正的緊張和衝突。

阿Q很自大，習慣地看低村裡所有居民。和別人發生口角時，他會說：「我們先前——比你闊的多啦！你算是什麼東西！」（頁75）雖然他也不把城裡人看在眼裡，認為他們許多東西是錯的、可笑的，可進了幾回城，他卻越發自負了，因此村裡人在他看來可真是沒見過世面的鄉巴佬，他們竟然沒有見過城裡的煎魚！

當阿Q頭皮上的癩瘡疤被人拿來取笑時，他無法以它自豪了，於是便估量對方，若是木訥的便罵，若羸弱的便打。吃虧時，他便更換對策，對譏誚他的人怒目而視，有時還以牙還牙：「你還不配……」彷彿在他頭皮上的癩瘡疤變得高貴了起來，是值得別人羨慕的東西。

　　閒人還不完，只撩他，於是終而至於打。阿Q在形式上打敗了，被人揪住黃辮子，在壁上碰了四五個響頭，閒人這才心滿意足的得勝的走了，阿Q站了一刻，心裡想，「我總算被兒子打了，現在的世界真不像樣……」於是他也心滿意足的得勝的走了。（頁77）

不過阿Q怯懦和「精神上的勝利法」的聯合作用，有些時候

並不生效。這時，他本性中的另一特點——卑劣——便補充這些質素，使他仍能快活起來。

　　有一年的春天，阿Q在街上走，看見王胡坐在日光下的牆邊，捉夾襖上的蝨子。阿Q也覺得身上癢起來了，便和他並排坐下，脫下破夾襖來捉蝨子。倘是別人，阿Q是不敢大意坐下的。但這王胡，阿Q不僅心裡非常藐視他，並且一點也不怕他。阿Q花了許多功夫，只捉了三四隻蝨子，而王胡是接二連三地忙著捉。阿Q起初是失望，繼而很憤慨。他於是對王胡咒罵起來，結果招來了對方一頓揍。在阿Q的記憶裡，這算是他生平第一件屈辱，因為王胡長了醜陋的絡腮鬍子，向來只被阿Q嘲笑，從來沒有嘲笑過他，更別說動手打阿Q。在這情緒不穩定的狀況下，阿Q又碰上了「假洋鬼子」。這個某鄉紳的兒子也是他鄙視的，因為他出了洋、剪了辮子後，回到鄉裡又戴上假辮子。阿Q歷來只暗暗地罵他，但這一天他正在氣頭上，便無意中罵出聲來。這一罵又惹來假洋鬼子一頓打，不理阿Q實時推說他指的是別人。在阿Q記憶中，這是他生平第二件屈辱。幸而挨打之後，他倒覺得似乎了結了一件事，反而輕鬆起來。再說，「忘卻」這祖傳的寶貝也對他發生了效力，他慢慢地走開，將到酒店門口時，早已有些高興了。

　　就在這時，一個靜修庵裡的小尼姑走來。阿Q只在比他氣力大或社會地位高的人面前才怯懦。而對這小尼姑，即使在他心情好時，也要從污辱她來取樂。現在，他所有剛剛被打敗的氣憤，就要向這無助的尼姑發洩了：

　　　「我不知道我今天為什麼這樣晦氣，原來就因為見了

你！」他想。

他迎上去，大聲的吐一口唾沫：「咳，呸！」小尼姑全不睬，低了頭只是走。阿Q走近伊身旁，突然伸出手去摩著伊新剃的頭皮，呆笑著，說：

「禿兒！快回去，和尚等著你……」

「你怎麼動手動腳……」尼姑滿臉通紅的說，一面趕快走。

酒店裡的人大笑了。阿Q看見自己的勳業得了賞識，便愈加興高采烈起來：

「和尚動得，我動不得？」他扭住伊的面頰。

酒店裡的人大笑了。阿Q更得意，而且為滿足那些賞鑒家起見，再用力的一擰，才放手。

他這一戰，早忘卻了王胡，也忘卻了假洋鬼子，似乎對於今天的一切「晦氣」都報了仇；而且奇怪，又彷彿全身比拍拍的響了之後更輕鬆，飄飄然的似乎要飛去了。

「這斷子絕孫的阿Q！」遠遠地聽得小尼姑的帶哭的聲音。

「哈哈哈！」阿Q十分得意的笑。

「哈哈哈！」酒店裡的人也九分得意的笑。（頁83-84）

阿Q這經歷裡含有「性」的因素，使他在碰了尼姑的臉頰後飄飄然地興奮起來。但阿Q這麼明目張膽的卑劣行為，不能被簡單地理解為僅是「性」方面的反應，因為「性」本身並不是卑賤的。魯迅有一次和一位朋友討論民族性的問題時，後者指出中國人惰性極深，而其表現，最主要的就是「聽天任命和中

庸」。[60] 魯迅回覆道：

> 　　我以為這兩種態度的根柢，怕不可僅以惰性了之，其實
> 乃是卑怯。遇見強者，不敢反抗，便以「中庸」這些話來
> 粉飾，聊以自慰。所以中國人倘有權力，看見別人奈何他
> 不得，或者有「多數」作他護符的時候，多是兇殘橫恣，
> 宛然一個暴君，做事並不中庸；待到滿口「中庸」時，乃
> 是勢力已失，早非「中庸」不可的時候了。一到全敗，則
> 又有「命運」來做話柄，縱為奴隸，也處之泰然，但又無
> 往而不合於聖道。這些現象，實在可以使中國人敗亡，無
> 論有沒有外敵。要救正這些，也只好先行發露各樣的劣
> 點，撕下那好看的假面具來。[61]

　　如果我們對這篇小說的主題，以及阿Q本性的含義做更深一
層的探掘，我們難以避免更為負面的結論：阿Q的卑劣、怯懦、
狡猾、自負和可鄙的「精神勝利法」，只是形之於外的特徵，
更基本的特質是：他缺乏內在的自我。這使他幾乎完全不能從
經驗中做出推論。如果我們加上阿Q已經內化了的傳統社會和文
化系統的成分（即他的第二本性），作為他本性的一部分，那
麼，阿Q可說是一個多半靠自然本能來生存和行動的動物。一個
有本能的動物可以適應環境，也可以做出條件反射。但阿Q缺乏

60　徐炳昶致魯迅信（1925年3月16日），見魯迅，〈通訊〉，收入《華蓋
　　集》，見《全集》（1956），卷3，頁17。
61　同上書，頁21。

自覺，也沒有改變自己的能力，他卻是，對魯迅而言，中國人的典型。這是魯迅對中國人感到絕望的地方。倘若根據帕斯卡（Blaise Pascal）所言，人本來就軟弱如蘆葦，但是會思想的蘆葦，則阿Q幾乎不成其為人。雖然他的「精神勝利法」使他總能「想得通」，他卻絲毫不像帕斯卡所說的是會思想，但軟弱的蘆葦。

對於阿Q缺乏內在的自我的具體描繪，又見於阿Q要求守寡的女僕吳媽和他睡覺的情節。吳媽一見阿Q跪在她面前提出他的請求便嚇愣了，發起抖來，繼而往廚房外跑，又嚷又哭。阿Q雇主的大少爺立刻趕來咒罵阿Q，還用大竹槓劈打他。阿Q急忙奔入舂米場。「打罵之後，似乎一件事也已經收束，倒反覺得一無掛礙似的」（頁87）。他動手去舂米，一會兒便聽見外面一陣喧嚷。阿Q素來愛湊熱鬧，於是尋聲走出去。他見吳媽羞憤絕望地哭，其他人則勸說她不要尋短見。要不是見到雇主的大少爺拿著大竹槓向他奔來，讓他想起剛剛承受的皮肉之痛，他並不察覺這場熱鬧和他才做過的事有什麼關係。

阿Q之沒有自我、缺乏自覺、沒有能力從經驗中進行推斷和做出應變的決定，最後反映於他荒唐地參與辛亥革命的描寫裡。[62] 正是主要由於缺乏內在自我，阿Q才漫無目的地隨波逐

---

62 魯迅有時覺得自己在《阿Q正傳》中對中國人的譴責有點「太過」；但1926年，他表示不再這樣想了。他說，對中國發生的事即使如實描寫，在別國的人們、或將來的美好中國的人們看來，也都會覺得荒誕。「我常常假想一件事，自以為這是想得太奇怪了；但倘遇到相類的事實，卻往往更奇怪。在這事實發生以前，以我的淺見寡識，是萬萬想不到的。」魯迅，〈阿Q正傳的成因〉，收入《華蓋集續編》，見《全集》（1956），卷3，

流，以至於「做」了「革命黨」。他的「革命」不得不失敗，
還落得個被傳統統治階級槍斃的下場，而這些舊統治階級分子
在「革命」當中和以後都能夠照舊維持他們的權勢——這一
切，在說明根本沒有發生真正的革命。

　　文學史家鄭振鐸曾批評《阿Q正傳》的終局，認為結束得太
倉促，讓人感到太出乎意料：「他不欲再往下寫了，便如此隨
意的給他以一個『大團圓』。像阿Q那樣的一個人，終於要做起
革命黨來……似乎連作者他自己在最初寫作時也是料不到的。
至少在人格上似乎是兩個。」[63] 魯迅對此評語做了答覆：「據
我的意思，中國倘不革命，阿Q便不做，既然革命，就會做的。
我的阿Q的運命，也只能如此，人格也恐怕並不是兩個。……其
實『大團圓』倒不是『隨意』給的。」[64] 魯迅這些話的含義
是清楚的：既然中國人經歷了辛亥革命，阿Q這中國人的典型就
也得經歷革命。作者處心積慮地描寫發生於阿Q和小說中其他
人物身上，以及他們社會中的事，正是要暗指辛亥革命失敗的
原委，並由此暗示可能的突破——對阻止革命成功的藩籬的突
破。

　　根據小說的進展，阿Q在「戀愛的悲劇」之後，發現村裡再
也沒有人願意請他做零工了，於是他流浪到城裡去，和一群小

_____

頁284。

63　西諦（鄭振鐸），《吶喊》，見李何林編，《魯迅論》（上海，1930），
　　頁198。並參見魯迅，〈《阿Q正傳》的成因〉，收入《華蓋集續編》，見
　　《全集》（1956），卷3，頁279。

64　魯迅，〈《阿Q正傳》的成因〉，收入《華蓋集續編》，見《全集》
　　（1956），卷3，頁282-283。

偷為伍。在城裡，阿Q很高興看到一個革命黨人被斬首。他就如大部分人那樣憎惡革命黨，因為他本能地覺得「革命黨便是造反，造反便是與他為難」。（頁99）。

阿Q帶著偷來的東西回到村裡，佯說是在「舉人」老爺家裡做活掙錢買到的。（那裡只有一位舉人，所以只稱他舉人老爺，不必稱他是誰誰。）因為阿Q做了有辱趙家門楣的事，曾被趙家趕出大門；但為了要直接占點便宜，便取消了不准阿Q進門的規定，卻毫不汗顏。就像其他村裡的人，他們急著討好阿Q，以便能從阿Q那買得廉價的東西。後來，阿Q涉嫌偷竊，村民便對他「敬而遠之」，怕他來搶他們似的。而當他告訴他們他在盜賊裡不過擔任一個小角色，只站在外面接東西，並說再也不敢進城裡去了，他的名聲於是又更降了一級：他太卑微了，甚不足畏。

後來，謠傳舉人老爺把一些舊箱子送到趙家保存，旋即革命黨要進占縣城的消息也傳到了村裡，弄得滿村子雞犬不寧、人心惶惶。阿Q不僅本能地厭惡鄉紳，也厭惡村民。雖然他也深惡痛絕革命黨，如今見那麼有威望的舉人老爺和村民都這麼驚駭，便感到很稱心如意。他不知道革命是什麼，或者怎樣才是參加革命，反倒誤以為革命可以滿足他本能的願望，既不被人欺負，還可以隨興欺負人。喝了一兩碗酒，他便「變成」（自我聲稱是）革命黨了。

阿Q為他的妄想付出了代價，被統治階級的成員逮捕，理由卻是涉嫌打劫村裡一戶鄉紳。這些舊官僚給自己冠上新頭銜，倒成了「真的」革命黨。不過村裡也有了一些「變化」，將辮子盤在頭頂上的人逐日增加起來。阿Q因為害怕，不得不也照樣

做。兩戶鄉紳的少爺，即假洋鬼子和秀才，原本並不和睦，但在聽到革命黨進了城那天，竟一同到靜修庵把「皇帝萬歲萬萬歲」的龍碑砸了。

阿Q，即使在監獄，甚至在綁赴刑場的路上，仍然沒有清楚地意識到死亡的恐怖。他只著急了一下，由於缺乏內在自我，加上他自己的思維方式，他又對自己的下場加以「合理的解釋」：「人生天地間，大約本來有時也未免要殺頭的。」（頁112-113）這麼一想，阿Q便又一貫地處之「泰然」了，並沉浸於表演臨刑犯人遊街示眾的老戲，而那也正是看客們期待著的好戲。

真正讓阿Q感到難堪、不安的事，是他在衙門大堂上被命令畫押認「罪」的時候：

> 於是一個長衫人物拿了一張紙，並一枝筆送到阿Q的面前，要將筆塞在他手裡。阿Q這時很吃驚，幾乎「魂飛魄散」了：因為他的手和筆相關，這回是初次。他正不知怎樣拿；那人卻又指著一處地方教他畫花押。
>
> 「我……我……不認得字。」阿Q一把抓住了筆，惶恐而且慚愧的說。
>
> 「那麼，便宜你，畫一個圓圈！」
>
> 阿Q要畫圓圈了，那手捏著筆卻只是抖。於是那人替他將紙鋪在地上，阿Q伏下去，使盡了平生的力畫圓圈。他生怕被人笑話，立志要畫得圓，但這可惡的筆不但很沉重，並且不聽話，剛剛一抖一抖的幾乎要合縫，卻又向外一聳，畫成瓜子模樣了。（頁111）

　　在傳統中國文化形塑性的影響之下，生命反而沒有比傳遞傳統文化的媒介來得重要。這種文化成功地傳遞以後，使中國人不知道生命是什麼和應該怎麼生活。魯迅的反傳統主義在這裡達到了諷刺的尖刻性的頂峰。

　　阿Q在瀕臨死亡的那一刻，才對現實（他要死了）有了真的了悟：

> 阿Q於是再看那些喝彩的人們。
>
> 　這剎那中，他的思想又彷彿旋風似的在腦裡一回旋了。四年之前，他曾在山腳下遇見一隻餓狼，永是不近不遠的跟定他，要吃他的肉。他那時嚇得幾乎要死，幸而手裡有一柄斫柴刀，才得仗這壯了膽，支持到未莊；可是永遠記得那狼眼睛，又凶又怯，閃閃的像兩顆鬼火，似乎遠遠的來穿透了他的皮肉。而這回他又看見從來沒有見過的更可怕的眼睛了，又鈍又鋒利，不但已經咀嚼了他的話，並且還要咀嚼他皮肉以外的東西，永是不遠不近的跟他走。
>
> 　這些眼睛們似乎連成一氣，已經在那裡咬他的靈魂。
>
> （頁113-114）

　　這一刻，他再也不能把什麼都看作是理所當然的了，也不能再感到快活了。他想喊「救……」但還沒來得及喊出這個字，「他早就兩眼發黑，耳朵裡嗡的一聲，覺得全身彷彿微塵似的迸散了。」（頁114）

　　從魯迅最初的反傳統作品起，他對中國人「吃人」的深惡痛絕便是反覆不斷出現的主題。阿Q以看革命黨人被殺頭為樂，

便是其中一個實例；然而，阿Q稟性中尚有質樸無知的成分，這使他在這情節裡表現的卑劣被披上一層麻木的外貌，多少減輕了對讀者的直接震撼。阿Q既愛看斬首，街坊百姓也同樣興致勃勃地趕來看他被處決，在此，「人吃人」的主題被魯迅以極度的恐怖感表現得淋漓盡致。即使沒有自我意識的動物當中，也有本能地愛護生命的，至少是這樣對待同類的生命；當然也有相反者。根據魯迅這裡的意思看來，中國人屬後者。

將犯人在大庭廣眾前行刑，的確，古來中外都不乏這樣的場面。魯迅固然不是對大眾文化和大眾心理進行比較研究的學者，但即使要在這範疇內質問他，他非常可能會辯說，像這樣地玩賞生命的災難和毀滅的行徑，乃是特別中國式的。中國人享受這樣的盛舉的特殊方式本身表明了中國人的特徵，這特徵不能說是普遍的人性，而是和中國傳統的性質息息相關；在傳統影響下，自然的人被塑造成中國人。

「人吃人」的主題在魯迅的文字中屢見不鮮。1925年，魯迅寫道：「大小無數的人肉的筵宴，即從有文明以來一直排到現在，人們就在這會場中吃人，被吃，以凶人的愚妄的歡呼，將悲慘的弱者的呼號遮掩，更不消說女人和小兒。」[65]

對中國民族陰暗、悲觀的看法，是《阿Q正傳》的重要主題。不過，阿Q也有無知和天真的一面，這一面是不能輕易被視為可悲的。比起小說中一些風頭人物，如趙家的人、假洋鬼子、舉人老爺等等，阿Q由於無知，反而顯得討人喜歡。例如，賭博中輸光了錢、只好在人堆後面引頸張望時，他也會「替別

---

65 魯迅，〈燈下漫筆〉，收入《墳》，見《全集》（1956），卷1，頁316。

人著急，一直到散場」（頁78）。當閒人們向阿Q追究城裡的底細時，他毫無隱瞞，自豪地告訴人們他的小偷經歷。衙門裡被命令畫押的一幕，他一心一意要盡力畫好一個圓圈。第二個例子也許不僅反映了阿Q的天真，也表現他想炫耀自己的願望；第一和第三個例子則透露了阿Q的無心的單純。

　　阿Q的這一面，在魯迅的反傳統思想裡有什麼含義？魯迅意識的辯證性，在於他固然毫不留情地攻擊中國傳統，卻又對源於這傳統的一些價值念茲在茲；但對阿Q性格中天真和無知的一面，魯迅無從辯證性地推論出價值。阿Q的天真而幾近無知，雖然本身本質上無可厚非，卻幾乎不可能成為從裡面產生思想和道德變革的來源，它也不能從外面接受變革的激發。阿Q內在自我的匱乏阻止了這可能性，因為沒有自覺，他不能有意識地修身，更無從發展良好的質素。由於他多半靠本能生存，即使有外界的刺激，他也不能受其啟發。他的無知正是他缺乏內在自我這本質的特有的表露，並不是他人格中的道德力量。到小說末尾，他的無知使他陷入邪惡的傳統社會文化的羅網裡，被統治階級置於死地仍不明究竟。只有在生命的最後一瞬間，他才有一點自我的醒悟；但這卻是死亡帶來的。只要他仍活著，他便永遠不會有自覺。缺乏內在自我地活著。這是阿Q存在的本質。

　　因此，阿Q的故事所表達的，是對中國人完全陰暗的看法。村子是中國的縮影，裡頭無一處是希望的源頭。辛亥革命並未帶來什麼變化，只暴露了中國人的劣根性。除了官職的名稱形式上改換了、舊社會的一些表象受到了破壞之外，舊的文化和社會系統，如迷信、民風、等級秩序等等，實質上還是原封不動。

　　這見解已經夠陰暗了，然而，這還不能完全反映魯迅的悲觀的深度。辛亥革命不能說毫無成就：它處死了阿Q。從某種意義上說，阿Q是被體現傳統社會和文化系統的統治階級殺害的。然而，統治階級在革命以前也同樣惡劣，為什麼阿Q當時反而沒被殺害？魯迅表示阿Q無法不做「革命黨」：這是他趨附潮流，對統治階級本能的厭惡、無知、狡猾、愛占人便宜等等性格交相作用的結果。革命之前，阿Q時而不喜歡統治階級，時而卑劣、狡猾和無知，但因為怯懦，他並未成為強盜，只做了短時期的小偷。就算他被逮捕，也不至於會被處決。但他急切地要做「革命黨」，使他反而可能被統治階級宰割，因此，處於隨時可被當作強盜來判刑的境地。這裡有兩個重要的含義。第一，魯迅的反思顯示，辛亥革命並未使事情變好，反而使中國社會的惡勢力自傳統架構的約束裡釋放出來，變得更為猖獗。第二，阿Q不知道革命為何物卻渴望做「革命黨」，因為做了「革命黨」而被處決，魯迅借這前後的關係，讓未來仍想致力於革新的中國人學到教訓。阿Q從來不懂革命的目標和方法，此外，由於缺乏內在的自我，他本身沒有能力得到這方面的知識。歸根結底，中國的國民性必須先經歷根本的和徹底的改變，使他們能夠了解革新的目標和方法，中國才可能實現一個根本的和徹底的變化。如要促成中國的新生，這是首要任務。

　　當然，從理論上說，要達到這樣的變革有許多可能的途徑。而在尋求達成變革的切實可行的方法時感到茫然，也是可能的事。但是，在「借思想・文化以解決（政治、社會等）問題的途徑」決定性的影響之下，加上辛亥革命失敗帶來的慘痛經驗，魯迅正如許多五四知識分子一樣，認為思想革命是必要

的先決條件。1925年，魯迅和一位朋友討論變革的途徑時，他說他仍然相信《新青年》的主張：思想革命的必要性與優先性，「除此沒有別的法」。[66]

　　不過，魯迅卻又面臨痛苦的進退兩難的困境：他看不出他思想上深信其為正確的方法，在實際上是可行的。如果阿Q是中國人的典型，那麼，中國人顯然連最起碼的自覺也沒有。而思想革命如要成功，非得有自覺不可。中國國民自己沒有另闢蹊徑所需要的資源，所以在這個意識層次上，魯迅也還是對未來感到絕望。[67]

66　魯迅，〈通訊〉，收入《華蓋集》，見《全集》（1956），卷3，頁17。

67　上面的討論已經說明《阿Q正傳》是一部在五四反傳統運動中描繪辛亥革命前後中國人性格「綜合畫像」的中篇小說，需要再強調的，是這篇創作在五四反傳統運動中的意義。雖然小說表面上並未譴責中國的傳統，只是講述了一個名叫阿Q的中國人在他的生活環境中與其他人互動的生活故事，通篇不曾有一字一句直接批判中國文化、社會與政治，實際上，它卻間接地形成力量強大的全盤化反傳統主義的主體中不可或缺的一部分。這個深具原創性的故事，使讀者讀過以後心中自發地興起整體拒斥那種使阿Q成為阿Q的中國傳統的一份「實感」，比起直接主張整體主義的反傳統主義，更有力量！因為明顯而直接的意識形態主張，容易轉陷為說教，使人厭倦，產生反感。

五四時代激烈的反傳統主義，於1916年由陳獨秀發動以來，很快溢出它最初攻擊儒教的範圍，變成了全盤化的反傳統運動。到了魯迅發表〈狂人日記〉（1918年5月）與《阿Q正傳》（1921年12月4日至1922年2月12日）時，這個運動成為（尤其對於城市青年學生們而言）感染力強、聲勢澎湃的主流運動，主要就是由於魯迅文藝創作的貢獻。

魯迅的文藝創作蘊含著（或可說間接地建立了）一套完整的、決絕的整體主義反傳統（主義）意識形態。這個意識形態的特徵是：它根據它自身所肯定與投入的目的（即「改革國民性」）力求在「優勝劣敗，適者生存」的世界環境中，重振中華，以便讓今後的中國國民有尊嚴地活下去！要達

　　然而，魯迅卻偏要「作絕望的抗戰」。[68] 義不容辭的民族主義，使他在絕望中仍為美好中國的憧憬而獻身，按照他的根本預設的要求：就是要建立一個具有新的思想和文化基礎的未來。這意志力與導致絕望的力是不同的意識層面上的事；希望就在這裡。雖然魯迅對中華民族性質的切實評估無法看到任何希望，希望仍可建立在未來不可知的這個觀念上。既然未來尚未到來，從邏輯上說，誰也不知道它將會是什麼；那麼，只要還有未來，就存在著希望的可能性。

　　成這個難度極高的目的，方案很多，但當魯迅使用國民性作為分析範疇時，卻認為首先需要剷除中國國民的劣根性。根據魯迅的觀察與反思，中國國民性的特徵皆是負面的。這種完全負面的認識，來自他對於形成國民性的中國傳統的正面成分，在顯示的認識層次上，全面封閉。雖然本文旨在論證「魯迅意識的複雜性」，指出在未明言的認識層次上，魯迅對於中國傳統中的一些價值，有其知識與道德上的肯定和堅持，並因而造成了他意識中無可化解的強大緊張與矛盾。不過，這種緊張和矛盾，最終卻無法使他走出他對國民性全面負面的封閉性認識，魯迅整體主義的反傳統主義〔或全盤化反傳統主義（全盤化反傳統的意識形態）〕遂得以建立。

　　換言之，《阿Q正傳》作為魯迅的創作，由於使用「國民性」那種有機式整體觀（holistic）來看問題——正如壞的胚胎長不出健康的生命那樣，中國從根子上出了問題——得出如要改變，必須脫胎換骨的結論。也正因為魯迅將「國民性」看作一個有機的整體，沒有辦法將之加以分疏汰存（當然也就沒辦法看到「國民性」有什麼正面的傾向），所以說是封閉的意識形態。（編者按：有關意識形態「封閉的系統性」以及其「系統性」並不蘊含正確性的特徵，請參閱《林毓生思想近作選》首篇論文《二十世紀中國激進反傳統思潮，中式馬列主義與毛澤東的烏托邦主義》後的附錄二：「意識形態的定義與其特徵」。）

68　見魯迅1925年3月18日寫給許廣平的信：「我的作品，太黑暗了，因為我常覺得惟『黑暗與虛無』乃是『實有』，卻偏要向這些作絕望的抗戰。」魯迅，《兩地書》，見《全集》（1956），卷9，頁18。

　　魯迅經常在文章裡表達這樣限定性的希望。我們在《吶喊》自序中已經注意到這一點。在另一篇文章中，他感歎他生存的時代的中國和過去好幾個世代何其相似，但接著說：「幸而誰也不敢十分決定說：國民性是決不會改變的。在這『不可知』中，雖可有破例——即其情形為從來所未有——的滅亡的恐怖，也可以有破例的復生的希望。」[69]

　　那麼，他的希望是從他的絕望中推論出來的結果，是他在絕望的境況中產生的希望的感覺。這樣的希望蘊含著內部構成的矛盾心理，他時而覺得這希望是縹緲的，因為它不現實。魯迅在他的一篇著名的散文詩裡寫道：「我的心也曾充滿過血腥的歌聲：血和鐵，火焰和毒，恢復和報仇。而忽而這些都空虛了，但有時故意地填以沒奈何的自欺的希望。希望，希望，用這希望的盾，抗拒那空虛中的暗夜的襲來，雖然盾後面也依然是空虛中的暗夜。」[70]

　　不過，在這篇散文詩中，魯迅援引匈牙利詩人裴多菲（Sándor Petöfi）的詩句作結：「絕望之為虛妄，正與希望相同！」[71] 絕望是耽溺於過去，或者，更準確地說，是耽溺於根據過去的經驗所做的理智的估計。魯迅在希望與絕望之間掙扎的緊張與矛盾，使他特別強調意志的重要性，那是奮力回應生命的召喚的意志。[72] 他的思想於此顯現出一項存在主義式特

69　魯迅，〈忽然想到〉，收入《華蓋集》，見《全集》（1956），卷3，頁18。

70　魯迅，〈希望〉，收入《野草》，見《全集》（1956），卷2，頁170。

71　同上書，頁171。

72　〈過客〉中強烈地表現了魯迅這一點。魯迅，〈過客〉，收入《野草》，

徵：強調意志在人性和歷史中的意義，不過並未涉及存在主義關於人生是荒謬的觀念。（進一層的分析，請參閱本書所收〈魯迅思想的特質及其政治觀的困境〉。）

四、學術的、文體的、個人的與美學的

　　魯迅一生最大的反諷是，雖然他極力鼓吹全盤化地反傳統，卻花了大量時間對中國傳統多方面進行學術研究。[73] 他在意識明言層次上的其他方面的表現，顯示他仍然肯定傳統的某些事物，如在創作上運用傳統文學技巧，在個人和美學上欣賞傳統的某些質素。因此，我們有必要仔細考察這對他反傳統整體主義的意義；是大大削弱了它的力道，還是僅在形式上（或邏輯上）相互矛盾？

　　魯迅是一位卓越的中國文學史學者。[74] 1923-1924年間，他根據在國立北京大學教學用講義，出版了一本中國小說史，首開研究自上古到清代小說通史的先河。[75] 他發揮中國校勘考證

　　見《全集》（1956），卷2，頁179-185。

73 林毓生按：2016年6月我在台北校訂此份譯稿時，羅久蓉鑒於我的工作進行得十分辛苦，曾提供一份（從此句開始至本文結束）校訂稿，供參考。我的工作，改以久蓉的校訂稿為主，在其上再做校訂，並參考劉慧娟的譯稿與穆善培的舊譯。翻譯事業，本來就是艱苦的工作。沒有人能夠做得十全十美。我的校訂定稿，如有任何不妥、不當或不足之處，責任在我。

74 魯迅在這方面的成就世所公認。例如已故夏濟安教授寫道：「他曾任中國文學教授，學識之淵博，當不在同時代任何一位學者之下。」見Tsi-an Hsia, *The Gate of Darkness*（Seattle, 1968），p.102。

75 中國小說史權威鄭振鐸說，魯迅這部開山之作「指出了以後三十年研究的大方向」。王瑤在其《魯迅與中國文學》一書中引用了這段話（上海，

學的優良傳統，編撰數套古逸傳奇集、一冊關於故鄉紹興的歷史文獻集，以及詩人嵇康文集。他又搜集了為數可觀的早期碑刻拓印，對漢代石刻畫像、六朝佛教壁畫造像和墓碑等進行編目，不過均未出版。[76]

魯迅的《中國小說史略》，雖然其中若干論點從反傳統立場批判儒家倫理的道德實踐及其影響，大體上對中國傳統小說發展史的評價尚稱公允。他特別推崇《金瓶梅》和《儒林外史》所蘊含的寫實人文主義精神。[77]

從形式或邏輯觀點，魯迅對中國傳統小說進行學術研究，與他全盤化反傳統主義之間是無法兼容的；既然中國過去的一切都令人憎惡，他怎麼可能欣賞傳統小說？然而從實質上來

1952），頁54。王瑤很想在魯迅的作品和中國文學傳統之間建立起一種正面的傳承關係，但論證含混不清。他經常斷章取義地大量引用魯迅的文章，卻未能區別魯迅從傳統中國文學中採納了哪些質素，如文學技巧，以及揚棄了哪些部分，如形式與內容。

76 許廣平編，〈魯迅譯著書目〉，《魯迅先生紀念集》（上海，1937），頁1-11。

77 魯迅，〈中國小說史略〉，見《全集》（1956），卷8，頁146、181-182：「作者之於世情，蓋誠極洞達，凡所形容，或條暢，或曲折，或刻露而盡相，或幽伏而含譏，或一時並寫兩面，使之相形，變幻之情，隨在顯見，同時說部，無以上之，故世以為非王世貞不能作。至謂此書之作，專以寫市井間淫夫蕩婦，則與本文殊不符，緣西門慶故稱世家，為縉紳，不惟交通權貴，集士類亦與周旋，著此一家，即罵盡諸邑，蓋非獨描摹下流言行，加以筆伐而已……迨吳敬梓《儒林外史》出，乃秉持公心，指摘時弊，機鋒所向，尤在士林；其文又戚而能諧，婉而多諷；於是說部中乃始有足稱諷刺之書……敬梓所描寫者即是此曹，既多據自聞見，而筆又足以達之，故能燭幽索隱物無遁形，凡官師、儒者、名士、山人，間亦有市井細民，皆現身紙上，聲態並作，使彼世相，如在目前。」

說，這種形式矛盾並未在魯迅意識中造成嚴重的緊張。因為在他看來，如果若干中國傳統小說具有正面意義，就在它所反映的寫實人文主義範疇，這種範疇不只適用於一般（普遍的）文學，也包括外國文學。[78] 根據此種文學觀點，這些特色並非中國獨有，因此對中國文化傳統其他部分的中國質素而言，無關緊要。

　　這仍然沒有回答一個問題：既然以為中國的過去已是全然的惡，如何能從中產生正面的質素——即便這些質素具有跨文化的普遍性？我們無法從魯迅的著作中找到答案——這個事實暴露了他的全盤化反傳統主義中一個基本的問題。（針對這點，不僅魯迅，陳獨秀和胡適也一樣，拙著《中國意識的危機》中已經論及，他們都承認中國傳統裡有一些普遍的、跨文化的正面價值，但也都無法回答這個問題。）魯迅從未面對這個問題；由於問題僅停留在形式層次上，他反思的可能性微乎其微。即使他意識到這一點，可能也不會感到太大困擾。因為即使運用寫實的人文主義這個具有普遍性、跨文化的分析範疇在傳統中發現一些正面成分，也不會認為它們將影響中國傳統中的中國性，或受其影響，因為那些成分將被視為傳統的例外。因此，他基於激烈的反傳統主義排斥中國傳統中所有具有中國屬性的事物，並未受到實質上的挑戰。

---

78 當然，是否應該用這樣的觀點來探討文學，是另一個問題。同樣的觀點也出現在魯迅的《漢文學史綱要》一書中，該書是根據他1926年任職廈門大學時的講義稿撰寫而成，他去世後始付梓。他從美學標準和現實人文主義等一般性範疇，來品評《詩經》《離騷》和其他文學作品。見《全集》（1956），卷8，頁255-309。

在意識明言層次上，魯迅從中國傳統的文藝技巧中汲取資源。但就類型而言，他的創作形式（或結構）和內容卻是嶄新的。[79] 他隨手拈來、靈活運用莊子的詞語和屈原的文

---

79 魯迅曾自述他如何運用傳統藝術技巧，見〈我怎麼做起小說來〉，收入《南腔北調集》，見《全集》（1956），卷4，頁393。捷克學者普實克（Jaroslav Průšek）在許多論著中表達了與魯迅相似的觀點。普實克認為現代中國文學革命是一種質變（qualitative change），這種變革不能追本溯源地被視為從較早的中國文學演化而來。他認為文學革命是中國作家思想革命，以及諸多文藝形塑因素彼此之間的關係經過革命性轉化的結果。見 Jaroslav Průšek, "A Confrontation of Traditional Oriental Literature with Modern European Literature in the Context of the Chinese Literary Revolution," in Leon Edel, ed., *Literary History and Literary Criticism*（New York, 1965）, pp. 168-170。不過，普氏指出，魯迅雖然捨棄中國傳統的文學形式，卻把傳統中國的抒情敘事手法用在文學創作上。他擺脫了傳統抒情敘事刻板僵硬的形式，自由運用缺乏故事情節和布局的主觀、印象式、平鋪直敘手法，來表達他對社會現實革命性的看法。普氏說：「數百年來，中國抒情敘事將一系列自大自然取材的元素並列，注入豐富的情感，創造出一幅可以傳達非凡經驗，洞察人情世故，完全臣服於神祕大自然、與之水乳交融的畫面。藝術家欲經歷這個過程，首先必須具備準確的觀察力，透過看似不起眼的枝微末節，直指事物本心，最後將它傳達給讀者……這方法教導藝術家從每一個現象中找出最典型的特質，去其糟粕，取其精華，然後以最凝鍊的語言，呈現事物的本來面貌。不難想像當藝術家以此方法描述社會現實時，背後所蘊含的意義：極敏銳的洞察力使他能從繽紛雜亂的現象中擷取最有意義的事物——也就是上述畫面中最突出的事物，寥寥數筆便將之呈現出來。因此詩人描繪的畫面不僅賦予個別事件以實質意義，且勾勒出整個時代的梗概。在我看來，這方法比任何史詩手法更能讓藝術家尖銳而清晰地呈現社會罪惡的恐怖。在個別敘事中，光和影必然交替，主觀因素經常替社會罪惡活動辯解，為之塗飾。抒情詩則不然；事實以不加修飾、一無遮掩、無可變更的恐怖面貌挺立在那裡。在摒除了所有附加陪襯細節之後，一切能把所呈現現象的恐怖沖淡的事物也都消失了……這是為什麼像魯迅這樣一位現代藝術家，當他嘗試以一種**新的方式**（黑體乃筆者所

字。[80] 當代文藝批評家中有人強調文學形式與內容的關係是有機的，魯迅文學創作的形式與內容正是有機地融為一體，與傳統中國文學的表現手法大相逕庭。對魯迅而言，中國傳統文學的成分，只是為其文藝創作形式和內容提供一些素材。二者的關係限於技術層面，對他的意識形態和道德判斷沒有本質上的影響，對他的全盤化反傳統思想也不構成什麼嚴重挑戰。

魯迅對中國木刻版畫的興趣，表達了他在明言意識層次上對個人、美學和學術的看法。他從小就對中國傳統書畫藝術很感興趣，當他在北京見到印在中式信箋上的中國畫家木刻畫時，對這些精湛的書畫藝術留下十分深刻的印象。後來在日本入侵的陰影下，他和鄭振鐸合作，努力搜集並付印了這些箋譜，唯恐這種結合文人與工匠技藝的本土傳統藝術，可能因為即將爆發的戰爭而遭破壞。[81]

除此以外，魯迅自幼即被一些地方戲曲和神祕的民俗藝術深深吸引，夏濟安談到魯迅是如何迷上地方戲曲中的鬼魅人

加）表達他對於現實革命性的態度時，要採用這種藝術手法——以單一、典型畫面呈現社會情境的實質，注入豐富情感，所有次要、偶發事件均遭移除。」見Jaroslav Průšek, "Some Marginal Notes on the Poems of Po Chü-i," *Chinese History and Literature*（Prague, 1970），pp. 80-81。

80 參見郭沫若，〈莊子與魯迅〉，收入他所著《今昔蒲劍》（上海，1947），頁275-296，以及許壽裳，〈屈原與魯迅〉，《亡友魯迅印象記》，頁5-8。

81 魯迅與西諦（鄭振鐸）合編，《北平箋譜》（北京，1934）。哈佛燕京圖書館藏有這本精美的書。魯迅為這本書寫的序言重印本收在《集外集拾遺》中，見《全集》（1956），卷7，頁664-665。關於魯迅和鄭振鐸合作出版本書的情形，詳見魯迅致鄭振鐸的信：許廣平編《魯迅書簡》，頁519-584。

物：

> 他甚至暗地裡喜愛一些（鬼魅），對目連戲中的無常和
> 女吊帶有縱容的溺愛。很少作者會像他那樣津津樂道這些
> 令人毛骨悚然的話題。身為社會改革家，魯迅卻對民俗迷
> 信懷抱如此深切的同情，這是出人意外的。這也使這兩篇
> （關於兩個鬼魅的）文章顯得彌足珍貴。周作人寫過一些
> 雋永而不帶情緒的有關民俗研究的文章，魯迅的興趣卻不
> 純然為了學術。他著迷似地注視這些鬼魅，取笑他們古怪
> 嚇人的外貌。任由自己的幻想在這個題材上馳騁，風趣地
> 想出一些為什麼大家應該喜愛這些鬼魅的理由，然後以生
> 動的想像力彷彿要將之起死回生，愛憐地將它們呈現在讀
> 者面前。82

魯迅對這一類傳統藝術、民俗，以及地方戲曲的興趣，
主要集中在它們特殊的表現。讓他著迷的正是它們特殊的中國
性，而非其中所反映的藝術普遍性、跨文化性，或技巧上的可
能性。魯迅之被中國傳統文化這些方面吸引，意味著伴隨他的
全盤化反傳統主義的一些反主題存在於他的複雜意識之中。然
而，這些反主題雖然對他的反傳統思想是一種挑戰，卻對他的
作為道德判斷的全盤化反傳統主義，並未構成嚴重的威脅。因
為他主要是在意識中的私領域和審美的基礎上接受並欣賞那些
中國傳統質素。假若他感到強烈地需要將意識中的各個方面統

82　Tsi-an Hsia, *The Gate of Darkness*, pp. 155-156.

合起來，使其前後一致，他應該據以修正自己的全盤化反傳統主義。如果在他的意識中沒有另外的一些反主題（詳下），我們可以說魯迅全面拒斥中國傳統的「道德」（或不道德）價值。但他卻在意識私領域從一些傳統民俗戲曲中獲得美學上的歸屬感。由於這些美學關懷主要屬個人私領域，他並未公開宣揚。他那鑑賞家式的對中國傳統木刻版畫的興趣，已超過私人領域，但它的公共性主要表現在學術、情感方面，而不在道德方面。

五、未明言（隱示）的意識層次

對於魯迅全盤化反傳統主義，最為嚴重的實質挑戰來自他在未明言的理知和道德層次上認同與堅守若干中國傳統價值。有鑒於魯迅意識的複雜性，我們必須仔細分辨他思想中的這兩個（肯定與否定中國傳統質素的）面向，詳加剖析。他的全盤化反傳統主義，除了以論爭形式直接地表達出來以外，也呈現在他的文學創作中。《阿Q正傳》所展現的，整體主義的反傳統主義的主題和全面攻擊傳統的指涉，雖然是以一種間接的方式呈現，卻毋庸置疑。事實上，全盤化地反傳統是五四時代魯迅在明言層次上最主要的論辯訴求。另一方面，因為魯迅在理知與道德上認同與堅守若干傳統價值，不但他本人充分自覺這些傳統價值在他生命中的存在，部分作品也精微地述說了它們的意義。不過，由於他在明言層次上已投入全盤化反傳統主義，不願公開解釋自己為何繼續堅守某些傳統價值的原因，以至於這些堅持雖然存在於其意識中，卻隱而未顯。為節省篇幅，我

將在下文中將明言論辯層次簡稱為「明言層次」，有意識但隱而未顯者，簡稱「未明言層次」。

魯迅一方面自認是根據理性和道德投入全盤化反傳統主義，同時卻堅守中國的某些傳統價值，導致意識中出現巨大而深刻的緊張，這種緊張超越了形式或邏輯上的矛盾。在緊張的壓力下，他可能產生以下幾種反應：他可能創造性地將意識提升至認知的另一階段，以超越這種緊張；或者，在找不到真正解決方法的情況下，他有可能被撕裂，他的創造力可能因視野分裂（divided vision）而陷於癱瘓。因此，精準探討魯迅面對此一巨大緊張的反應，對了解其意識的複雜性，至關緊要。

我們不妨仔細探討魯迅在一篇小說中如何展現他所信守的傳統價值，以說明存在於他意識中的緊張。在這方面，小說比雜文擁有更多揮灑空間：作者可以借由小說的形式，表達不同的、甚至不協調的觀念，通過不同的人物和場景，描繪出不同的基調，而無須在一致性問題上受到質疑。

〈在酒樓上〉是以個人回憶形式寫成的。敘事者遇見了一位多年未見的昔日同窗呂緯甫。小說中，呂緯甫講述了兩件事，一是為愛弟遷墳，一是拜訪舊鄰居的女兒，兩件事都是為了完成母親的心願。關於這兩個情節，周作人1952年寫道：「都是著者自己的，雖則詩與真實的成分也不一樣。」[83]

就第一例而言，小說中的事件和魯迅的真實生活經驗基本相同，只在細節上和無關緊要處略有出入。

1898年12月20日，魯迅的四弟周椿壽因急性肺炎去世，死

83　周遐壽（周作人），《魯迅小說裡的人物》，頁163。

的時候才五歲半，這件事給周家帶來極大的悲慟，[84] 魯迅的母親尤其因為喪子哀傷欲絕。她要周作人找人根據他的描述給亡弟畫一幅畫，這幅畫像一直掛在紹興祖宅她房裡，後來又隨她遷到北京，直到她去世。

椿壽卜葬於公墓邊沿，多年來塋地周遭的黃土屢遭鄉人挖掘，時有塌陷之虞。1919年，魯迅回到紹興，憂心忡忡的母親要他把墳遷往後來購置的安葬父親的塋地。周家人因為怕提起來難過，始終不曾問過椿壽遷葬的情形；但周作人相信，小說中呂緯甫敘述的應該就是魯迅本人的經歷。

〈在酒樓上〉第二個情節描寫呂緯甫奉母命，攜剪絨花送給舊鄰居的女兒，小說與真實生活的對應關係有點含混。周作人對此前後說法不一：一者如前所述，說這「都是著者自己的」經歷；但周作人後來又改口說，小說情節純屬虛構，小說中那個船戶的女兒是魯迅依鄰家女形象塑造的。不過，實際上她是死於傷寒，非如小說所說得了肺結核。[85]

兩種說法的差異可能不如想像中那麼大。周作人寫魯迅生活經歷時已六十有七，即使說法不一，也並不特別令人感到訝異。他似乎是說，魯迅對鄰居女兒的同情與小說中呂緯甫的相似，因此認為第二個情節出自魯迅親身「經歷」。

84　周椿壽去世時，魯迅正在故鄉參加縣考。他原在南京江南水師學堂學習，為應試而返回故里。幼弟的猝死令他悲痛非常，無心應考，這時距離考試結束還有幾天。12月24日，他突然離開家鄉，回到南京。

85　上述乃根據周遐壽（周作人），《魯迅小說裡的人物》，頁163-175，《魯迅的故家》，頁108-109。亦見周作人，《知堂回想錄》（香港，1970），頁46-53、592-599。

　　不論周作人意指為何，他的回憶提供了一個相對堅實的證據，我們可以據此推論，魯迅是借呂緯甫的言語行動，來表達自己的意識。簡言之，小說中呂緯甫與敘事者之間的交談，可視為魯迅自己內心的對話。

　　小說從敘事者自北方回到東南的一次旅行開始。其間他先返回故里，然後來到曾經教過一年書的鄰近縣城。懷著懷舊的思緒，百無聊賴的他找了間旅舍住下。當他走訪幾位他認為應該還留在當地的舊同事時，一個也沒找到。為驅散因失望和寂寞興起的抑鬱之情，他走到舊時經常光顧的一間小酒樓上。正獨酌時，意外地遇見舊時同窗呂緯甫，也是他在當地教書時的同事。多年不見，呂緯甫已不復當年那個充滿活力、離經叛道的小夥子。兩人分手後，呂緯甫做過一些無足輕重的小事情，現在和母親住在太原，在一個同鄉家裡教孩子們讀儒家經典，以維生計。敘事者問呂緯甫何以回到這小城——他的故鄉，緯甫說：

　　　「也還是為了無聊的事。」他一口喝乾了一杯酒，吸幾口煙，眼睛略為張大了。「無聊的。——但是我們就談談罷。」……

　　　「你也許本來知道，」他接著說，「我曾經有一個小兄弟，是三歲上死掉的，就葬在這鄉下。我連他的模樣都記不清楚了，但聽母親說，是一個很可愛念的孩子，和我也很相投，至今她提起來還似乎要下淚。今年春天，一個堂兄就來了一封信，說他的墳邊已經漸漸的浸了水，不久怕要陷入河裡去了，須得趕緊去設法。母親一知道就很著

急，幾乎幾夜睡不著，──她又自己能看信的。然而我能有什麼法子呢？沒有錢，沒有工夫：當時什麼法也沒有。

　　「一直挨到現在，趁著年假的閒空，我才得回南給他來遷葬。……就在前天，我在城裡買了一口小棺材，──因為我預料那地下的應該早已朽爛了，──帶著綿絮和被褥，雇了四個土工，下鄉遷葬去。我當時忽而很高興，願意掘一回墳，願意一見我那曾經和我很親睦的小兄弟的骨殖：這些事我生平都沒有經歷過。到得墳地，果然，河水只是咬進來，離墳已不到二尺遠。可憐的墳，兩年沒有陪土，也平下去了。我站在雪中，決然的指著他對土工說，『掘開來！』……待到掘著壙穴，我便過去看，果然，棺木已經快要爛盡了，只剩下一堆木絲和小木片。我的心顫動著，自去撥開這些，很小心的，要看一看我的小兄弟。然而出乎意外！被褥，衣服，骨骼，什麼也沒有。我想，這些都消盡了，向來聽說最難爛的是頭髮，也許還有罷。我便伏下去，在該是枕頭所在的泥土裡仔仔細細的看，也沒有。蹤影全無！」……

　　「其實，這本已可以不必再遷，只要平了土，賣掉棺材，就此完事了的。……但我不這樣，我仍然鋪好被褥，用棉花裹了些他先前身體所在的地方的泥土，包起來，裝在新棺材裡，運到我父親埋著的墳地上，在他墳旁埋掉了。因為外面用磚砌，昨天又忙了我大半天：監工。但這樣總算完結了一件事，足夠去騙騙我的母親，使她安心些。──阿阿，你這樣的看我，你怪我何以和先前太不相同了麼？是的，我也還記得我們同到城隍廟裡去拔掉神像

的鬍子的時候，連日議論些改革中國的方法以至於打起來的時候。但我現在就是這樣了，敷敷衍衍，模模糊糊。我有時自己也想到，倘若先前的朋友看見我，怕會不認我做朋友了。——然而我現在就是這樣。」[86]

呂緯甫還對敘事者說，他到酒樓來之前又做了一件「無聊的事」，「然而也是我自己願意做的」（頁29，黑體為本書著者所加）。就在他正要出發上路前，他的母親忽然憶起舊日鄰居船戶的長女阿順，說她看見人家頭上戴了一朵紅色剪絨花，自己也想要一朵，卻因得不到哭了好一陣子，最後還招來父親一頓打。這種特殊材質的剪絨花是外省製造，在家鄉買不到，他母親於是囑咐他旅途上看到買兩朵帶回去給阿順。呂緯甫說，他並不因此而感到懊惱，他真心誠意想為阿順做點事。阿順是個既能幹又勤奮的孩子，十歲那年母親去世後，便一肩挑起照顧弟妹和服侍父親的責任，不僅鄰居稱讚，父親對她也充滿感激。

呂緯甫原先不知剪絨花這故事，經母親提起，他也想起自己曾為阿順的純真感動的往事，於是很熱心地四處尋找剪絨花。在太原城裡遍尋不獲，最後特地繞道濟南，方得如願。「我也不知道使她挨打的是不是這一種，總之是絨做的罷了。」呂緯甫繼續說道：「我也不知道她喜歡深色還是淺色，就買了一朵大紅的，一朵粉紅的，都帶到這裡來。」（頁31）

---

86 魯迅，〈在酒樓上〉，收入《徬徨》，見《全集》（1956），卷2，頁26-28。接下來引用本小說文字時，將在括號裡標明頁碼。

他將行期往後延一天，就是為了給阿順送花去。但當他到了他們家門口，卻不見阿順和她父親人影，隨後從鄰居口中得知，阿順已於去年秋天害癆病死了。呂緯甫說：「那倒也罷，我的事情又完了。」他請鄰居把花轉送給阿順的妹妹，心裡暗自盤算，回家後告訴母親，說阿順接到花，高興得不知道說什麼才好。但他緊接著又說：「這些無聊的事算什麼？」

> 「模模糊糊的過了新年，仍舊教我的『子曰詩云』去。」
>
> 「你教的是『子曰詩云』麼？」我覺得奇異，便問。
>
> 「自然。你還以為教的是ABCD麼？我先是兩個學生，一個讀《詩經》，一個讀《孟子》。新近又添了一個，女的，讀《女兒經》。連算學也不教，不是我不教，他們不要教。」
>
> 「我實在料不到你倒去教這類的書，……」
>
> 「他們的老子要他們讀這些；我是別人，無乎不可的。這些無聊的事算什麼？只要隨隨便便，……」（頁33）

魯迅這篇小說充滿複雜、模稜兩可的含義，在意識明言層次全盤性反傳統主義和未明言層次理知與道德上奉持傳統中國價值二者之間，產生了真正的思想上的緊張。表面上，呂緯甫從青年時期反傳統主義退卻，似乎可用智性擁抱西方價值、情感眷戀中國過去導致的緊張來解釋，實則不然。故事中，呂緯甫講述這兩件事之前，先以抱歉的口吻說它們都是「無聊的事」，自己「現在自然麻木得多了」（頁28-29）。這些話顯

示，他所做的兩件事和他持續相信的事物之間是衝突的。他之所以感到抱歉，因為他相信自己的所作所為，違反了他表面上仍想堅信的反傳統主義。

　　事實上，小說只提到一件呂緯甫的反傳統行動，此即他到城隍廟拔掉神像的鬍子。這唯一一次行動具有打倒偶像的象徵意義，但並不必然蘊含實質上全面揚棄中國傳統。我們不妨設想有這麼一種類型的反傳統主義，它雖然攻擊傳統的偶像及其代表的一切，卻並不拒斥傳統的實質內涵。我們也可以設想，如果傳統的偶像象徵傳統中扭曲的正面特質，它就無法代表傳統的全部。由於呂緯甫這個角色主要依照魯迅自身形象塑造，加上五四反傳統主義對中國過去的質素未加仔細區分，我們幾乎可以確定，呂緯甫的反傳統主義是全盤性的。這意味著相較於之前他在明言層次理知與道德上堅持的立場，只要和中國傳統發生任何形式的正面聯繫，或對之產生眷戀激賞之情，都像是一種妥協，他為此感到抱歉。

　　誠如小說中兩個情節所示，呂緯甫與中國傳統的關係是正面的，但這種正面的關係並不蘊含一套可以緩解因信奉西方價值而在理知上感到自卑的心理平衡機制。它反映出自覺卻在未明言層次接納中國傳統文化規範，同時在理知與道德上繼續奉行傳統中國價值，因此造成一種真正智性上的緊張。如果以情感眷戀中國傳統、知性信奉西方價值的二分法來解釋這種緊張，乃是提出一套僵硬的解釋範疇，無視具體歷史源流的複雜性。

　　呂緯甫堅稱自己所行之事無關緊要，但它們果真那麼無聊嗎？他的確想討母親的歡心，但他顯然也認同母親試圖透過

一種典型的傳統中國人際關係模式，傳達對他人真誠的關懷——她為幼弟遷葬憂心如焚；把船戶女兒因剪絨花受折磨這種看似微不足道的小事放在心上。呂緯甫為了完成母親交代的任務，四處張羅。即此而言，他與母親在精神上的契合，不能視為只是感情用事，而是反映出中國傳統道德中「念舊」的價值與美德。唯其如此，呂緯甫才會認為，在意識的未明言層次，替幼弟遷墳以及替船戶的女兒買剪絨花，無論從理知與道德的角度，在生活中都是有意義的。當他掬起幼弟身體所在地的泥土，裝進新棺木中，完成遷葬儀式時，他透過「念舊」的道德價值，觸及人性最高貴的一面。即使幼弟骨殖已亡，遷葬只是為了紀念他，這舉動對呂緯甫仍具象徵意義。同樣的，基於「念舊」無上道德律令的驅策，他不厭其煩地為船戶的女兒尋找剪絨花，即使這意味著他必須中途下車來到另一個城市。

　　這兩段故事揭示了呂緯甫在理知上與道德上繼續奉行「念舊」的價值。由於小說中的呂緯甫是以魯迅為藍本，也許我們可以說，魯迅自己一生在理知與道德上從未背離這種傳統價值。如果僅從表面上看，呂緯甫針對兩件事所作辯解，似乎顯示他已從年輕時的反傳統主義退卻。事實上，同時堅守兩種不可調和的理知與道德信念而引起的緊張，才是他感到抱愧的原因。

　　有充分證據顯示，魯迅終生奉行「念舊」這種價值。他和母親感情深厚，母子情深表現在以下兩方面：在實存意義上，魯迅重新調整傳統中國的孝道倫理規範，以適應現代生活。在

理知意義上，這一切都是「念舊」思維的延伸。[87] 小說中，實存意義上傳統孝道的現代性轉化表現在，呂緯甫為了讓母親歡喜和安心，決定對她隱瞞這趟旅行的真實情況。魯迅為擁有不少像許壽裳、邵銘之這樣的終身至交感到自豪。雖然他不見得總是或完全同意他們的觀點，卻絲毫無損於他們之間的友誼。[88] 早年他曾經寫過六首題為〈別諸弟〉的舊體詩，其中一組三首寫於二十歲前後，抒發懷念弟兄的離情別緒。他的作品中也有一幅悼念亡友的輓聯（寫於二十歲）。[89] 在肺病末期臨命終前十天，他仍勉力支撐病體，完成兩篇追憶老師章炳麟（數月前過世）的文章。這些無疑是在「念舊」感召下直抒胸臆的文章。[90]

從以上對〈在酒樓上〉的解析，呂緯甫的「念舊」顯然受文化的影響，由邏輯推衍而來，非由心理壓力驅策所致，這可說是一種他在未明言層次默默奉行的傳統價值。所謂由邏輯推衍而來的「念舊」，係指社會政治和文化道德秩序崩解之後，傳統道德價值雖然早已脫離原有架構，但對呂緯甫這樣的中國人，仍然具有清晰的輪廓，無須借助外力，即可發揮影響力，

87　現存魯迅逝世前五年（1932-1936）給他母親寫的五十多封信，可以證明這點。見許廣平編，《魯迅書簡》，頁267-313。

88　見魯迅致曹聚仁信，1936年2月21日一則，同上書，頁472-473。

89　魯迅，〈別諸弟〉，收入《集外集拾遺》，見《全集》（1956），卷7，頁713、720；又《挽丁耀卿聯》，同上書，頁721。

90　魯迅，〈關於太炎先生二三事〉，《且介亭雜文末編》，見《全集》（1956），卷6，頁442-445；〈因太炎先生而想起的二三事〉，同上書，頁449-453。魯迅這第二篇文章寫於他逝世前兩天，即1936年10月17日，這是他的最後一篇文字。

為他提供一個理知與道德上具有意義的表達管道。我們可以據以推斷，呂緯甫仍然信守「念舊」的傳統道德價值。

　　誠如這篇小說的含義清楚表明的，儘管魯迅在個人生活與意識的未明言層次繼續奉行「念舊」的價值，卻不願把它帶入明言層次，即便僅僅為了對自己有個交代。因為這樣做需要在一個嶄新的、系統性的文化架構基礎上，條理分明地提出論證說明，但對他而言，如此的架構卻不存在。不過，由於他繼續保有中國傳統的若干質素（中國傳統的整體性秩序雖已崩解，但某些質素的特性與影響力並不必然消失），他的「念舊」是真實的。

　　另一方面，〈在酒樓上〉顯示，呂緯甫對自己正在傳授「子曰」「詩云」、《女兒經》等儒家經典難以釋懷。儘管作為個人，他在未明言層次肯定自己奉行的傳統價值是有意義的，但不贊成在教育課程中恢復古代正統經典的傳授。即使某些傳統價值可以通過教育手段恢復，我們也不能確定他願意這麼做，原因在於他缺乏一個整體而有系統的世界觀，為中國的未來描繪一個更明確的前景。雖然他在未明言層次信奉某種傳統價值，但他顯然並未放棄早年全盤化反傳統主義的立場——即使他在私人領域堅守一些傳統價值，但在公共場合他不可能贊成將之恢復，更不願意奉東家之命，扮演一個把學習變成讓空洞儀式性古代經典課程在現代社會得以延續的推手，傳授儒家經典只是謀生的工具。他的所作所為不僅不能拯救傳統，還違背了傳統的本真性，即讓傳統淪為傳統主義（traditionalistic）

式的說教。[91]

上述對魯迅多層次意識性質的分析顯示：在其全盤化反傳統主義與在理知、道德上奉行傳統價值之間，存在著真實而劇烈的思想緊張。在一個充斥著化約性論述、陳腔濫調氾濫的時代，魯迅拒絕教條說理，他那複雜而強烈、體現時代脈搏並象徵20世紀中國文化空前危機的意識，證明他在理知上與道德上的高度。然而，受制於具有支配力的反傳統整體主義，他最終未能超越這種緊張，否則它有可能成為創造性詮釋中國傳統的泉源，或至少讓他在明言層次質疑全盤拒斥中國傳統的正當性。問題是反傳統思想的支配力為何如此強大？終極而言，辛亥革命後的社會政治現實壓力形成了一種整體性思想模式，在他「借思想·文化以解決（政治、社會等）問題的途徑」影響下，他不可能尋求一個更有效、更多元的方式來解決自己思想上的緊張。他雖然熱切盼望自己和他人都能從中國傳統的枷鎖中解放出來，但依然為這種植根於傳統的思想模式束縛，想不出其他可供選擇的分析範疇。他意識上的危機最終未能解決。

91　「傳統主義」這個名詞的用法，通常係指為了達到非傳統目的，將傳統當成一種意識形態而加利用，卻不承認因此違背了傳統的本真性。此處引申之意，則指為利用傳統來達到非傳統的目的，或把它當作謀生的功利性手段，但承認因此違背了傳統的本真性。

第七章

結　論

　　從歷史的向度對五四時期做一回顧，就可以了解到這個時代的顯著特色在於文化方面的整體主義的反傳統主義。當然，現代中國的反傳統主義開始的時間還要更早於這個時候。本書第三章已經指出：現代中國的第一代知識分子在19世紀90年代，就已經開始抨擊中國社會和文化傳統中的一些成分。但這些知識分子尚不至於對中國傳統採取整體主義的拒斥立場，主要是因為中國社會和文化秩序尚未完全解體，他們仍把一些傳統價值和信念視為理所當然。

　　五四反傳統主義的歷史意義主要在於：它揭示了中國意識危機的性質及其影響——因其在文化領域中的不穩定與不確定性，致使那些由政治、社會和文化變遷所產生的新的文化和思想問題，無法獲致有效或持久的解決。

　　不同西方文化成分的出現是現代中國文化中的一個主導因素。西方文化究竟是否應當出現在中國的歷史舞台之上？這個問題並不相干，因為歷史不可逆轉。唯一相關的問法是：什麼是中國人對待西方文化的可行之道？有些五四時期的主要知識分子所給的答案是：整體主義的反傳統主義。他們接受了部分

西方的思想和價值，這使得他們在評價中國的社會和文化傳統上採取新的標準。這種新的標準和從傳統衍發而來的借思想·文化以解決（政治、社會等）問題的途徑交互作用，再加上其他因素，最終導致他們堅持思想革命有其必要性與優先性，而此一思想革命的基礎就是以整體主義的方式摒棄中國的過去。陳獨秀和胡適所倡導的整體主義的反傳統主義形態，很容易把他們推向以全盤西化為目標的主張，雖然他們兩人對於全盤西化的性質及其實踐方法的看法並不相同。

　　因此，他們的整體主義的反傳統主義乃至於全盤西化的主張，都屬形式主義或抽象主義的變體，在本書的脈絡裡，則可視之為一種對文化和社會做具體化理解的形式建構。形式主義是由於不曾仔細而持續地考察一個現象複雜的事實面，而不可避免地簡化和扭曲了該現象的實際狀況的思想建構。陳獨秀在全面性否定中國的過去和主張全盤西化之前，不但沒有對中國的社會和文化傳統或西方文化的各種特殊之處，以任何實質性的方式做全面的檢視，而且也未深思它們對中國是否有意義或實際的用處何在。他把文化理解為有機式的，因而認為上述檢視和反省似無必要，是多此一舉，甚而是迂腐的。如果中國傳統的所有成分都以有機的方式與整體聯結，那麼，理論上整體一旦瓦解，則其所有成分也都會喪失意義和用途，任何一部分均無法在整體消失以後還能倖存。況且，中國人不可能既要保存傳統中的衰敗成分，同時又引入現代西方文化的新成分，因為西方文化的各種成分也同樣以有機的方式與整個西方文化聯結在一起。如此一來，就陳獨秀而言，唯一可行之道將是一方面完全拒斥中國傳統，另一方面則要全盤西化。

　　胡適的整體主義的反傳統主義比陳獨秀的更難以捉摸。我已經指出胡適的背景和他所奉行的杜威思想如何使他堅持採取漸進式和改革式的文化變革方式。但他的整體主義的反傳統主義，以及不加思辨地接受杜威早期的觀念和價值，使得他的漸進的改革主義變成僅僅是一種形式主義的堅持。他根據自己採取的杜威觀點在中國傳統中發現了科學的思維特質，並宣稱這一發現符合他的漸進式改革主義；但這並未阻止他推動整體主義的反傳統主義和全盤西化。胡適對漸進式地改革中國傳統的堅持，並未促使他在對傳統做整體主義式的攻擊之前先對中國傳統文化的不同成分做一番實質性的檢視。

　　無論陳獨秀或胡適都認為沒有必要對中國傳統做任何實質性的檢視。根據他們以思想為根本的整體觀思考模式，失去信用的中國傳統是不可能有價值的。本著這種形式主義的論證，中國傳統中那些被指出是有價值的東西，不過被定義為所有文明共同具備的公分母而已，對於中國傳統所具有的中國特質，它們既不足以提供解釋也不能有所貢獻。

　　然而此種整體主義的反傳統主義和全盤西化的論證，不能有效地解決中西文化在中國歷史舞台上對峙所產生的實質性問題。正是由於這種論證的形式主義本質，因此它忽視了中西文化對峙所引發的真正問題以及議題。那麼，這些真正的問題和議題是什麼呢？第一，1911年至1912年中國傳統的架構被摧毀之後，中國文化中許多知識的和道德的成分在整體崩潰後仍然倖存。如前面所說，魯迅在那個傳統中發現至少有一個原則在知識和道德上對於他而言是有意義的，而且還有其他可能拿來

討論的成分。[1] 魯迅在他的作品中所表達的東西許多人都有同感，只是無法像他說得那麼清晰。的確，魯迅藝術所具有的價值，部分就在於他能表達出許多中國人的心聲。但是，對許多人而言，整體主義的反傳統主義排除了這樣的可能性，亦即明確地認同古老中國文化在中國傳統解體後，尚存在具有知識和道德意義的成分。這些成分正因為無法被明確地認同和對待，而遭到忽視。但忽視它們並不能解決真正的問題，也就是：如何尋求一個新的架構，將古老文化中在思想上具有意義的部分與來自西方的新觀念和價值加以整合。

　　第二，在政治意識形態的領域裡，整體主義的反傳統主義與民族主義是水火難容的。雖然整體主義的反傳統主義在五四時期被用來強調延續和發展中華民族，但民族認同的問題無法借由粗暴地否定民族的過去而得到解決。相反地，民族認同需要與過去有某種積極的關係。

　　第三，整體主義的反傳統主義製造出無法借由其本身資源解決的新問題。它源起於來自西方文化的力量與中國傳統千百年來的傳統力量之間的衝突，並成為20世紀中國強而有力的運動。雖然這絕非歷史的宿命，但也確實受到根深柢固的歷史力量的影響。在政治和文化解體的情勢之下，完全採取二分法的整體主義的反傳統主義俘獲了大多數知識分子的想像力。現代性此後就建立在以整體主義的方式否定過去之上了。因為中國

1　例如，魯迅在他的小說〈孔乙己〉中，對於道德上泰然處之（moral equanimity）的儒家價值所表現出的曖昧態度（參見《吶喊》，見《魯迅全集》，卷1，頁20-24）。

傳統無法徹底被根除，所以他們認為必須發動一場永續的戰爭：有些傳統文化的成分因為知識和道德的理由而倖存，另一些則是基於民族主義的理由。在這樣一種對中國傳統的永續抗爭情勢之下，讓傳統創造性地轉化為現代性幾乎是不可能的。然而，似乎唯有透過此種創造性轉化的方式，中國文化的危機才能得到相對的解決。

　　第四，在整體主義的文化觀的要求下，也要以整體主義的方式接受外來的意識形態。陳獨秀從早期信奉民主與科學轉而接受馬克思主義，顯示出他前後一貫地以整體主義的方式投向西方。但事後證明此種接受方式既不切合科學與民主的成長，也不切合共產主義革命。胡適接受杜威早期的實驗主義，這給他的思想增添了似是而非的改革主義外貌。然而，他透過發現中國傳統中的科學特質所建立的與西方文化的聯繫，只是形式主義的而非實質上的。由於堅持主張此種聯繫，他既無法對中國傳統的本質做實質的探索，也無法將實用主義的方法（pragmatic method）運用在解決中國具體的問題之上。若能以創造性而非整體主義的方式去接納杜威的實驗主義，則不失為一種開放性的方法。將其運用在解決當時中國迫在眉睫的問題之上，或許會得出這樣的結論：必須放棄整體主義的反傳統主義以及思想革命的優先性。胡適把文化視為一個有機式的整體，此一觀點主要是受到從傳統衍發而來的唯智主義整體觀的思考模式的影響，正是他的這種觀點導致他以整體主義的方式接納杜威的思想觀念和價值，也使得他既無法以批判的、有效的方式運用西方文化，也無法改革中國文化。

　　魯迅之所以偉大的部分原因在於他在彌漫著整體主義的反

傳統主義的氣氛中，以辯證的方式清晰地說出中國文化傳統中
一些倖存部分的知識與道德意義。儘管他以自己的方式獻身於
整體主義的反傳統主義，但魯迅所具有的承受在不同意識層次
複雜而無法解決之衝突的精神力量，對中國文化和社會現實面
的掌握能力，以及對形式主義的拒斥，在在都使他能面對並清
晰地指出古老的文化成分在後傳統中國社會中的知識和道德意
義。只是，他即使有這些知識的和精神的力量，終究還是無法
超越將傳統與現代二分的形式主義，也無法進一步運用他對於
傳統文化倖存部分所具有的知識和道德價值的「發現」──這
一發現事實上正是對前述二分法的特定而具體的超越。

　　歸根究底而言，魯迅在中國的文化道德秩序解體之後，以
他自己特有的方式受到了一元唯智整體觀的思考模式的影響。
在整體主義的反傳統主義的脈絡裡，他對於倖存的中國文化古
老部分所給予的認可，其實已經到達他藝術視野的極限（outer
limits）。他不僅未能進一步探索超越整體主義的反傳統主義的
可能性，反而被此種「發現」所撕裂，並承受由精神和思想上
的衝突所引發的極度痛苦。[2]

　　由本書研究所得可以看出，對於中國的知識分子來說，相
對比較不困難的是：對於不同的西方觀念和價值加以接納或改
造，並以此作為基礎來改變他們的思想內容成分；這要比改變

2　魯迅在1926年所寫的一篇文章中，鮮明地表露了他對於這些衝突的痛苦：
　　「但自己卻正苦於背上了這些古老的鬼魂，擺脫不開，時常感到一種使人
　　氣悶的沉重……因為我覺得古人寫在書上的可惡的思想，我的心裡也常
　　有。」（魯迅，〈寫在《墳》後面〉，收入《吶喊》，見《魯迅全集》，
　　卷1，頁364。）

他們的思想形態和思考模式來得容易，特別是要比改變那些持續了千百年，已經在中國人的意識中根深柢固的思想模式來得容易。如果五四時期知識分子中的很多領袖人物，都受政治與文化秩序同一性的觀念，以及由傳統衍發而來的一元論唯智整體觀的思想模式所支配，那麼幾個相關的問題將會隨之出現：同樣的傳統力量在當代中國依然繼續起作用嗎？毛澤東受到借思想・文化以解決（政治、社會等）問題的途徑的影響嗎？毛澤東號召改造中國人的本性，同時主張「政治掛帥」，這是否反映了此一將文化道德和政治社會秩序密切整合視為理所當然的傳統思想形態？他反覆推動反傳統（運動）是否與五四時期的整體主義的反傳統主義有所關聯？

若要對毛澤東的意識或意識形態進行完整的討論就超出了本研究的範圍。然而，我發現具有啟發性的是，在文化層面上毛澤東反覆強調了那些用以辨明五四時期特徵的思想：要進行一場以激進攻擊中國傳統為首要之務的文化革命。我們不必借由那些狂熱堅持毛澤東就是披著新袍子的中國皇帝的簡單化理論，或者接受較為複雜的理論家所聲稱的共產中國與傳統歷史間具有言過其實的強力聯結的說法，來意識到毛澤東思想裡有某種延續中國傳統的部分。如今看來相當可能的情況是：毛澤東竭力堅持文化革命和激進反傳統主義的思想，與五四運動的激進遺產有密切的關聯，而後者與中國傳統之間有其特有的聯繫。這個說法並不意味著毛澤東的思想來源在各方面均與五四時期的反傳統主義者相同。毛澤東反覆強調文化革命以及激烈拒斥中國傳統的「上層文化」，無疑源自他人生各階段中政治、經濟、文化和國際關係等複雜因素的交互作用。但無論黨

的路線如何波動、改變、轉向，它們都是不變的主題。

作為馬克思—列寧主義者，毛澤東有時在他明白的陳述中修訂了借思想・文化以解決（政治、社會等）問題的途徑。若認為他所接受的馬列主義不曾對他的意識造成基本的改變，而只是提供修辭而已，這個想法就太天真了。借思想・文化以解決（政治、社會）等問題的途徑，提供了中國馬克思主義者對於馬克思主義所做的唯意志論（極為強調意識的重要性）再詮釋的原初動力。這種詮釋始於毛澤東的導師李大釗，並由毛澤東自己延續效法。[3]

以下的說法相當程度上應該是正確的：第一代中國馬克思主義者對於馬克思主義的理解，符合歐洲馬克思主義正統〔由後期恩格斯和卡爾・考茨基（Karl Kautsky）所傳承〕中的決定論。就他們這種以決定論來理解馬克思主義而言，李大釗和毛澤東所做出的引人注目的唯意志論再詮釋，可以被理解為大體上根源於與本土因素的相互作用。他們對於行動的渴望使得他們對於正統馬克思主義的理解感到不耐煩，因為後者聲稱中國缺乏立即進行社會主義革命的歷史條件。這種急於付諸行動的渴望與其他因素（諸如俄國十月革命所激起的立即轉化世界的千禧年感受）相結合後，很可能經由借思想・文化以解決（政治、社會）等問題的途徑的過濾而獲致（對於馬克思主義的）唯意志論再詮釋。然而，李大釗和毛澤東作為革命的行動者，

3　關於李大釗對於馬克思主義的唯意志論的再詮釋，及其對毛澤東的影響，見Maurice Meisner, *Li Ta-chao and the Origins of Chinese Marxism*（Cambridge, Mass., 1967）。

並不會感到受制於這種要求思想與文化變革優先於社會政治變革的途徑。就某種程度而言，總體形式的借思想・文化以解決（政治、社會）等問題的途徑與整體主義的反傳統主義——五四症候群（如果可以如此形容的話）——有時候很可能會被他們的行動和革命衝動與對於馬克思主義的正統和決定論理解（這有別於他們的再詮釋）之間的互動所修訂。毛澤東或許仍然感到有必要對中國傳統「上層文化」的主導思維加以攻擊；但此種攻擊已不再涉及「上層文化」和通俗文化的所有成分。他很可能繼續強調思想和文化變革的必要性，但不會堅持思想變革絕對優先於社會和政治變革。無論如何，這麼說似乎不會錯：毛澤東把他所強調的文化革命與激烈的反傳統主義相結合作為轉變中國國民性的手段，從而確保社會和政治革命的成功，他在這一點上與五四症候群是血脈相連的。在很可能連毛澤東自己都不能全然察覺的深層意識中，這一點並未喪失它扣人心弦的力量，當他一再堅持文化革命和激烈拒斥中國傳統時，這一點是在他的心上的。

在毛澤東一生中的各種不同階段，每當五四思想症候群以其基本或實質的形式在他的意識中再度獲得確立時，他就準備好盡力對中國傳統的「上層文化」展開整體主義的抨擊。這種激烈的反傳統主義延伸到對西方資產階級（在某個時刻還包括蘇俄）的整體主義攻擊。基於他這種對文化的整體主義觀點，出現了史華慈所稱的一種「無限可能的感受」（sense of infinite possibility）。[4] 這種「無限可能的感受」意味著與中國及其傳統

4　Professor Benjamin I. Schwartz's Hilldale Lecture, entitled "The Crisis of Culture

「上層文化」，以及與西方資產階級文化的決裂，這是中國從
1911年之後持續存在的意識危機的一種結果，也是其原因。它
出自五四反傳統運動初期所形成的文化整體主義的觀點，並在
文化領域裡開啟了一種完全地湧動著的並可能造成重大而持續
動盪的情勢。

毛主席和他國內外的仰慕者因為此種無限可能的感受而
激起了浪漫的自由感覺，相信未來是完全朝他們開放的。事實
上，這種感受加劇了中國文化的危機。如本研究所指出的，透
過形式主義的方式來思索解決之道，或者是低估文化問題的複
雜性，都使這一危機很難得到解決和安置。更有甚者，這是源
於毛澤東沒有能力在中國傳統解體後超越千百年來的中國傳統
力量，而非源於對後傳統中國的文化失序所做的創造性回應。

在引導中國走向政治的與（很大程度上的）社會革命方面
的成功上，毛澤東曾經是個偉大的英雄。或許一些毛澤東的仰
慕者樂於預言未來毛式文化革命將會成功。5 關於此種預測，從

---

in Twentieth-Century China," delivered at the University of Wisconsin-Madison,
on April 23, 1974.

5　自從1976年毛澤東過世和「四人幫」垮台以後，北京的文化教育政策在對
　　待中國歷史上，已表現出多少較為靈活的態度。1978年初，新聞報刊上流
　　傳著一些報導，意味著正在為孔子「平反」。基於延陵於1978年第1期的
　　《歷史研究》上發表的〈關於孔丘誅少正卯〉一文（頁63-76），香港的一
　　些中國知識分子也認為正是如此。見徐復觀，〈悼唐君毅先生〉（《明報
　　月刊》，1978年3月）。1978年6月，美聯社根據《北京週報》所刊載Mu
　　Shih的文章"Research Work in Philosophy and Social Science Unshackled"報
　　導：「在遭受十年批判之後，中國共產黨人已為孔子昭雪，這是清除黨中
　　極左分子以來的變化的另一證明。」（Wisconsin State Journal, Section 5, p.
　　12〔June 11, 1978〕）但是，如果仔細閱讀這些孔子獲得平反說法的原始材

他不斷敦促進行文化革命的做法所顯示出的對於失敗的焦慮看來，毛主席可能就是首先持保留態度的人。目前仍有待觀察的是：究竟是毛對於未來的無限可能的觀點有助於解決或處理中國文化的危機，或者是將會出現一個多元而實質的解決途徑來面對文化問題的具體內容。後者正是本研究的要旨所在，並且從長遠來看將可能提供更為切實可行的方式，用以創造性地解決或安置（solution or settlement）中國意識的危機。[6]

料，我們可以看出它們並沒有根本脫離五四整體主義的反傳統主義的意識形態的影響。上述的《北京週報》及延陵的文章都可以說明這一點。在整體主義的反傳統主義的架構內，過去諸多有積極作用的層面當然可以被承認（如果它們被認為相合於一個一般性或形式上的分類），因為過去五四反傳統主義者也經常這麼做。但就這些晚近的材料來看，這些「積極的」價值並沒有實質上的定義。實際上，延陵的文章主要是對「四人幫」反孔的諷刺；文中並沒有為孔子做任何實質性的昭雪，而是指出儒家和法家一樣都具有殘酷性和壓迫性，只是儒家更為狡猾一點。當然，未來將會如何發展目前尚難預料。但是僅就現有的材料而言，五四整體主義的反傳統主義的遺緒猶未走完它的道路。另見金景芳，〈論儒法〉（《歷史研究》，1977）；任繼愈，〈秦漢的統一與哲學思想的變革〉（《歷史研究》，1977）。

6　在本書結束時，也許也宜於在此加上一項多少帶著個人性質的說明：雖然五四反傳統主義知識分子有他們的局限性（其中部分來自他們所處的歷史時代和他們自身的背景，而幾乎難以避免），五四時期仍是一個充滿希望和啟蒙的時代；其間，反傳統的知識分子對於中國過去的錯誤、不公正和苦難真正充滿激憤並因而奮起，他們真誠地相信通過知識的解放可以對社會和文化遺產有所作為。在某些方面，他們的「知識」變成了誤解，他們的整體主義的反傳統主義也成了教條。但是，他們獻身於剷除中國傳統中的罪惡和陳腐的真誠嚴肅態度，卻是值得尊敬的。在一層意義上說，他們熱忱地獻身於激進的目標，完全無視各種客觀和主觀因素的限制，這使他們容易招致理性的批判。然而從另一方面看，他們激進地拒斥中國遺產的做法，也掃清了許多妨害解決現代中國問題的邪惡勢力或毫無用處的思想

和實踐。此外，從邁克爾‧波蘭尼對獻身與創造力相互關係的認識論洞見
上看（Michael Polanyi, *Personal Knowledge: towards a Post-critical Philosophy*
〔Chicago: University of Chicago Press, 1958〕, pp. 299-324；Michael Polanyi
and Harry Prosch, *Meaning*〔Chicago: University of Chicago Press, 1975〕），
致力於激進的反傳統主義是反傳統文學取得偉大成就的基本因素之一，魯
迅就是一例。正是出於對五四運動的部分偉大人物抱著這樣的尊敬，我決
定遵循理性分析的道路找出它的意涵，以期我的研究不僅能為理解現代史
上這一關鍵的時期提供一些基礎，而且也能為中國知識和中國文化的未來
發展指出一個恰當且可行的方向，這一發展將包含以徹底理解和嚴謹分析
為基礎的中西思想和價值之間的互動。

與20世紀中國歷史的其他時期相比較，五四時期的知識分子雖然有時受到
政治的壓制，相對而言在追求自己的思想上還是自由的，其中主要因為當
時還沒有對思想實行系統的政治和意識形態控制和操縱。他們利用了這一
珍貴的思想自由時期；他們的某些作品就是這一時期所具有的價值的見
證。就這個意義來說，五四時期是現代中國思想史上最美好的時期。中國
知識分子在不忘記過去的局限性和成就的同時，現在必須做的工作不是要
整體地拒斥中國傳統，而是要創造性地轉變中國傳統。如欲就結構面理解
古典儒學的哲學上的連貫性和模糊處，參看Lin Yü-sheng, "The Evolution
of the Pre-Confucian Meaning of *Jen* and the Confucian Concept of Moral
Autonomy," *Monumenta Serica*, 31: 172-204 (1974-1975)。

參考文獻

中文書目

〈安徽愛國會之成就〉，《蘇報》（1903年5月25日），頁1-2。

丁文江編，《梁任公先生年譜長編初稿》，台北：世界書局，1958。

毛澤東，〈新民主主義論〉，《毛澤東選集》，卷2。北京：人民出版社，1966（英譯收於 *Selected Works of Mao Tse-tung II*, Peking, Foreign Languages Press, 1961-1965）。

王先謙編，《荀子集解》，台北：世界書局，1962。

王陽明，〈王文成公全書〉，收入《四部叢刊》。

———，〈傳習錄〉，《王文成公全書》。

———，〈大學問〉，《王文成公全書》，卷26，頁2-10b。

王瑤，〈魯迅對於中國文學遺產的態度和他所受中國文學的影響〉，收於《魯迅與中國文學》，上海：平明出版社，1952，頁1-59。

石峻編，《中國近代思想史參考資料簡編》，北京：三聯書店，1957。

任繼愈，〈秦漢的統一與哲學思想的變革〉，《歷史研究》
　　1977年第6期，頁62-70。

朱熹，《孟子集注》，收於《四部備要》。

───，李光地等校，《古香齋朱子全書》。

───，《朱子文集》，朱在、余師魯等編，收於《四部備
　　要》，題名為《朱子大全》。

江永集注，朱熹、呂祖謙撰，《近思錄集注》，1844。

西諦編，《北平箋譜》，北京，1934。

西諦（鄭振鐸），《吶喊》，收入李何林編《魯迅論》，頁197-
　　199。

何之瑜編，〈獨秀著作年表〉，《獨秀叢著》。Gallery proofs
　　（gift of Hu Shih）. Washington, D.C.: Library of Congress.
　　頁1-6。

余英時，〈反智論與中國政治傳統〉，收入《歷史與思想》，
　　新北：聯經出版公司，1976，頁1-46。

吳虞，《吳虞文錄》，上海：亞東圖書館，1921。

李大釗，《李大釗選集》，北京：人民出版社，1959。

李汝珍，《鏡花緣》，上海：亞東圖書館，1923。

李何林編，《魯迅論》，上海：北新書局，1930。

李劍農，《中國近百年政治史》，上海：商務印書館，1947。

李銳，《毛澤東同志的初期革命活動》，北京：中國青年出版
　　社，1957。

汪淑潛，〈新舊問題〉，《新青年》，卷1，第1號文4，頁1-4。

赤光，〈陳獨秀的生平及其政治主張〉，收入陳東曉編，《陳
　　獨秀評論》，北平：東亞書局，1933。

周作人，〈隨感錄二十四〉，《新青年》，卷5，第3號（1918年9月15日），頁286-290。

──，〈隨感錄三十四〉，《新青年》，卷5，第5號（1918年10月15日），頁409-412。

──，〈西洋也有臭蟲〉，《獨立評論》107號（1934年7月1日），頁12。

──，〈關於魯迅〉，《瓜豆集》，上海：宇宙風社，1937，頁212-226。

──，〈關於魯迅之二〉，《瓜豆集》，頁230-243。

──，《知堂回想錄》，香港：三育圖書出版公司，1970。

──，〈阿Q正傳〉，收入曹聚仁《魯迅年譜》，頁193-196。

周遐壽，《魯迅小說裡的人物》，上海，1954。

──，《魯迅的故家》，香港：大通書局，1962。

屈萬里，《小屯（第二本）：殷虛文字甲編考釋》，台北：中央研究院歷史語言研究所，1961。

延陵，〈關於孔丘誅少正卯〉，《歷史研究》1978年第1期，頁63-65。易白沙，《孔子平議》，《新青年》，卷1，第6號文3（1916年2月1日），頁1-6及卷2，第1號文4（1916年9月1日），頁1-6。

林辰，《魯迅的婚姻生活》，《魯迅事蹟考》，上海：開明書店，1948。

金景芳，〈論儒法〉，《歷史研究》，1977年第5期，頁84-91。

侯外廬等編，《柳宗元哲學選集》。北京：中華書局，1964。

胡厚宣，〈釋「余一人」〉，《歷史研究》，1957年第1期，頁

75-78。

胡頌平，〈胡適先生年譜簡編〉，《大陸雜誌》卷43，第1期
　　（1971），頁1-33。

胡適，〈文學改良芻議〉，《胡適文存》（上海：亞東圖書
　　館。集1，卷4，1921；集2，卷4，1924；集3，卷4，
　　1930）集1，卷1，頁7-24。

———，〈歷史的文學觀念論〉，《胡適文存》，集1，卷1，
　　頁45-49。

———，〈建設的文學革命論〉，《胡適文存》，集1，卷1，
　　頁71-96。

———，〈歸國雜感〉，《新青年》，卷4，第1號（1918），
　　頁20-27；或《胡適文存》，集1，卷4，頁1-12。

———，〈介紹新出版物〉，《每週評論》36期（1919），頁4
　　（Microfilm. Stanford, Hoover Library）。

———，〈清代學者的治學方法〉，《胡適文存》，集1，卷
　　2，頁205-246。

———，〈科學與人生觀序〉，《胡適文存》，集2，卷2，頁
　　1-28。

———，〈讀梁漱溟先生的東西文化及其哲學〉，《胡適文
　　存》，集2，卷2，頁57-85。

———，〈我的歧路〉，《胡適文存》，集2，卷3，頁91-101。

———，〈鏡花緣的引論〉，《胡適文存》，集2，卷4，頁119-
　　168。

———，〈名教〉，《胡適文存》，集3，卷1，頁91-107。

———，〈陳獨秀與文學革命〉，收入陳東曉，《陳獨秀評

論》。

———，《胡適論學近著》，上海：商務印書館，1935。

———，〈信心與反省〉，《胡適論學近著》，頁479-485。

———，〈再論信心與反省〉，《胡適論學近著》，頁486-492。

———，〈三論信心與反省〉，《胡適論學近著》，頁493-499。

———，〈試評所謂「中國本位的文化建設」〉，《胡適論學近著》，頁552-557。

———，《四十自述》，台北：遠東圖書公司，1954。

———，《胡適留學日記》，新北：臺灣商務印書館，1959。曹伯言整理，《胡適日記全集》全10冊，新北：聯經出版公司，2004。

茅盾，〈魯迅論〉，收入曹聚仁《魯迅年譜》，頁197-229。

唐俟，〈隨感錄四十一〉，《新青年》，卷6，第1號（1919年1月15日），頁68-69。

———，〈察拉圖斯忒拉的序言〉，《新潮》，卷5，第2期（1920年6月1日），頁954-973。

唐德剛譯注，《胡適口述自傳》，台北：傳記文學，1986。

孫伏園，《魯迅先生二三事》，上海：作家書屋，1945。

徐復觀，《悼唐君毅先生》，《明報月刊》卷13，第3期（1978年3月），頁14-15。

康有為，《南海康先生自編年譜》，收錄於*K'ang Yu-wei: A Biography and a Symposium*, tr. and ed. Lo Jung-pang. Tucson, University of Arizona Press, 1967。

———，《康子內外篇》（1886-1887）。Microfilm. Stanford: Hoover Library.

張定璜，《魯迅先生》，收入曹聚仁《魯迅年譜》，香港：三育圖書文具公司，1967，頁278-290。

曹聚仁，《魯迅評傳》，香港：世界出版社，1956。

———，《魯迅年譜》，香港：三育圖書文具公司，1967。

———，《周曹通信集》（全2冊）。香港：南天書業公司，1973。

梁啟超，《飲冰室合集》，上海：中華書局，1936。《專集》，24冊；《文集》，16冊。

———，《變法通議》，《飲冰室合集》，《文集》冊1。

許壽裳，《我所認識的魯迅》，北京：人民文學出版社，1952。

———，《亡友魯迅印象記》，北京：人民文學出版社，1953。

———，〈屈原與魯迅〉，《亡友魯迅印象記》，頁5-8。

許廣平編，《魯迅譯著書目》，收入《魯迅先生紀念集》，上海：魯迅紀念委員會，1937，頁1-11。

———，《魯迅書簡》全2冊，上海：魯迅全集出版社，1946。

郭沫若，〈莊子與魯迅〉，《今昔蒲劍》，上海：海燕書局，1947，頁275-296。

郭慶藩，《校正莊子集釋》，台北：世界書局，1962。

陳鼓應，《老子今注今譯》，新北：臺灣商務印書館，1972。

陳獨秀（陳由己），〈安徽愛國會演說〉，《蘇報》（1903年5月26日），頁2-3。

———，〈愛國心與自覺心〉，《甲寅雜誌》，卷1，第4號（1914年11月），頁1-6。

———，〈社告〉，《新青年》（東京：汲古書院，1970-1971），卷1，第1號（1915年9月15日），頁1。

———，〈敬告青年〉，《獨秀文存》（上海：亞東圖書館，1922，全3冊），第1冊，頁1-10。

———，〈抵抗力〉，《獨秀文存》，第1冊，頁27-34。

———，〈一九一六年〉，《獨秀文存》，第1冊，頁41-47。

———，〈駁康有為致總統總理書〉，《獨秀文存》，第1冊，頁95-101。

———，〈憲法與孔教〉，《獨秀文存》，第1冊，頁103-112。

———，〈孔子之道與現代生活〉，《獨秀文存》，第1冊，頁113-124。

———，〈舊思想與國體問題〉，《獨秀文存》，第1冊，頁147-151。

———，〈復辟與尊孔〉，《獨秀文存》，第1冊，頁161-168。

———，〈答常乃悳〉，《獨秀文存》，第3冊，頁24-28。

———，〈答佩劍青年〉，《獨秀文存》，第3冊，頁47-49。

———，〈實庵自傳〉，重刊於《傳記文學》，卷5，頁3（1964），頁55-58。

喬峰（周建人），《略講關於魯迅的事情》，北京：人民文學出版社，1954。

嵇康，魯迅編，〈嵇康集〉，收於《魯迅三十年集》，第5冊，上海：魯迅全集出版社，1941。

馮自由，《革命逸史》，上海：商務印書館，1939。

葛洪，〈抱朴子〉，收於《四部備要》。

董仲舒，〈春秋繁露〉，收入《四部叢刊》。

歐榘甲，〈論中國變法必自發明經學始〉，《知新報》第38期
　　　（1897年11月1日）。

魯迅，〈自序〉，《吶喊》，收於《魯迅全集》（北京：人民
　　　文學出版社，1956，全10卷），卷1，頁3-8。

───，〈狂人日記〉，《吶喊》，收於《魯迅全集》，卷1，
　　　頁9-19。

───，〈明天〉，《吶喊》，收於《魯迅全集》，卷1，頁35-
　　　42。

───，〈故鄉〉，《吶喊》，收於《魯迅全集》，卷1，頁61-
　　　71。

───，〈阿Q正傳〉，《吶喊》，收於《魯迅全集》，卷1，
　　　頁72-114。

───，〈文化偏至論〉，《墳》，收於《魯迅全集》，卷1，
　　　頁179-193。

───，〈摩羅詩力說〉，《墳》，收於《魯迅全集》，卷1，
　　　頁194-234。

───，〈看鏡有感〉，《墳》，收於《魯迅全集》，卷1，頁
　　　300-303。

───，〈燈下漫筆〉，《墳》，收於《魯迅全集》，卷1，頁
　　　309-316。

───，〈論睜了眼看〉，《墳》，收於《魯迅全集》，卷1，
　　　頁328-332。

───，〈從鬍鬚說到牙齒〉，《墳》，收於《魯迅全集》，

卷1，頁333-341。

───，〈寫在《墳》後面〉，《墳》，收於《魯迅全集》，
卷1，頁360-365。

───，〈隨感錄三十八〉，《新青年》，卷5，第5號（1918
年10月15日〔原文如此，應為11月〕），頁515-518；重
刊於《熱風》，收於《魯迅全集》，卷1，頁387-390。

───，〈祝福〉，《徬徨》，收於《魯迅全集》，卷2，頁
5-22。

───，〈在酒樓上〉，《徬徨》，收於《魯迅全集》，卷2，
頁23-34。

───，〈希望〉，《野草》，收於《魯迅全集》，卷2，頁
170-171。

───，〈過客〉，《野草》，收於《魯迅全集》，卷2，頁
179-185。

───，〈二十四孝圖〉，《朝花夕拾》，收於《魯迅全
集》，卷2，頁232-238。

───，〈父親的病〉，《朝花夕拾》，收於《魯迅全集》，
卷2，頁257-262。

───，〈藤野先生〉，《朝花夕拾》，收於《魯迅全集》，
卷2，頁271-277。

───，〈忽然想到〉，《華蓋集》，收於《魯迅全集》，卷
3，頁10-15。

───，〈通訊〉，《華蓋集》，收於《魯迅全集》，卷3，頁
16-22。

───，〈《阿Q正傳》的成因〉，《華蓋集續編》，收於《魯

迅全集》，卷3，頁279-286。

——，〈自選集自序〉，《南腔北調集》，收於《魯迅全集》，卷4，頁347-349。

——，〈我怎麼做起小說來〉，《南腔北調集》，收於《魯迅全集》，卷4，頁392-395。

——，〈答《戲》週刊編者信〉，《且介亭雜文》，收於《魯迅全集》，卷6，頁112-116。

——，〈寄《戲》週刊編者信〉，《且介亭雜文》，收於《魯迅全集》，卷6，頁117-118。

——，〈《中國新文學大系》小說二集序〉，《且介亭雜文二集》，收於《魯迅全集》，卷6，頁189-208。

——，〈關於太炎先生二三事〉，《且介亭雜文末編》，收於《魯迅全集》，卷6，頁442-445。

——，〈因太炎先生而想起的二三事〉，《且介亭雜文末編》，收於《魯迅全集》，卷6，頁449-453。

——，〈俄文譯本《阿Q正傳》序及著者自敘傳略〉，《集外集》，收於《魯迅全集》，卷7，頁77-82。

——，〈別諸弟〉，《集外集拾遺》，收於《魯迅全集》，卷7，頁713、720。

——，〈挽丁耀卿聯〉，《集外集拾遺》，收於《魯迅全集》，卷7，頁721。

——，〈中國小說史略〉，收於《魯迅全集》，卷8，頁3-251。

——，〈漢文學史綱要〉，收於《魯迅全集》，卷8，頁255-309。

───，〈兩地書〉，收於《魯迅全集》，卷9，頁3-275。

───，《魯迅日記》全2冊，北京：人民文學出版社，1959。

蕭公權，《中國政治思想史》，台北：中華文化出版事業委員
　　會，1954。

錢德洪，〈王陽明年譜〉，《王文成公全書》，收於《四部叢
　　刊》。

錢穆，《中國近三百年學術史》，上海：商務印書館，1937。

鮑家麟，〈李汝珍的男女平等思想〉，《食貨月刊》，卷1，第
　　12期（1972年3月），頁12-21。

戴震，〈1777年5月30日與段玉裁書〉，收入胡適《戴東原的哲
　　學》，新北：臺灣商務印書館，1967。

曙天，〈訪魯迅先生〉，收入曹聚仁《魯迅年譜》，頁262-
　　264。

羅家倫，〈一年來我們學生運動底成功失敗和將來應取的方
　　針〉，《新潮》，卷4，第2期（1920年5月1日），頁846-
　　861。

譚嗣同，《譚嗣同全集》，北京：三聯書店，1954。

───，〈思緯壹壺台短書──報貝元征〉，收入石峻編《中
　　國近代思想史參考資料簡編》，頁531-571。

蘇雪林，〈《阿Q正傳》及魯迅創作的藝術〉，收入曹聚仁《魯
　　迅年譜》，頁230-253。

顧炎武，《日知錄》，台北：世界書局，1962。

───，《國民日日報》。

英文書目

Balazs, Etienne. *Chinese Civilization and Bureaucracy*, tr. H. M. Wright. New Haven, Yale University Press, 1964.

Bellah, Robert. "Epilogue," in Robert Bellah, ed., *Religion and Progress in Modern Asia*. New York, Free Press, 1965.

Boorman, Howard L., ed. B*iographical Dictionary of Republican China*. 4 vols. New York, Columbia University Press, 1967-1971.

Chan Wing-tsit. *A Source Book in Chinese Philosophy*. Princeton, Princeton University Press, 1963.

——tr. *Instructions for Practical Living and Other Neo-Confucian Writings* by Wang Yang-ming. New York, Columbia University Press, 1963.

——tr. *The Way of Lao Tzu. Indianapolis*, Bobbs-Merrill, 1963.

Chang Hao. *Liang Ch'i-ch'ao and Intellectual Transition in China, 1890-1907*. Cambridge, Mass., Harvard University Press, 1971.

Ch'en, *Jerome. Mao and the Chinese Revolution*. New York and London, Oxford University Press, 1965.

——*Yuan Shih-k'ai*. 2nd ed. Stanford, Stanford University Press, 1972.

Chih Yü-ju. "Ch'en Tu-hsiu: His Career and Political Ideas," in Chün-tu Hsüeh, ed., *Revolutionary Leaders of Modern China*, pp. 335-366. London and New York, Oxford University Press, 1971.

Chinnery, J. D. "The Influence of Western Literature on Lu Xun's 'Diary of a Madman'," *Bulletin of the School of Oriental and African Studies*, 23: 309-322（1960）.

Chow Tse-tsung. *The May Fourth Movement.* Cambridge, Mass., Harvard University Press, 1960.

——"The Anti-Confucian Movement in Early Republican China," in A. F. Wright, ed., *The Confucian Persuasion.* Stanford, Stanford University Press, 1960.

Chu Hsi and Lü Tsu-ch'ien, comps. *Reflections on Things at Hand*, tr. Wing-tsit Chan. New York, Columbia University Press, 1967.

Conkin, Paul K. *Puritans and Pragmatists.* New York, Dodd, Mead, 1968.

Creel, H. G. *The Birth of China.* New York, Reynal and Hitchcook, 1937. reprint ed., New York, Ungar, 1954.

de Bary, Wm. T. et al., comps. *Sources of Chinese Tradition.* 2 vols. New York, Columbia University Press, 1964.

Dewey, John. *How We Think.* Boston, D. C. Heath, 1910.

——*Essays in Experimental Logic.* Chicago, University of Chicago Press, 1916.

——"The Sequel of the Student Revolt," *New Republic*, 21. 273: 380-382（February 25, 1920）.

——"New Culture in China,"in his *Characters and Events*, ed. Joseph Ratner. 2 vols. New York, Henry Holt, 1929.

Eisenstadt, S. N."Transformation of Social, Political and Cultural Orders in Modernization," *American Sociological Review*, 30. 5:

650-673（October 1965）.

——*Modernization: Protest and Change.* Englewood Cliffs, N. J., Prentice-Hall, 1966.

——"The Protestant Ethic Thesis in an Analytical and Comparative Frame work," in S. N. Eisenstadt, ed., *Protestant Ethic and Modernization.* New York, Basic Books, 1968.

——"The Development of Sociological Thought,"in *International Encyclopedia of the Social Sciences.* New York, Macmillan and Free Press, 1968.

——"Introduction: Charisma and Institution Building, Max Weber and Modern Sociology,"in S. N. Eisenstadt, ed., *Max Weber on Charisma and Institution Building.* Chicago, University of Chicago Press, 1968.

Emerson, Rupert. *From Empire to Nation.* Boston, Beacon Press, 1962.

Ferguson, Adam. *An Essay on the History of Civil Society.* London, 1767.

Fung Yu-lan. *A History of Chinese Philosophy*, tr. Derk Bodde. 2 vols. Princeton, Princeton University Press, 1952-1953.

——A Short History of Chinese Philosophy. New York, Macmillan, 1960. Geertz, Clifford."Ideology as a Cultural System,"in his *Interpretation of Cultures.* New York, Basic Books, 1973.

Grieder, Jerome B. *Hu Shih and the Chinese Renaissance.* Cambridge, Mass., Harvard University Press, 1970.

Haimson, Leopold H. *The Russian Marxists and the Origins of*

Bolshevism. Cambridge, Mass., Harvard University Press, 1955.

Hayek, F. A. *Studies in Philosophy, Politics and Economics.* Chicago, University of Chicago Press, 1967.

Hofstadter, Richard. *Social Darwinism in American Thought.* 2nd ed. rev. Boston, Beacon Press, 1955.

Howard, Richard C. "K'ang Yu-wei（1858-1927）: His Intellectual Background and Early Thought,"in A. F. Wright and D. Twitchett, eds., *Confucian Personalities.* Stanford, Stanford University Press, 1962.

Hsia Tsi-an. *The Gate of Darkness.* Seattle, University of Washington Press, 1968.

Hsiao Kung-ch'üan."K'ang Yu-wei and Confucianism," *Monumenta Serica*, 18: 173（1959）.

——*A Modern China and a New World: K'ang Yu-wei, Reformer and Utopian*, 1858-1927. Seattle, University of Washington Press, 1975.

Hu Shih."The Confucianist Movement in China,"*The Chinese Students' Monthly*, 9.7: 533-536（May 1914）.

——*The Development of the Logical Method in Ancient China.* 上海：亞東圖書館，1922。

——"The Civilizations of the East and the West,"in C. A. Beard, ed., *Whither Mankind.* New York, Longmans, Green, 1928.

——"Conflicts of Cultures,"*The China Christian Year Book*, 1929, pp. 112-121. Shanghai, Christian Literature Society, 1930.

——"My Credo and Its Evolution,"in *Living Philosophies*. New

York, Simon and Schuster, 1931.

——Unpublished diaries, 1921-1935. Microfilm. New York, Archives of the Oral History Project, Columbia University.

——"The Indianization of China,"*Independence, Convergence and Borrowing in Institution, Thought and Art*, pp. 219-247. Harvard Tercentenary Publications. Cambridge, Mass., Harvard University Press, 1937.

——"Historical Foundations for a Democratic China,"in *E. J. James Lectures on Government*, 2nd series, pp. 53-64. Urbana, University of Illinois Press, 1941.

——"Dr. Hu Shih's Personal Reminiscences," interviewed, compiled and edited by Te-kong Tong, with Dr. Hu's corrections in his own handwriting, 1958. Typescript. New York, Department of Special Collections, Butler Library, Columbia University.

——"The Scientific Spirit and Method in Chinese Philosophy,"in Charles A. Moore, ed., *Philosophy and Culture-East and West.* Honolulu, University of Hawaii Press, 1962.

——"The Chinese Tradition and the Future,"*Sino-American Conference on Intellectual Cooperation: Reports and Proceedings*, pp. 13-22. Seattle, Department of Publications and Printing, University of Washington, 1962.

Kagan, Richard C."Ch'en Tu-hsiu's Unfinished Autobiography," *The China Quarterly*, 50: 295-314（April-June 1972）.

——"The Chinese Trotskyist Movement and Ch'en Tu-hsiu: Culture, Revolution, and Polity." Ph. D. diss., University of

Pennsylvania, 1969.

Karlgren, Bernard, tr. *The Book of Odes*. Stockholm, reprinted from Bulletin No. 22, Museum of Far Eastern Antiquities, 1950.

——tr. *The Book of Documents*. Stockholm, Museum of Far Eastern Antiquities, 1950.

Keightley, David N."Legitimation in Shang China."Mimeographed. Conference on Legitimation of Chinese Imperial Regimes, Asilomar, June 15-24, 1975.

Kuo, Thomas C. *Ch'en Tu-hsiu（1879-1942）and the Chinese Communist Movement*. South Orange, N. J., Seton Hall University Press, 1975. Langer, Susanne K. Philosophy in a New Key. 4th ed. Cambridge, Mass., Harvard University Press, 1960.

Lasker, Bruno, ed. *Problems of the Pacific*, 1931. Proceedings of the Fourth Conference of the Institute of Pacific Relations, Hangchow and Shanghai, China, October 21 to November 2. Chicago, University of Chicago Press, 1932.

Lau, D. C. "Theories of Human Nature in Mencius and Shyuntzyy," *Bulletin of the School of Oriental and African Studies*, 15: 541-565（1953）.

——tr. *Lao Tzu Tao Te Ching*. Harmondsworth, England, Penguin Books, 1963.

Legge, James, tr. *Chinese Classics*. 2nd ed. rev. Oxford, Clarendon Press, 1895; 3rd ed. Hong Kong, Hong Kong University Press, 1960.

Levenson, Joseph R. *Confucian China and Its Modern Fate*. 3 vols. Berkeley, University of California Press, 1958-1965.

——Liang Ch'i-ch'ao and the Mind of Modern China. Cambridge, Mass., Harvard University Press, 1959.

Liang Ch'i-ch'ao. *Intellectual Trends in the Ch'ing Period*, tr. Immanuel C. Y. Hsü. Cambidge, Mass., Harvard University Press, 1959.

Lin Yü-sheng."Radical Iconoclasm in the May Fourth Period and the Future of Chinese Liberalism," in Benjamin I. Schwar tz, ed., *Reflections on the May Fourth Movement*. Cambridge, Mass., East Asian Research Center, Harvard University, 1972.

——"The Evolution of the Pre-Confucian Meaning of *Jen* and the Confucian Concept of Moral Autonomy,"*Monumenta Serica*, 31: 172-204（1974-75）.

——"The Suicide of Liang Chi: An Ambiguous Case of Moral Conservatism," in Charlotte Furth, ed., *The Limits of Change: Essays on Conservative Alternatives in Republican China*. Cambridge, Mass., Harvard University Press, 1976.

Lovejoy, Arthur O. *The Great Chain of Being: A Study of the History of an Idea*. New York, Harper and Row, Harper Torchbooks, 1960.

Lyell, William A., *Jr. Lu Hsün's Vision of Reality*. Berkeley, University of California Press, 1976.

Meisner, Maurice. *Li Ta-chao and the Origins of Chinese Marxism*. Cambridge, Mass., Harvard University Press, 1967.

Mu Shih."Research Work in Philosophy and Social Sciences Unshackled," *Peking Review*, 21.19: 16-18, 21（May 12, 1978）.

P'an Kuang-tan（潘光旦）."Book Review," *China Critic*, 3.9: 210-211（February 27, 1930）.

Parsons, Talcott. *The Structure of Social Action.* Glencoe, Ill., Free Press, 1949.

Polanyi, Michael. *Personal Knowledge: Towards a Post-Critical Philosophy.* Chicago, University of Chicago Press, 1958.

——and Harry Prosch. *Meaning.* Chicago, University of Chicago Press, 1975.

Popper, K. R. *The Open Society and Its Enemies.* 4th ed. rev. 2 vols. New York, Harper and Row, Haper Torchbooks, 1963.

Poussin, L. de la Vallée."Karma," in James Hastings, ed., *Encyclopedia of Religion and Ethics*, VII. New York, Scribner's, 1915, repr. 1955.

Průušek, Jaroslav."A Confrontation of Traditional Oriental Literature with Modern European Literature in the Context of the Chinese Literary Revolution," in Leon Edel, ed., *Literary History and Literary Criticism.* New York, New York University Press, 1965.

——"Some Marginal Notes on the Poems of Po Chü-i,"in his *Chinese History and Literature.* Prague, Academia, 1970.

Pulleyblank, E. G."Neo-Confucianism and Neo-Legalism in T'ang Intellectual Life, 755-805," in Arthur F. Wright, ed., *The Confucian Persuasion.* Stanford, Stanford University Press,

1960.

Ryle, Gilbert. *The Concept of Mind*. New York, Barnes and Noble, University Paperbacks, 1949.

Schram, Stuart. *Mao Tse-tung*. Rev. ed. New York, Simon and Schuster, 1969.

——*The Political Thought of Mao Tse-tung*. Rev. ed. New York, Praeger, 1969.

Schwartz, Benjamin I."Ch'en Tu-hsiu and the Acceptance of the Modern West,"*Journal of the History of Ideas*, 12.1: 61-74 （January 1951）.

——"The Intellectual History of China: Preliminary Reflections," in John K. Fairbank, ed., *Chinese Thought and Institutions*. Chicago, University of Chicago Press, 1957.

——"Some Polarities in Confucian Thought," in D. S. Nivison and A. F. Wright, eds., *Confucianism in Action*. Stanford, Stanford University Press, 1959.

——*In Search of Wealth and Power: Yen Fu and the West*. Cambridge, Mass., Harvard University Press, 1964.

——"The Chinese Perception of World Order, Past and Present," in John K. Fairbank, ed., *The Chinese World Order*. Cambridge, Mass., Harvard University Press, 1968.

Shih, Vincent Y. C."A Talk with Hu Shih," *The China Quarterly*, 10: 149-165 （April-June 1962）.

Shils, Edward."Ideology and Civility,"in his *The Intellectuals and the Powers and Other Essays*. Chicago, University of Chicago

Press, 1972.

——"Center and Periphery,""Charisma," and "Charisma, Order, and Status," in his *Center and Periphery: Essays in Macrosociology.* Chicago, University of Chicago Press, 1975.

Snow, Edgar. *Red Star Over China.* 1st rev. and enlarged ed. New York, Grove Press, 1968.

Teng, Ssu-yü and John K. Fairbank. *China's Response to the West.* Cambridge, Mass., Harvard University Press, 1954.

Tocqueville, Alexis de. *Democracy in America*, ed. P. Bradly. New York, Vintage Books, 1954.

Wang Chi-chen, tr. *Ah Q and Others.* New York, Columbia University Press, 1941.

Watson, Burton, tr. *The Complete Works of Chuang Tzu.* New York, Columbia University Press, 1968.

Weber, Max. *The Methodology of the Social Sciences*, tr. Edward A. Shils and Henry A. Finch. New York, Free Press, 1949.

——*The Protestant Ethic and the Spirit of Capitalism*, tr. Talcott Parsons. New York, Scribner's, 1958.

White, Morton. *Social Thought in America.* Boston, Beacon Press, 1957.

Wilhelm, Hellmut."Chinese Confucianism on the Eve of the Great Encounter," in M. B. Jansen, ed., *Changing Japanese Attitudes Toward Modernization.* Princeton, Princeton University Press, 1965.

Yang, Gladys, ed. and tr. *Silent China: Selected Writings of Lu Xun.*

London, Oxford University Press, 1973.

Yang, Hsien-yi and Gladys Yang, eds. and trs. *Selected Works of Lu Hsün*. 4 vols. Peking, Foreign Languages Press, 1956-1961.

Young, Ernest P. "The Hung-hsien Emperor as a Modernizing Conservative," in Charlotte Furth, ed., *The Limits of Change: Essays on Conservative Alternatives in Republican China*.

——*The Presidency of Yüan Shih-k'ai: Liberalism and Dictatorship in Early Republican China*. Ann Arbor, University of Michigan Press, 1977.

附錄一

我研究魯迅的緣起

林毓生／口述
嚴搏非／整理

2016年是魯迅逝世80周年，吳琦幸兄徵得林毓生先生的同意，欲將林先生著述中關於魯迅的章節和另兩篇有關魯迅的專論合成一冊，以《林毓生論魯迅》單獨出版。

林先生在討論中國現代思想的危機時，認為魯迅是一個非常重要的、代表了中國思想在現代環境中最深刻矛盾的人物，但由於在林先生的研究中魯迅的思想是被納入中國思想的整體危機之中去的，因而其中的魯迅研究本身，反倒沒有得到充分的注意，而這一部分本來完全可以獨立出來，成為與一般文學研究領域迥然不同的、當代最重要也最深刻的魯迅研究的，故而琦幸兄的提議我自然十分贊成。

然而，還缺一個序。我希望林先生能講講他是如何遭遇魯迅的，並以口述的方式完成這個序。這樣，我們或許僅需幾天的時間。否則，以林先生一向的「比慢」精神，這冊書能否在2016年出版就完全不知道了。我沒有料到，林先生會講這麼

一個單純卻又不失曲折的故事，而這個故事的結局所指向的不僅是後面的三篇魯迅研究，還包含著林先生對魯迅最重要的認識。林先生說：「魯迅精神上的極度矛盾，反映的正是現代中國精神中最深刻的危機。」

下面，就是林先生為數兩次、每次兩個小時的口述，由我本人整理。

嚴搏非

2016年6月12日

我和中國文化的最初接觸，是我的母親。

我出生在一個相當富裕的家庭，但我母親，卻經歷過非常艱困貧寒的生活。我的外祖父闖關東，得了癆病（肺病），不到五十歲就去世了。外祖母一個人帶著五個女兒和一個弱智的男孩在山東黃縣農村生活，非常艱苦，每年一家人只有兩斤油，幾個女孩很小就要勞作，織髮網換錢。所以雖然我在富裕家庭中長大，但我從小的教育卻更多地來自母親那些貧苦生活的經驗，以及對貧窮的深切的同情。

我家有一個帶我的保姆張媽，張媽原來是滿洲貴族，乾淨、守禮，有人格上自然的尊嚴，我和張媽之間，有一種承認差異下的相互尊重，雖然我還只是個小孩子，但這種尊重發自內心，成為心靈秩序的一部分。張媽稱呼我「二少爺」，身分差別的禮節很分明，而我上學出門時，除了給我母親行禮，還會給張媽行禮。我對張媽，有出自內心的尊敬。

所以對我來說，人和人之間的平等，對窮苦人的同情，從

小就是很自然的事情。我母親常說，我們是草木人家，不是書香門第，但我們家裡處處表現出的中國文化中的人情和善意卻是根本的、本體意義上的。記得我小學五年級的時候，有一次張媽非常著急，她的兒子來了。張媽不讓他進來，叫他在大門外的樹下等著。原來張媽家裡需要一大筆錢，不然仇家就要尋仇。張媽去告訴了我母親，我母親很急，立刻就打電話通過我父親在天津的工廠駐北京辦事處籌錢。但那天已經晚了，要第二天才能籌出那麼多錢。結果，我母親急得腮頰腫了起來。第二天辦事處送錢來了，我母親和張媽一起送錢去了在雍和宮附近貧民區張媽家，事情就解決了。這件事給了我很大影響。中國人的道德情操中的最高境界裡，有一種設身處地的同情心，它會產生不同身分下的同一之感，這種平等比由上而下同情式的平等要高得多。

我在北師附小（北京〔當時稱作北平〕市立師範學校附屬小學）讀了六年書，又考上了師大附中（國立北京師範大學附屬中學）讀了一年半，到了1948年年底，跟家裡人一起去了台灣。我上小學的時候，時時感受到那些老師們對小孩子的愛護（那些老師可能多半是左傾的），非常純正，是赤誠地關懷下一代，這讓我很喜歡學校生活。當時我有一個怪想法（現在已經忘了怎麼會有這樣的想法），就是要成為每天第一個上學的人，在校門還沒開的時候去敲門，等工友來開門。於是，我就每天很早出門了。有一天，天矇矇亮，我像往常一樣走過家門前大拐棒胡同尚未轉入小拐棒胡同之前，看到一具屍體——一個人凍死在那裡！這給我的震撼太大了！這是一個太強烈的對比。我剛從溫暖的家中出來，跟張媽說完再見，就看到了路邊

被凍死的人。我覺得太不合理了，這是一個什麼國家啊？怎麼會有這樣淒慘的事情發生？從那個時候開始，我心中逐漸浮現出來一個自我要求：就是要弄清楚為什麼這個國家會有這麼不公平的事情發生。那是我在小學六年級的事情。國家中種種不合理的現象第一次以這樣強烈的方式進入我的內心。（當時心中對於「國家」與「社會」並未加以區分。）

上了師大附中以後，我的思想很快開始開竅。當時的國文老師非常優秀，他是師大的一個副教授，擔任見習班國文課的指導老師。他告訴我們：同學們在中午兩個小時的休息時間不要光打球，可以到琉璃廠去看看書，那裡有商務印書館、開明書店、中華書局。

琉璃廠離師大附中很近，只有幾分鐘的路，我就去了。看到有朱光潛的《給青年的十二封信》，有魯迅的作品，也有胡適文存。我就買了一些。胡適的作品我一下子就看懂了，不困難，但是魯迅就不同了，有些我看不懂，像〈狂人日記〉和《阿Q正傳》，還有一些，我看了覺得心裡非常不安，尤其是祥林嫂那篇，給我很大的刺激，覺得太慘了。我不知道該怎麼面對我的不安。這個時候，胡適之先生給了我一條路：他在《易卜生主義》中說，如你想要為國家做些事情，就需先將自己「鑄造成器」。這讓我明白如要讓中國變得較為合理，首先需要充實自己，不要隨著口號起舞。（後來隨著我的學識的增長，我發現胡先生的思想有許多不足與失誤之處，例如，他提倡科學卻把科學講成科學主義──這是後話，參見拙作《心平氣和論胡適》。）

我少年時代讀魯迅，一是非常不安，裡面那些淒慘的故

事，比如祥林嫂、人血饅頭，就像我見到路邊凍死的人，使我心裡感到非常不安。但也有非常光明的，比如〈故鄉〉中寫的少年閏土和他的玩伴作者自己，就有非常美的人與人之間的關係，那是一種充滿了「節制與溫情」（restraint and tenderness）的關係，有特別的力量。在〈故鄉〉的末尾，魯迅寫道：「我在朦朧中，眼前展開一片海邊碧綠的沙地來，上面深藍的天空中掛著一輪金黃的圓月。我想：希望是本無所謂有，無所謂無的。這正如地上的路；其實地上本沒有路，走的人多了，也便成了路。」許多人常常注意的是最後一句，但我常常記起的是「深藍的天空中掛著一輪金黃的圓月」，非常的美，象徵著少年的作者與閏土之間圓滿無礙的純正友情。

　　魯迅的〈在酒樓上〉寫船家女兒阿順，「瓜子臉」「像晴天一樣的眼睛」（林先生此時找出《徬徨》中的這一篇，開始念，一度似乎哽咽起來——嚴搏非注）：「我生平沒有吃過蕎麥粉，這回一嘗，實在不可口，卻是非常甜。我漫然的吃了幾口，就想不吃了，然而無意中，忽然間看見阿順遠遠的站在屋角裡，就使我立刻消失了放下碗筷的勇氣。我看她的神情，是害怕而且希望，大約怕自己調得不好，願我們吃得有味。我知道如果剩下大半碗來，一定要使她很失望，而且很抱歉。我於是同時決心，放開喉嚨灌下去了，幾乎吃得和長富一樣快。」這裡描寫的中國文化中的人情關係，作者和阿順並不為階級的差異所隔閡，有一種真正的設身處地的同情和平等，而這種同一之感，正是中國文化道德情操的最高境界之一。

　　我早年讀魯迅，這是一個最大的問題：魯迅一方面決絕地要掃除所有的傳統文化，他說，《阿Q正傳》「不是嘲弄與憐

憫」〔許廣平編，《魯迅書簡》（上海，1946，頁246）〕而是
描繪「中國國民的靈魂」和「中國的人生」（《集外集》〈俄
文譯本《阿Q正傳》序及著者自敘傳略〉——那樣的「靈魂」、
那樣的「人生」根本不值得活下去！但，另一方面，他筆下又
有閏土、阿順與作者本人的這樣美好的人間關係——這些關係
跨越了階級的隔閡，有差序格局下的相互尊重，有設身處地的
同情和平等。這種不同身分下的同一之感，在魯迅那裡表現得
很自然，這是因為它本來就是內在於這個文化由這個文化孕育
出來的。這又是怎麼回事？一個中國文化的兒子，能寫出這麼
深刻的人間感情，另一方面，又那麼兇悍、毫無傷感地寫這個
文化吃人，要拋棄所有的中國文化，他還沒有發瘋？

　　所有這些困惑，是我研究魯迅最初的原因。及至後來，我
終於慢慢發現，在這些困惑的後面，蘊含著的是一個「巨大的
歷史性困惑」。而這個「巨大的歷史性困惑」，正表現為中國
現代思想中最深刻的危機。就如魯迅寫阿Q那樣的中國國民的靈
魂，得到的是完全絕望的結果。阿Q不能面對現實，有一套精
神勝利法。阿Q還有一套完整的世界觀，有完整的對待世界的
辦法。不光如此，他還很快樂！他到臨死那一瞬間才知道要死
了，但他還是不明白為什麼要死。如果中國是這樣的，那就只
能等待毀滅，然而問題卻在於，阿Q是並不知道這個結果的。
這是一個死結。這樣的一個邏輯結果，魯迅根本承擔不了。他
必須為這個死結找到一條出路。但魯迅是失敗的，他陷入了新
的死結之中。終其一生，他也沒能回答這個「巨大的歷史性困
惑」。這本書中的幾篇文章，就是為了回答我從少年時起心中
所產生的對於魯迅先生的困惑和他身上所反映的現代中國深刻

的精神危機，以及，來嘗試回答這個「巨大的歷史性困惑」。

　　　　　　　　第一次口述：2016年6月5日下午
　　　　　　　　第二次口述：2016年6月7日下午
　　　　　　　於台北「中央研究院」學術活動中心

附錄二

魯迅的「個人主義」
——兼論「國民性」問題以及「思想革命」轉向政治·軍事革命的內在邏輯[1]

一

　　根據已出版的《魯迅全集》各種版本，魯迅先生（以下簡稱魯迅）在1925年5月30日給許廣平的信上說：

　　其實，我的意見原也一時不容易了然，因為其中本含有

1　本文初稿曾於1991年9月舉行的「魯迅生誕110周年仙台紀念祭」國際研討會及東京大學魯迅研討會宣讀。會中與會後得與日本魯迅研究及研究中國近現代思想史多位學者相互切磋，獲益很大，謹此致謝。本文最初發表於《二十一世紀》第12期（1992），頁83-91。現在收入本書的這篇文字，則是經過數次修訂的版本，最近一次完成於2016年4月1日。

　　　許多矛盾，教我自己說，或者是人道主義與個人主義這兩
　　種思想的消長起伏罷。所以我忽而愛人，忽而憎人；做事
　　的時候，有時確為別人，有時卻為自己玩玩，有時則竟因
　　為希望生命從速消磨，所以故意拚命的做。此外或者還有
　　什麼道理，自己也不甚了然。[2]

　　魯迅這項在研究界眾所周知的自我表述，蘊含著相當複雜
的意義，而這複雜的意義則是來自表述中的「豐饒的含混性」
（fruitful ambiguity）。[3]（「含混性」在這裡不是僅指形式上的
矛盾之類，而更是指：一個思想家或文學家在面對時代苦難與
承擔內心焦慮的時候，產生的關懷與思緒中彼此矛盾、並不相
容的成分。然而，這樣的衝突與緊張〔tensions〕正是刺激他創
作活動的泉源，故曰「豐饒的含混性」。）

　　我們需要仔細考察的是：魯迅所謂「人道主義」與「個
人主義」究竟是什麼意思？顯然得很，他肯定了他的「人道主
義」，也肯定了他的「個人主義」。但他覺得它們是衝突的，
所以彼此不能融和，只能在不同時候與不同心情下，在他內心

2　《兩地書》，見《魯迅全集》（北京：人民文學出版社，1981），以下簡
　　稱《全集》（1981），卷11，頁79-80。此段文字與《兩地書》的其他鉛印
　　版本均同。

3　這個思想上的分析範疇（category of analysis），首先是由史華慈（Benjamin
　　I. Schwartz）教授提出的。見史著"Some Polarities in Confucian Thought," in
　　David S. Nivison and Arthur F. Wright eds., *Confucianism in Action*（Stanford:
　　Stanford University Press, 1959），p. 51。

之中「消長起伏」。

　　然而，人道主義與個人主義，從另一觀點來看，不但並無衝突，而且還有相輔相成的關係。從做人的態度上來看，假若人道主義的中心素質，正如魯迅所說，是：愛人、為別人著想的話，那麼人道主義的前提是對人的尊嚴的肯定與堅持；否則，如果人無尊嚴可言，他還值得被愛、被關懷嗎？而人的尊嚴則來自個人自身的、不可化約的（irreducible）價值。用盧梭的話來說：「每個人都是高貴的存在，他的高貴到了使得他不可成為別人工具的程度。」[4] 康德則說：「概括言之，人與一切理性的存在，其本身是作為目的存在的，而不是作為這個或那個意志任意使喚的工具而存在的。……因為作為理性的存在，人性的特質已使他顯露出他的存在本身即是目的。這種人的自身目的性，不僅是從人的主觀（主體性）存在來看是如此；從客觀（客體性）存在而言，人也是客體世界中的目的。」[5]

　　關於人的尊嚴，各家解釋與論證的方式容或有異，但認定其為人道主義的理論根據，則並無不同。人的尊嚴的理念自然蘊含著對人的尊重，同時也蘊含著人人平等的意思。因為每個人既然都被視為目的，不只是別人或任何機構的工具，那麼每個人都獲得了同樣的尊重，所以在這個意義之下，人人是平等的。這一由人之自身的、不可化約的價值所導出的人的尊嚴與人皆平等的理念，其實質基礎可來自基督教「人人皆是上帝

4　引自Steven Lukes, *Individualism*（Oxford: Basil Blackwell, 1973），p. 49。

5　Immanuel Kant, *The Moral Law*（*Groundwork of the Metaphysic of Morals*），tr. and ed., H. J. Paton, 3rd ed.（London: Hutchinson & Co., 1958），pp. 90-91.

兒女」的教義、康德哲學所認定的「人皆有自由與理性」的意志，或儒家性善學說經由創造性轉化後的結果。[6]

　　人的尊嚴所蘊含的對人的尊重（包括自尊在內），事實上，已賦予了個人自由的含義。之所以如此，我們可從反面觀點看出其理路。如果我們不尊重一個人的話，我們會如何對待他呢？首先，我們會只把他當作工具，因為他不是具有自主性的個體。第二，我們會覺得可以任意干擾他，因為他沒有隱私權。第三，我們會覺得他用不著發展自己，因為他沒有發展自己的必要或能力。換句話說，如果我們尊重一個人，我們就必須肯定：（一）他的自主性，（二）他的隱私權，（三）他的自我發展的權利。我們同時應該促進政治、社會、經濟與文化發展到盡量能夠使得個人的自我空間獲得不受外界干擾的保障，並能夠提供個人自我發展的機會。這三方面對個人的尊重，實際上也是個人自由的三個面相——而這三個面相之間是有密切的關係的。就以魯迅常強調的個人發展而言，它蘊含了個人的自主性必須借助於隱私權的保障。個人的發展應該是自願、自動、自發的，亦即：應該具有自主性。這樣才能顯示人的尊嚴（包括自尊）。如果一個人的發展是為了完成別人的意願或是為了討別人的歡心，那麼他這種沒有自主性的發展是沒有多大意義的，因為那樣做缺乏人的尊嚴——當然這樣被動

6　參見拙文"The Evolution of the Pre-Confucian Meaning of Jen 仁 and the Confucian Concept of Moral Autonomy," *Monumenta Serica*, 31（1974-1975）：172-204，與拙著《中國傳統的創造性轉化》（北京：生活‧讀書‧新知三聯書店，1988；增訂本，2011）或《思想與人物》（新北：聯經出版公司，1983）。

的、非自主性的發展也不容易發展得好。另外，許多形式的自我發展（如學術與藝術上的創作活動）需要在不受外界干擾的自我空間中才易進行，所以他的隱私權也必須獲得保障。當然，也有一些形式的個人發展，如政治的參與或在社會上與別人合作精神的培養，是要靠參與公眾生活而獲致的——但，即使在這裡，隱私權也是必要的，這樣才能劃清「公」「私」的界線，使人能夠更清楚地發展個人「公」的性格與生活。

　　綜上所述，我們知道個人自由的三個面相是人的尊嚴的實質肯定與表現。換言之，如要肯定人的尊嚴，便須肯定人的自由；沒有人的自由，便沒有人的尊嚴。既然人的尊嚴是人道主義的前提，那麼肯定與堅持人道主義的人——主張與實踐愛人、為別人著想的人——就必須肯定與堅持人的尊嚴，也就必須肯定與堅持人的自由。而人的自由——人的自主性、隱私權與自我發展的權利——正是個人主義堅實的核心。所以主張與堅持人道主義的人就必須主張與堅持這個意義之下的個人主義。[7]

二

　　以上對於人道主義與個人主義之間具有的關係的分析，說

7　Steven Lukes, Individualism中有些章節，我並不同意，尤其是他對馬克斯・韋伯（Max Weber）、哈耶克（F. A. Hayek）等所主張的「方法論上的個人主義」的批評，我覺得相當膚淺。但他對人的尊嚴與個人自由之間的關係的分析，卻相當扼要。上面的分析主要是根據此書有關這方面的章節撰成的。

明了它們不但並無衝突而且相輔相成。那麼，魯迅為什麼認為它們在他內心之中卻是衝突的呢？如要解答這個問題，首先應從考訂材料入手。事實上，《兩地書》的各種鉛印版本中所載前引魯迅給許廣平的信是經過增刪的。前引的那一段話在原信中是這樣：

> 其實，我的意見原也不容易了然，因為其中本有著許多矛盾，教我自己說，或者是「人道主義」與「個人的無治主義」的兩種思想的消長起伏罷……8

在這裡「人道主義」是加引號的，「個人主義」也加引號並多了「的無治」三字而是「個人的無治主義」。

四年多以前，魯迅在〈譯了《工人綏惠略夫》之後〉一文中說，「無治的個人主義（Anarchistische Individualismus）」就是「個人的無治主義」。9 顯然得很，魯迅在這封給許廣平的信上說的「個人的無治主義」就是「無政府或安那其個人主義」。魯迅借對《工人綏惠略夫》（*Worker Shevyryov*）作者阿爾志跋綏夫（M. Artsybashev）另一部小說《薩寧》（*Sanin*）的主題的解釋，說明「安那其個人主義」的主旨是：「人生的目的只在於獲得個人的幸福與歡娛，此外生活上的欲求，全是虛偽。」緊接著，魯迅說薩寧所謂「個人的幸福與歡娛」指的

8　北京魯迅博物館魯迅研究室編，《魯迅致許廣平書簡》（石家莊：河北人民出版社，1980），頁45。

9　魯迅，〈譯了《工人綏惠略夫》之後〉，見《全集》（北京：人民文學出版社，1973），卷11，頁588-589。

是「自然的欲求，是專指肉體的欲」。然而，薩寧的這種說法
「也不過是一個敗績的頹唐的強者的不圓滿的辯解」，於是阿
爾志跋綏夫「又寫出一個別一面的綏惠略夫來」。[10]

魯迅解釋《工人綏惠略夫》的主旨說：

> 人是生物，生命便是第一義，改革者為了許多不幸者
> 們，「將一生最寶貴的去做犧牲」，「為了共同事業跑到
> 死裡去」，只剩了一個綏惠略夫了。而綏惠略夫也只是偷
> 活在追躡裡，包圍過來的便是滅亡；這苦楚，不但與幸福
> 者全不相通，便是與所謂「不幸者們」也全不相通，他
> 們反幫了追躡者來加迫害，欣幸他的死亡；而「在別一方
> 面，也正如幸福者一般的糟蹋生活」。
>
> 綏惠略夫在這無路可走的境遇裡，不能不尋出一條可走
> 的道路來；他想了，……他根據著「經驗」，不得不對於
> 托爾斯泰的無抵抗主義發生反抗，而且對於不幸者們也和
> 對於幸福者一樣的宣戰了。
>
> 於是便成就了綏惠略夫對於社會的復仇。[11]

根據以上的說明，對於魯迅所說他內心中的「人道主義」
與「個人主義」之矛盾與衝突的最直截了當、但也是比較浮面
的理解，是可以根據上引可靠的材料就文字表面上的意義來進
行的。我們可以說，魯迅的「人道主義」和「個人主義」的意

---

10 以上四處引文同上書，頁589-590。
11 同上書，頁591。

義及兩者之間的關係，與本文第一節所分析的西方自由主義傳統中人道主義和個人主義的意義及兩者之間的關係，甚為不同。魯迅給許廣平信上說的「人道主義」接近沒有條件的、服從超越命令的、宗教意義上的獻身。這種「人道主義」並不一定要設定「人的尊嚴」，因為愛人是服從超越命令的意義之下的獻身。魯迅早年在〈破惡聲論〉（1908）中談到托爾斯泰時，雖認為他的「大愛主義」「不抵抗主義」在現實世界上是行不通的，卻覺得「其聲亦震心曲」，[12] 魯迅所欣賞的人道主義理想是帶著托爾斯泰身影的，那含有至高的、絕對的情操。

魯迅的「個人主義」，正如他給許廣平的信的原件所示，實是「安那其個人主義」，那是備嘗人間無邊黑暗、無理與罪惡後所產生的反抗任何權威、任何通則的思緒，以為除了滿足自己的意願之外，一切都是假的。這樣的「個人主義」沒有是非，沒有未來，只有自我的任意性，而具有任意性的不同思緒與行為之間也無須任何合理的關聯。

從1924年到1926年他離開北京之前，魯迅的心情日趨黯淡。他給許廣平寫那封信的時候，正是「五卅」慘案發生的當天。眼見五四運動過後，民族、國家、社會與文化不但未能變好，反而日漸墮落下去；種種努力，均已枉然。這個在青年時代就寫下「我以我血薦軒轅」的詩句、誓志為中國的新生準備犧牲自己的人，現在卻發現他多年來為挽救中國所堅持的理念與工作（如思想革命、改造國民性等）已到了盡頭。在他意識中已經相當清楚地感到，那是一個死結，並不能解決問題（詳

---

12 《全集》（1981），卷8，頁31。

下文）。在看不到遠景，走投無路的情況下，他常說：「我現在愈加相信說話和弄筆的都是不中用的人」「筆是無用的」「我的思想太黑暗」「『惟有黑暗與虛無』乃是『實有』」。[13]

在前引他寫給許廣平那封信後的第十八天（1925年6月17日），魯迅寫了大概是他一生中最黑暗的作品──散文詩〈墓碣文〉：

> 有一遊魂，化為長蛇，口有毒牙。不以齧人，自齧其身，終以殞顛。……
> ……離開！……
> …… 抉心自食，欲知本味。創痛酷烈，本味何能知？……
> ……痛定之後，徐徐食之。然其心已陳舊，本味又何由知？……
> ……答我。否則，離開！……[14]

正如李歐梵指出的，「在這個想像中的墓碣文上所銘刻的是：為紀念烈士精神的化身所做自殘式的復仇，蘊含著最終無從解答的弔詭：他已死去，他又如何能夠找到他的人生與他為理想犧牲的意義？」[15] 魯迅早年對魏晉思想與文學甚為熟悉與

13　以上引文按順序見《兩地書》，見《全集》（1981），卷11，頁74、78、79、20-21。

14　《野草》，見《全集》（1981），卷2，頁202。

15　Leo O. Lee, *Voices from the Iron House: A Study of Lu Xun*（Bloomington, Indiana University Press, 1987），p. 109.

喜愛，他所了解的《列子・楊朱篇》的為我主義與施蒂納（Max Stirner）的安那其主義，此時都可能在他的意識中發酵而相互起著作用。他在這樣酷烈的創痛與絕望之中，時有深具任意性與虛無性的安那其個人主義沖動，是可以理解的。魯迅說他的「安那其個人主義」與「人道主義」是矛盾的，在他心中只能「消長起伏」，而不能相輔相成，也是可以理解的。

　　不過，魯迅對「安那其個人主義」並不滿意；自然，對他自己含有「安那其個人主義」的衝動，也頗有保留，不會讓它發展到不可收拾的地步。他在另一封給許廣平的信上說：

> 　　現在的所謂教育，世界上無論那一國，其實都不過是製造許多適應環境的機器的方法罷了。要適如其分，發展各各的個性，這時候還未到來，也料不定將來究竟可有這樣的時候。我疑心將來的黃金世界裡，也會有將叛徒處死刑，而大家尚以為是黃金世界的事，其大病根就在人們各個不同，不能像印版書似的每本一律。要徹底地毀壞這種大勢的，就容易變成「個人的無政府主義者」，如《工人綏惠略夫》裡所描寫的綏惠略夫就是。這一類人物的運命，在現在——也許雖在將來——是要救群眾，而反被群眾所迫害，終至於成了單身，忿激之餘，一轉而仇視一切，無論對誰都開槍，自己也歸於毀滅。[16]

16　《兩地書》，見《全集》（1981），卷11，頁19-20。此信寫於1925年3月18日。

　　魯迅對那種不分敵我的大愛主義也是批評的；例如，他在
《解放了的堂·吉訶德》後記中說：

　　他用謀略和自己的挨打救出了革命者，精神上是勝利
的；而實際上也得了勝利，革命終於起來，專制者入了牢
獄；可是這位人道主義者，這時忽又認國公們為被壓迫者
了，放蛇歸壑，使他又能流毒，焚殺淫掠，遠過於革命的
犧牲。他雖不為人們所信仰——連跟班的山嘉也不大相
信——卻常常被奸人所利用，幫著使世界留在黑暗中。17

　　根據以上的分析，我們可以得到一些線索來解釋為什麼魯
迅在要出版《兩地書》之前，要把「人道主義」與「個人的無
治主義」修改為人道主義與個人主義——不但刪去「的無治」
三字，而且刪去了引號。也許他覺得這樣可以把他嚴峻、絕對
的立場緩和一點。

　　魯迅常說他寫文章的時候喜歡隱晦一點。在修辭上，他是
喜歡不明說的。現在他既然一方面有「安那其個人主義」的衝
動，另一方面又覺得那是不負責任的「毀滅」之路；一方面他
仍不能不被服從超越命令、至高的人道主義精神所感動，但另
一方面，他又深切感到這種沒有條件的「大愛主義」在現實世
界上不但行不通，有時還會間接地給社會帶來災難——魯迅在

17　《全集》（1981），卷7，頁398。魯迅在1935年11月16日給蕭軍、蕭紅的
　　信上更說：「二十四年前（指辛亥革命時期）太大度了，受了所謂『文
　　明』這兩個字的騙。到將來，也會有人道主義者來反對報復的罷，我憎惡
　　他們。」見《全集》（1981），卷13，頁250。

這思想上走投無路的困局中，難免順著自己寫文章的習慣做一點修辭上的工作了。修飾以後把未加引號的人道主義與未加引號的個人主義對立了起來。這是更概括地指謂具有一般意義的人道主義與具有一般意義的個人主義是對立的。然而，這樣做不但未能解決他在思想上帶有托爾斯泰身影的人道主義與他的安那其個人主義之間的衝突，反而產生了更為嚴重的含混——雖然這「含混」只是修辭上的「結果」。因為根據本文第一節的分析，我們知道人道主義與個人主義是相通的，它們之間不但並不衝突，而且相輔相成。

三

　　其實，魯迅在1907年所發表的〈文化偏至論〉與〈摩羅詩力說〉中也認為人道主義與個人主義是相輔相成的：

> 個人一語，入中國未三四年，號稱識時之士，多引以為大詬，苟被其溢，與民賊同。意者未遑深知明察，而迷誤為害人利己之義也歟？夷考其實，至不然矣。而19世紀末之重個人則吊詭殊恒尤不能與往者比論。……蓋自法朗西大革命以來，平等自由，為凡事首，繼而普通教育及國民教育，無不基是以遍施。久浴文化，則漸悟人類之尊嚴；既知自我，則頓識個性之價值。……內部之生活強，則人生之意義亦愈邃，個人尊嚴之旨趣亦愈明。18

---

18 魯迅，〈文化偏至論〉，見《全集》（1981），卷1，頁50-55。

英當18世紀時，社會習於偽，宗教安於陋，其為文章，亦摹故舊而事塗飾，不能聞真之心聲。於是哲人洛克首出，力排政治宗教之積弊，倡思想言議之自由，轉輪之興，此其播種。[19]

在這兩篇青年時代的昂揚之作中，魯迅對人的尊嚴的關懷，確是躍然紙上。雖然這樣的關懷是與他所強調用精神力量來復興中華的主張混在一起的。但他對於人的尊嚴以及人的自由是人的尊嚴之實質肯定的認識，是十分醒目的。

不過，這一認識在他的思想發展中並不穩定。其所以如此，我們需從探討他所主張達成此一目標的「方法」在其思想進程中所產生的影響來了解。大家都知道魯迅從青年時代開始最重要的主張之一是：改造中國的國民性。「國民性」是從日語轉借而來，亦即「民族性」。魯迅有時（如在〈馬上支日記〉裡[20]）將兩者調換著用，指的是一類事物。他早年在日本與許壽裳討論中國民族的特質時，既已得到極端負面的結論。他們認為：「（中華）民族最缺乏的東西是誠和愛——換句話說：便是深中了詐偽無恥和猜疑相賊的毛病。口號只管很好聽，標語和宣言只管很好看，書上只管說得冠冕堂皇，天花亂

---

19 魯迅，〈摩羅詩力說〉，見《全集》（1981），卷1，頁99。洛克（John Locke, 1632-1704）在1704年逝世，但他的主要著作都是在17世紀出版的，應該說他是17世紀的哲學家。這篇魯迅青年時代的作品在談到18世紀英國的情況時，言及「於是哲人洛克首出」，是在時序上不正確的。

20 魯迅，〈馬上支日記〉（1926年7月2日），見《全集》（1981），卷3，頁325-326。

墜，但按之實際，卻完全不是這回事。」（見許壽裳著《我所
認識的魯迅》中的〈回憶魯迅〉一章）。魯迅這一從負面來鑒
定中國國民性或民族性的傾向，因受到辛亥革命失敗所產生的
失望情緒以及他使用最終是思想決定一切的中國傳統一元有機
式思想模式的深切影響，愈來愈往負面走去，最後達到必須對
中國傳統做全盤化（或整體主義的）攻擊的結論。[21] 在這個戰
鬥過程中，他一方面創作出來全盤化反傳統主義下不朽的文學
作品，如〈狂人日記〉《阿Q正傳》；另一方面，他從主張改造
國民性與進行思想革命的觀點出發，走向邏輯的死結。

　　這個邏輯的死結蘊含著重大的文化、思想上與政治上的
歷史的後果。首先，「國民性」或「民族性」並不是很有生機
（viable）的分析範疇（category of analysis）。這種本質主義式
的論式（the essentialist argument）有相當強的決定論傾向：若是
中國的一切，基本上，是由「國民性」——中國人的本質——

---

21 整體主義的反傳統主義與全盤化反傳統主義指謂同一歷史現象；前者是
totalistic anti-traditionalism的直譯，後者則是此詞的意譯。詳見拙著Lin Yu-
sheng, *The Crisis of Chinese Consciousness: Radical Antitraditionalism in the
May Fourth Era*（Madison: University of Wisconsin Press, 1979），pp. 355,
104-161。（日文版：丸山松幸・陳正醍譯，《中國の思想的危機：陳獨
秀・胡適・魯迅》〔東京：研文出版，1989〕，頁13-73、135-213。中文
版：穆善培譯，蘇國勳、崔之元校，《中國意識的危機：「五四」時期
激烈的反傳統主義》〔貴陽：貴州人民出版社，1988年增訂再版〕，頁
1-93、177-299。）以及拙文"The Morality of Mind and Immorality of Politics:
Reflections on Lu Xun, the Intellectual," in Leo O. Lee ed., *Lu Xun and His
Legacy*（Berkeley: University of California Press, 1985），pp. 107-128。此文中
譯初見拙著《政治秩序與多元社會》（新北：聯經出版公司，1989），頁
235-275。後來的重校本，現已收入本書。

所造成的，那麼，順著此一思路想下去。無論歷史如何變遷，中國人還是中國人，其本質是不會變的，所以一切努力終將徒勞。因此，「國民性」論述極易導致深沉的悲觀。

　　其次，它本身不能告訴我們它究竟是「原因」的探索或是「後果」的宣稱。另外，如果中國的積弊是由於「國民性」造成的，那麼「國民性」是什麼造成的呢？魯迅曾說中國的國民性受到游牧民族入侵的影響很大，所以「國民性」有時是「後果」，而不是「原因」。但他因深受「借思想、文化以解決（政治、社會等）問題的方法」（the cultural-intellectualistic approach）的影響，[22] 常把他認為代表中國人思想本質、精神面貌的「國民性」當作「原因」看待。在這種方式的思想工作中，他走向了自我發展的邏輯死結，因此自己否定了自己：作為一個整體主義的反傳統主義者的魯迅，他所提出來象徵中國「國民性」的阿Q，缺乏自我，除了本能的反應以外，無法從經驗中理解事實，也沒有從失誤與屈辱中汲取教訓和改進自己的能力。如此以阿Q為代表，在思想上與精神上深患重病的民族，如何能夠認清病症的基本原因是思想與精神？既然連認清病症的基本原因都不能辦到，又如何奢言要剷除致病的原因？幾個知識分子也許已經覺醒：不過，像〈狂人日記〉中「狂人」那樣，他們的語言只能被其他人當作瘋話。根本無法溝通，遑論思想革命！

　　所以，使用「國民性」這個分析範疇來看問題，沒有出路。至於魯迅本人，他在情緒好的時候，只能相當形式地說，

---

22 見前揭書與前揭文。

沒有人能夠預見未來，所以沒有人可以確切地說未來一定沒有希望。但在情緒壞的時候，他便陷入絕望的深淵。

他在青年時代曾傾慕尼采的「超人」，希望自己和一些有志之士，能像尼采所說——能夠克服內在限制的——「超人」那樣，成為領導國人邁向新生的「精神界之戰士」。但到了五四時期他已覺得「超人」觀念的渺茫。

以上論析魯迅走投無路的邏輯死結在思想、文化方面的後果。此外，它在政治上蘊含著什麼重大的後果呢？答案是：這個邏輯死結逼使魯迅及其追隨者非放棄他們多年來以全盤化反傳統主義為其基礎的，用思想革命來救國的道路。這樣自我否定「思想革命」的邏輯非根據其自身蘊含的目的，首尾一貫（雖然表面上顯得相當曲折）地發展出來不可。尤有進者（這是第二層含義），如果邏輯是一種理性的展現的話，這種自我否定的「理性」，其推理力，「命令（逼使）」它自己非另找出路不可。因此，以改造國民性為主流思潮的思想革命，由於其內在的邏輯死結，遂變成了，在仍然求好、求變的心情下，支持軍事與政治革命的動力！[23]

魯迅自己說，「改革最快的還是火與劍」，而他所主張的個性解放、精神獨立的文學，現在也自言要變成為革命服務的「遵命文學」，成了王元化先生所說的「歷史的諷刺」。[24]

過去，史家對於中共領導的政治、軍事革命的歷史成因，

---

23 參見拙文〈韋伯「理想型／理念型」分析的三個定義及其在思想史研究方法上的含意與作用〉。
24 王元化，《沉思與反思》（上海：上海辭書出版社，2007），頁34。

多從政治、軍事、經濟、社會等因素（包括日本帝國主義侵華、中國政治軍事的挫敗、民族存亡的危機感與應之而勃發的民族主義日益強化、深化與普遍化）入手。然而，這個歷史現象，如從剛才所論證的觀點來看，也有其極強的內在原因。事實上，本文所分析的內在因素與外在因素是相互加強的；其結果乃造成了20世紀30、40年代沛然無可阻擋的左翼政治、軍事革命運動的歷史機動力。

「九一八」事變日本侵華以後，作為愛國者，魯迅及其追隨者必須採取政治立場（當時只有左、右兩方面的政治、軍事力量可供選擇），而中國馬列主義已經提出了一整套革命的計畫與步驟，於是他在不可能對它做深切研究之前，成為共產革命的同路人。我們可以說，魯迅這一重大變遷，基本上，是受其思想困局之壓迫性影響與各項外在因素相互作用所導致的。我相信這一論斷，不但可以適用於魯迅，而且也可以適用於大多數他的眾多追隨者，雖然許多他的追隨者比魯迅更進一步，直接參與了中共的革命組織。

魯迅的無政府主義，在他思緒複雜的心靈中，如前所述，雖不穩定，但畢竟是一個相當重要的成分，這與許多投入中共革命運動的知識分子早期多有無政府主義的背景，有其相似性。（相似到什麼程度，暫存不論。）在這個脈絡中，我們需要問的是：他們的無政府主義背景與中共革命運動所釋出的高度理想主義（烏托邦主義）的關係如何？是否他們的無政府主義的背景有其積澱的作用，加強了他們被中共革命的烏托邦主義所吸引的可能？魯迅參與左翼運動的過程甚為曲折。（本書所收〈魯迅思想的特質及其政治觀的困境〉對之有所分析與說

明。）然而，他畢竟成為共產革命的同路人。他對革命的組織
活動，總有相當保留，然而，這樣的保留與曲折過程，並未使
他放棄——直到他的生命最後一年（1936）參與「兩個口號之
爭」之前——他自稱的「遵命文學」。

　　關於無政府主義多為許多中國知識分子參與列寧式革命運
動的一項重要思想背景這一複雜問題，這裡無法詳述。我只擬
根據波蘭尼（Michael Polanyi）所提出的，關於moral inversion
（道德的顛倒）的洞見[25]，來對無政府主義者所表現的虛無主
義與激進主義之間的關係略做分析。無政府主義所展現的虛無
主義，事實上，反映著他們對於現世的齷齪與不公的道德的憤
怒。魯迅在這方面的表現，相當突出。然而，這種道德的憤
怒，雖然對於傳統的、庸俗的道德嚴加拒斥，它所拓展的虛
無主義卻使得虛無主義者變得在道德上無家可歸。對他們而
言，這是無法忍受的。各國的虛無主義者找尋更高、更廣闊的
道德家園的道路容有不同，但他們大多最後歸屬於以集體主義
方式建築此世烏托邦主義的道德家園。如要達到這個非一般性
傳統道德、傳統政治所能達到的高度，那是無法用傳統的手段
（因為它總是與現世妥協）來完成的。所以，必須使用非常
（傳統、一般性道德並不認可的）手段來完成。這種波蘭尼所
說的moral inversion的閘門一開，激進主義者為了目的，從他
們的道德觀來看，自覺可以不擇手段，目的愈崇高，當然愈可
不擇手段。這是為什麼許多早年信仰無政府主義，認為任何權

25　Micheal Polanyi, *Meaning*（Chicago: University of Chicago Press, 1975），
　　pp.15-21.

威、任何紀律都是壓迫人的自由的人，參與了中國共產主義革命以後，為了完成這一偉大的使命，可以不顧及早年對於人的自由的嚮往，願意接受革命組織的指令與紀律，做列寧與毛澤東所謂「整個革命機器中的『齒輪與螺絲釘』」[26] 的內在原因。他們內心也許會以為：只有現在接受鐵的紀律，才能建立屬於人類未來的幸福與自由。（當然，我們時刻不可忘記，反帝國主義的民族主義是絕大多數中國知識分子的一項共同基設〔presupposition〕，尤其是在日本侵華、民族存亡系於一線的抗戰時期。這時代的緊迫感，也使許多人覺得效忠集體主義的領導進行抗戰，是不能不做的選擇。這一點與「道德的顛倒」所產生的認同集體主義的需要一道，變成相互加強的歷史影響力。）不過，令人感到惋惜的是，由於中國文明中一向缺乏強大資源，在政治上，落實韋伯式的「責任倫理」，卻有強大資源促使人們應用（韋伯認為不可應用到實際政治上的）「意圖倫理」到實際政治上去，再加上種種時代緊迫問題所產生的壓力與「意圖倫理」相互加強以後，以致激進主義者認為為了目的可以不擇手段。在他們不顧及為了達成目的必須使用適當的、與目的不發生矛盾的手段的情境中，他們為了目的不擇手段（換言之，可以接受、使用與其目的根本矛盾、根本衝突的手段）的過程，使得手段變成了目的。

　　魯迅受到了安那其個人主義的影響，無法繼續堅持青年時代已有的、人道主義與一般意義的個人主義相輔相成的認識，當然也就無法堅持自由主義的個人主義的政治立場。不過，魯

26　《毛澤東選集》（北京：人民出版社，1953），卷3，頁867。

迅的人道主義仍然在未必明言的層次上發揮著以儒家思想為主流的人文精神。至少在個人生活層面，我們從俞芳和許羨蘇發表的回憶中，[27] 可以看到他是謙虛的，對親人、友朋懷著溫情，有恆地保持著人際關係。在這個層次上，魯迅仍生活在一個並非孤立、仍然迷人的現世之中，在這個世界裡，超越的意義是內涵（immanent）於人的生命之中的。

27　俞芳，《我記憶中的魯迅先生》（杭州：浙江人民出版社，1981）；許羨蘇，《回憶魯迅先生》，見北京魯迅博物館魯迅研究室編，《魯迅研究資料3》（北京：文物出版社，1979），頁199-216。

附錄三

魯迅思想的特質及其政治觀的困境[1]

陳忠信／譯

林毓生／校訂

一、〈狂人日記〉《阿Q正傳》蘊含的悖論與魯迅思想中的悲觀意識

　　根據波蘭尼在他的知識論中對於創造活動的性質的洞察（這裡所謂的「創造活動」包括科學的創造活動，也包括藝術的創造活動），我們知道當創造的想像力強烈活動的時候，它

1　本文原是筆者的英文論文，Lin Yü-sheng, "The Morality of Mind and Immorality of Politics: Reflections on Lu Xun, the Intellectual," in Leo O. Lee, ed., *Lu Xun and His Legacy*（Berkeley: University of California Press, 1985），pp.107-128。這裡發表的譯文是筆者根據陳忠信提供的譯稿修訂而成。對於陳先生的辛勞，謹此致謝。

本文初稿原載《文星論壇》第112期（1987年10月1日），後收入林毓生，《政治秩序與多元社會》（新北：聯經出版公司，1989）。

「不僅更熱烈，而且是更具體、更特殊」。[2] 當然，一個人只能在他所具有的對於世界事務的性質的一般性知識之內產生具體感與特殊感。一個人擁有的一般性知識愈豐富、愈深刻——換句話說，當一個人與世間事務接觸時所能夠使用的參考架構（frame of reference）愈豐富、愈深刻——的時候，他便愈有可能針對某一問題或事務產生特定的具體感與特殊感。然而，一般性背景知識本身並不能取代創造活動，創造活動通常充滿著特殊的具體感。

　　興起於他自己全然參與的、呈現著強烈「意締牢結」的（ideological，通常譯作「意識形態」的）時代，魯迅思想的特質因一不尋常的結合而顯得特別突出：在面對中國前所未有的危機之時，它同時具有犀利的邏輯感與鮮明的具體感（即：它對事務與思想的意涵擁有謹嚴的思辨能力，同時它又能對所接觸與關心的事務之特性產生具體的感受）。在他的敏銳心靈與他對於事實豐富而具體的感受的相互作用之下所產生的創作與議論，為五四激烈反傳統主義提供了實質的、有力的內容。同時，也正是由於這些思想上與精神上的資源的支持，他能夠在五四時期及其後的時日之中，抵抗許多「意締牢結」運動中先天性的陳腐與要求順從的壓力。換言之，魯迅所擁有的不尋常的犀利的邏輯感與鮮明的具體感，是他對於中國傳統某些特殊社會弊病與文化弊病所做的透徹而有力的描述的主要資源。同時，這些資源也是他的原創性思想的動力——他的原創性思想

2　Michael Polanyi and Harry Prosch, *Meaning*（Chicago: University of Chicago Press, 1975），p. 58.

有時與他的「意締牢結」立場頗有矛盾與抵觸。在魯迅的心靈中，作為一項他的「意締牢結」所強調的全盤化或整體主義的反傳統主義與他對於中國傳統中一些優美成分的真切而具體的了解，是同時並存的。因此，他的意識之中存有沉重的思想矛盾與精神上的緊張（spiritual tensions）。就這一點而言，他的複雜意識已為20世紀中國深沉的文化危機作了見證。

但，從另一意義而言，他的複雜意識，卻又最不能代表五四的知識階層。因為經由他對中國諸問題之實際的了解所產生的絕望，以及他對於任何簡單的解答方式的反對——他真正理解到中國的問題遠比任何擬議中的解決方案所能涵蓋與解決的，要大得多、複雜得多——這些跟五四時代的意識形態中單簡、樂觀、向前看的氣質是不協調的。

不過，從另一方面來看，魯迅深切感受到時代脈搏的跳動，並為謀求解決中國的諸多弊端而奉獻了他的一生。他在日本留學期間已經認識到，為要使中國新生，必須推翻滿清政府。不管他究竟是否正式加入過光復會，魯迅無疑是國民革命的熱烈支持者。在五四時代，無論是在激烈否定中國過去的負面呼聲方面，或在通過自由與知識以尋求啟蒙的正面呼聲方面，他都是「新文化運動」最重要的發言人之一。雖然他轉變成為支持中共領導的左翼運動的過程，是相當痛苦的；但是，一旦他轉變了，他便毅然為了左翼運動的利益而投入筆戰與論爭的漩渦中。從這許多方面來看，他是站在每一運動尖端的果決的戰士。就這一點來說，魯迅又是五四知識分子中最具代表性的人物之一。

然而，魯迅又經常在心中重新考慮他所獻身的政治與思想

運動。在留學日本那段時期，他看夠了呼喊革命的留學生的膚淺與虛偽，並目擊他們不同派別之間的相互中傷以致對革命運動的結果深感憂慮。辛亥革命爆發之時，他覺得很高興；然而辛亥革命的後果——社會與政治秩序以及文化與道德秩序的解體，社會中幾乎每一部門都被沮喪、頹廢的氣氛所籠罩，以及袁世凱與軍閥政治在中國的肆無忌憚——這一切使得他當初對革命後果的最壞的憂慮得到了證實。因此，他陷入了絕望的深淵。

雖然魯迅多少受到道家（尤其是《莊子》）的影響，但他的絕望的心情並不是來自道家所謂世事終歸於徒勞的觀點，而是兩項因素交互影響所引發的。這兩項因素是：（一）他對中國諸多具體事實有清楚的理解；（二）「借思想、文化以解決政治、社會、思想與文化等問題的途徑（the cultural-intellectualistic approach）」（以下簡稱「借思想、文化以解決問題的途徑」）——這一「途徑」乃是源自中國儒家傳統的「整體性思考模式」（holistic mode of thinking）。在辛亥革命後中國社會與政治秩序以及文化與道德秩序均已解體的五四時代，使用「借思想、文化以解決問題的途徑」自然要從審視一種屬中國心靈特有的病症的角度來診斷中國的弊端。[3] 從這個角度出發，他的絕望格外深沉、格外難以抹除。對魯迅而言，如

3　關於「借思想、文化以解決問題的途徑」是一項來自中國儒家傳統的思想模式以及它如何是促成五四全盤化或整體主義的反傳統主義的興起的原因之一的詳細解釋，請參閱拙著《中國意識的危機》（*The Crisis of Chinese Consciousness: Radical Antitraditionalism in the May Fourth Era*〔Madison: University of Wisconsin Press, 1979〕）。

果對於中國之未來做一次不帶情緒性的、切實的估計，這樣估計的結果指向著：全然的無望（詳後）。

早在留學日本時期，魯迅已經認定中國各種問題的最根本原因是，令人歎息的中國人的國民性或民族性。〔「國民性」是從日語轉借而來，與「民族性」指謂同一事物。魯迅有時（如在〈馬上支日記〉裡）將兩者調換著用。〕這樣的態度意味著解決問題的唯一辦法是：透過思想與精神革命來改變國民性或民族性。政治革命只能改變外在的政府形式，卻不能帶來一個較好的未來所需要的，真正的本質性革新。然而，正因為魯迅已經認定中國的積弱的根本原因，是在思想和道德方面，這項認識使他陷入了絕望的深淵。魯迅在日本時曾與許壽裳做過廣泛的討論，他們認為：「（中華）民族最缺乏的東西是誠和愛——換句話說：便是深中了詐偽無恥和猜疑相賊的毛病。口號只管很好聽，標語和宣言只管很好看，書本上只管說得冠冕堂皇，天花亂墜，但按之實際，卻完全不是這回事。」（見許壽裳著，《我所認識的魯迅》，〈回憶魯迅〉一章。）因此，擺在魯迅面前等著他去做的基本工作是：透過思想與精神革命去治療中國人的精神的病症。然而，一個在思想與精神上深患重痾的民族，如何能認清它的病症的基本原因是它的思想與精神？（思想與精神既已深患重痾，自然不能發揮正常功能，不能發揮正常功能的思想與精神，如何能認清病症的基本原因是思想與精神？）因此，經由「借思想、文化以解決問題的途徑」所主導的全盤化或整體主義的反傳統主義，由於其自身的邏輯死結，註定使得思想革命講不下去，指向著由政治、軍事革命取代思想革命的未來歷史軌跡。（參見本書所收〈魯

迅的「個人主義」——兼論「國民性」問題以及「思想革命」
轉向政治・軍事革命的內在邏輯〉結論部分。）既然連認清自
己病症的原因都不易辦到，又如何奢言剷除致病的原因呢？魯
迅當然可以盡力去啟發他們，但結果充其量是在未知之數。

　　根據以上的分析，我們知道即使在辛亥革命之前，魯迅的
內心深處，已隱然懷有深沉的焦慮與悲觀之感了。辛亥革命的
失敗，亦即：在舊的政治與文化秩序崩潰以後，新的秩序並未
因政治革命而建立起來的結果，只是使得魯迅的焦慮與悲觀表
面化罷了。

　　總之，雖然魯迅與其同時代的其他絕大多數中國知識分子
一樣，都使用著認為思想是人間事務的根本的「整體觀思考模
式」，[4] 並應用同樣的思考模式而共同得到思想與精神革命乃
是一切其他變革的基礎（故應優先進行）的結論；但，他和其
他人有所不同。那些人，在重複強調這項預設——這項視為當
然的信念——與高喊「思想革命」的聲浪中，看到了未來的曙
光；魯迅卻根據同樣信念的內在邏輯而得到相反的、徹底絕望
的結論。

　　他那有名的、關於中國人所處境遇的比喻——關在一間
「絕無窗戶而萬難破毀」的「鐵屋子」裡，行將窒息——可以
說已經蘊含在他認為，一方面，非優先進行思想與精神革命不
足以救中國，而另一方面，對於思想與精神病入膏肓的民族是

4　世界上其他的人，其中有許多並不認同此一看法與思考模式，這些人當中
　有的人則主張經濟結構或政治權力，才是人間事務最有力量的，根本的決
　定性因素。

根本不可能推行思想與精神革命的，無從解脫的困境之中了。

　　如果說魯迅的絕望是在他的思辨邏輯中經由縝密的推理而產生的，這卻不是說只需運用他的縝密的推理便能創造出來他的陰鬱悲觀的文學傑作。那些作品的實際創作是在他看到了許多不可饒恕的中國光景的時候，因深受其刺激而興起的具體之感所引發的。在所有五四時代的作家之中，魯迅對於中國民族性中令人深感遺憾的特質做出了最顯明、最具體的描述。

　　我們都知道〈狂人日記〉是魯迅用白話文創作的第一篇作品。（他在辛亥革命後，曾用文言文寫過一篇短篇小說〈懷舊〉。）但，無論〈狂人日記〉事實上是不是他用白話文創造的第一篇作品，它成為魯迅悲觀的、全盤化或整體主義反傳統主義的文學創作的第一個實例，有其藝術上與思想上的必然性。因為〈狂人日記〉代表著魯迅在堅持全盤化或整體主義的反傳統主義的立場的時候，必須首先面對的一個主要的矛盾。假如中國人在思想上與精神上是那樣不堪，以致不能認清在他們「吃」別人的時候正是他們被別人「吃」的時候；假如他們的心靈是如此「昏亂」，[5] 以致使他們在自我毀滅的過程中不但不謀自救，反而津津有味地壓迫著別人。那麼，一個在同樣環境中被教育出來的，不可能不與他的同胞同樣擁有中國人性格

5　引自魯迅，〈隨感錄三十八〉，見《熱風》。此文最初發表在《新青年》，卷5，第5期（1918）。周作人後來在給曹聚仁的信上說，這是他所起草後來用周樹人的筆名發表在《新青年》上的。但魯迅生前一直親自把它收在《熱風》中，即使在他們兄弟齟齬以後，魯迅仍然沒有把它抽出去。顯然得很，文中的見解當時是他們兄弟共同的看法。關於這份材料詳細的討論，見前引拙著頁116，注27。

的中國人，（唯一清醒的）「狂人」如何可能是一個例外？答案是：他不能，除非他「瘋」了。

在〈狂人日記〉中，魯迅使用現代心理學上對於精神分裂症的理解來描繪「狂人」的幻覺；所以，整個故事中關於「狂人」的精神錯亂的敘述，使人覺得很真實。魯迅的深沉的悲觀與別有會心的反語，便透過對於這樣的「真實」的諷喻式的採掘而顯露出來。「狂人」對他的「瘋狂」並無自覺，當然更無法自救，他也無法在「健康的世界」與「瘋狂的世界」之間走來走去。假若他能夠如此，他便不是一個真正瘋狂的人；因此，根據故事的內在邏輯，他也就不可能看到中華民族真正的特性：嗜食同類、自相殘殺的蠻行。在中國的社會之中，不管自覺與否，每個人都是「吃」人的人。但，對於這樣殘酷的行為，大家行之有年，並無自覺。因此，一直要等到一個人變成了「瘋子」，他才能突破遮眼的藩籬，洞察事實的真相。然而「狂人」清澈的了解卻無法傳播給他的同胞，因為「狂人」的語言與心智範疇與他的同胞在類屬上完全不同。即使「狂人」竭盡所能要與他的同胞溝通，他的話將永遠被當作「瘋話」，所以完全是無濟於事的。從「狂人」的觀點來看，故事中的其他人才是真正地發瘋了，他卻不是心智不清的人。當然，反過來看，其他人認為「狂人」是有精神病的人，他們才是清醒的人。不過，在「狂人」的眼光與其他人的眼光之間存有一項關鍵性的差異。對「狂人」而言，世界是一個；但對其他人而言，卻有兩個世界：狂人生活的狂人世界，和他們生活的健康世界。

因為「狂人」相信他跟其他人都生活在同一世界之中，

他並不知道別人把他當作瘋子看待──因此，別人不可能會聆聽他的話語。對於「狂人」而言，除了說出他所發現的真理並希望借真理的力量來說服別人去突破嗜食同類、自相殘殺的惡性循環，別無他途。然而，其他人卻認為「狂人」是生活在「瘋狂世界」之中，所以他們無法把「狂人」的話當真；他們根本無法從「狂人」的觀點來了解「狂人」所說的話，並從中獲益。〈狂人日記〉中「狂人」最後記下來的那句話──「救救孩子……」是絕望的吶喊，我們不能從這篇作品的內在邏輯中推論出將來確有救出孩子的機會與環境。相反，「狂人」覺得他所遇到的孩子們都心懷吃人的意向，因為他們都是在吃人的社會中養大的，也都內化了這個社會的習俗與準則。用「狂人」自己的話來說：「這是他們娘老子教的！」

　　無論白覺抑或不白覺，中國社會中每一個成員都是「吃」人的人；中國人並無內在的資源藉以產生一項導致仁愛與正義的社會的思想與精神革新。令人覺得難堪的是，只有當一個人變得「瘋狂」以後，他才能理解到中國社會與文化的真正本質。然而，正因為〈狂人日記〉中的主角已經蘇醒了，他卻被這個社會的「正常人」當作「狂人」。如果一個人未曾意識到中國社會與文化的本質並從其影響中解放出來，他便無法從中國傳統的吃人蠻行中掙脫出來。但當一個人清楚了解了中國社會與文化的本質並意識到從其桎梏中解放出來的必要時──魯迅的〈狂人日記〉的內在邏輯卻顯示──他反而失去了改變中國社會與中國文化的能力。

　　魯迅除了提出這個可怕的、無法解脫的悖論（弔詭，paradox）以外，更進一步追問：表現在傳統中國文化與社會中

的中華民族的具體特徵究竟是哪些？《阿Q正傳》回答了這個問題。我們從這篇作品中看到魯迅對於中華民族具體的、真實的了解。它賦予魯迅的全盤化或整體主義的反傳統主義的實質內容。換言之，雖然激進的反傳統運動是五四時期的主流思潮，許多知識分子都曾熱烈地參與過；魯迅的創作則提供了攻擊中國傳統的真正實力。

《阿Q正傳》從最初發表時起到現在，大家公認是他的最佳作品之一，其力量來自作者對於阿Q之具體性格的生動描述。

阿Q的性格呈現著下列的特徵：卑劣、懦弱、狡猾、自大狂，以及不能正視與承擔外界對他的污辱，以致當別人污辱他的時候，他總設法加以解釋，使自己覺得那些污辱不但不是污辱，反而是對自己有利的——所謂「精神上的勝利法」——這個辦法使他覺得好歹他永遠是勝利者。這些特徵使他在被凌辱的時候，得以殘存，並促使他有時主動地去欺凌比他更弱的弱者。除此之外，阿Q的性格呈現著下述兩個特徵：（一）他缺乏一個內在的自我；（二）對生命本身缺乏感受——他對生命本身的麻木甚至有時顯示著一種對於生命之毀滅的享樂。阿Q是一個多半根據自然的本能生活著的動物——這裡所謂「自然的本能」包括他在中國社會中內化了的這個社會約定俗成的習慣以致不加思索的反應方式。他具有條件反射的本能，但缺乏自我意識與改變自己的能力。他多半根據本能生活著，不會因受到外界的刺激而獲得啟發。在這篇故事裡，有時他顯得無知與天真，事實上他的「無知」與「天真」是他缺乏內在自我的表現。沒有自我意識，他不能在思想上與道德上有所改進。他的無知與他的「精神上的勝利法」，使他既不會把他從終將毀

滅的結局中解救出來，也不能激起他對於施加在他身上的各項壓迫進行──用魯迅值得紀念的名句來說──「絕望的抗戰」（《兩地書》）。它們只能使阿Q不去想為什麼他要被置之死地。使人覺得難堪的是，只有死亡本身帶給他一瞬間的自我意識──在被槍斃之前，他知道他要死了。

二、「天人合一」宇宙觀積澱的底蘊與魯迅思想的關係

然而，在魯迅的複雜意識中，雖然對於中國傳統全盤化或整體主義的拒斥確實占據著重要的位置；他對於人間事務的具體感卻又使得他認識、欣賞一些傳統中國的道德價值（如「念舊」）與文化成分，並適當地使它們在不失純正性的情況下，接受了它們。不過，他並沒有因為這樣地接受了一些傳統的道德價值與文化成分而興起超越他的（作為激進意識形態的）全盤化或整體主義的反傳統主義的思維活動；雖然純就理論而言，有此可能。

終極地說，他的全盤化或整體主義的反傳統主義的立場與他選擇地接受了一些中國傳統道德價值與文化成分的事實，兩者之間存在著無可化解的基本矛盾。事實上，他的靈魂被這一分裂的看法與這一看法所帶來的罪惡感所扯裂。他對中國的未來的悲觀並不因他認識、欣賞與接受一些傳統的道德價值和文化成分而稍有緩和；因為他在中國人做得到的範圍內看不到有什麼資源（包括他所欣賞與接受的那些傳統道德價值與文化成分）可以使中國人能夠改善自己，並克服中國傳統種種更占優勢的惡劣成分的嚴酷影響。

　　這種徹底的絕望之感很輕易地導使他走向「虛無主義」。正如在《野草》中一些散文詩所表現的：沒有什麼是可信賴、可相信的。但魯迅的「虛無主義」必須與屠格涅夫及早期的杜思妥也夫斯基所描繪的虛無主義作一仔細的分辨。俄羅斯的虛無主義者是在沒有任何信仰的境況中生活著。因為他們認為一切皆是虛無，所以他們從不感到人生之中有任何義務或限制。與那類虛無主義相比照，魯迅的「虛無主義」並未導致那樣合乎其本身邏輯的結論。（這倒不是因為魯迅的頭腦不夠邏輯、不夠尖銳，而是因為，如下文所述，他的心靈深處仍然受到中國「天人合一」宇宙觀的影響，雖然其結構已經解體，但它長久以來在文化與思想上所形成的底蘊仍深具感染力。）事實上，他在五四後期的一個寫作主題是：在暗暝的虛無主義感受之中，掙扎著保持他獻身於中國之新生的信誓以及對生命意義的追尋。在世界文學家中，很少有像魯迅那樣，一方面認為世界是虛無的，但另一方面卻使自己介入意義的追尋。

　　1925年3月18日在一封給他的學生（後來是他的妻子）許廣平的信中，魯迅說：「我的作品，太黑暗了，因為我常覺得惟『黑暗與虛無』乃是『實有』，卻偏要向這些作絕望的抗戰。」（《兩地書》）

　　他空虛、沮喪的感受在他的散文詩中沉痛地表現出來——魯迅說那是「廢弛的地獄邊沿的慘白色小花」（《野草》）。在那些散文詩中，他以各種方式呈現出許多作為他的第二個自我的意象，試著去表現各種隱喻式的思想。他對每一件事情的懷疑——包括當時在中國流行的各種訴諸未來的意識形態所描繪的美好社會——在〈影的告別〉中極明顯地呈現出來：

　　有我所不樂意的在天堂裡，我不願去；有我所不樂意的在地獄裡，我不願去；有我所不樂意的在你們將來的黃金世界裡，我不願去。

　　然而你就是我所不樂意的。

　　朋友，我不想跟隨你了，我不願住。

　　我不願意！

　　嗚乎嗚乎，我不願意，我不如徬徨於無地。

　　不過，正如他在其他地方所表現的思想特色那樣，魯迅另有別的想法。在描述希望是虛幻——只不過是一個抗拒「空虛中的暗夜」的裝置——以後，魯迅引用他喜愛的匈牙利詩人裴多菲（Petofi Sandor, 1823-1849）的詩句來作結：「絕望之為虛妄，正與希望相同。」因為絕望是耽溺於過去，或者，更精確地說，是耽溺於根據過去的經驗所做的理智的估計。魯迅在希望與絕望之間痛苦的衝突與精神的煎熬，使他特別強調意志的重要性——奮力回應生命之呼喚的意志的重要性。他像一個存在主義者，把重點放在人的意志的意義之上；然而，這樣的看法並不是受到歐洲的「上帝已死」的觀念的刺激而發展出來的，而是透過中國的，在現世的時空中人能夠發現意義的觀念而產生的。

　　這一經由強調意志的力量來尋求出路的做法，可以用詩劇《過客》來做進一步的說明。此劇可以當作關於魯迅一生的寓言來讀，劇中的主角——過客——看起來很像魯迅。「約三四十歲，狀態困頓倔強，眼光陰沉，黑鬚、亂髮。」劇的場

景，基本上是「在空間上所呈現的時間上的兩難困境」。[6] 他的行程從過去到未來沿著一條「似路非路的痕跡」，過客現在是停在荒原上。他遇到一位七十老翁和一位十歲女孩——過去和未來的化身——老翁問他要到哪裡去，過客回答說：「我不知道。從我還記得的時候起，我就在這麼走，要走到一個地方去，這地方就在前面。我單記得走了許多路，現在來到這裡了。我接著就要走向那邊去，（西指），前面！」過客接過來一杯水。他向老翁與女孩道謝，並問：「前面是怎麼一個所在？」

　　老翁：前面？前面是墳。過客：（詫異地）墳？
　　女孩：不，不，不的，那裡有許多野百合、野薔薇。

　　老翁注意到過客是勞頓的，而且他的腳受傷了，老翁勸他：「回轉去，因為你前去也料不定可能走完。」過客回答說：「我只得走。回到那裡去，就沒一處沒有名目，沒一處沒有地主，沒一處沒有驅逐和牢籠，沒一處沒有皮面的笑容，沒一處沒有眶外的眼淚。我憎惡他們，我不回轉去！」所以過客決心走下去，並且說：「況且還有聲音常在前面催促我，叫喚我，使我息不下。」

6　見李歐梵在1974年4月2日於亞洲學會第29屆年會所提的論文："The Tragic Vision of Lu Hsün: Hope and Despair in the Wild Grass"。我對魯迅的「過客」的討論，大多根據李先生這篇論文。此文主要論旨已收入Leo Oufan Lee, *Voices from the Iron House: A Study of Lu Xun*（Bloomington: Indiana University Press, 1987）。

　　就這樣，在他幾乎對每一件事都有著虛無主義的疑惑的時候，魯迅最後感到他必須繼續邁向他未知的命運。事實上，他那強硬的心靈對中國是不是能夠生存下去的懷疑以及對於許多其他事情的懷疑，使他心中形成了一項罪惡感，這項罪惡感只能借著他一再強調為國家民族奉獻、犧牲來緩和；為國家民族奉獻、犧牲是他自從留日以來一直縈繞於懷的。[7] 走筆至此，我們必須面對一個有關魯迅的虛無主義與存在主義之性質的問題。雖然魯迅對中國的前途存有極大的疑惑，但他是20世紀初中國革命知識階層的一分子，對他們而言，為國家犧牲奉獻是理所當然的事，無須辯解或說明。尤有甚者，儘管傳統架構已經崩潰了，但許多根深柢固的傳統中國文化質素，尤其是某些歷經數千年被視為當然之文化與思想的傾向，仍然存續了下來。一項存續下來的、深層的文化與思想傾向來自傳統中國「天人合一」的宇宙觀。「天人合一」的觀念蘊含著超越的實在（transcendental reality），是內在於宇宙之中的，而人乃是宇宙整體中與整體不可分隔的部分。這種看法和笛卡兒式認識論主體主義（Cartesian epistemological subjectivism）及現代西方自然主義化約論（naturalistic reductionism）都有顯著的不同，在後二者，人是疏離於宇宙的，因而只能通過他自己的主觀思考與意志來創造生命的意義。[8]（當然，我這裡指的是，現代西方

7　這樣為國家民族犧牲奉獻的情懷明顯地表現在1903年他寫的〈自題小像〉：「靈台無計逃神矢，風雨如磐暗故園；寄意寒星荃不察，我以我血薦軒轅。」

8　參見Benjamin I. Schwartz, "On the Absence of Reductionism in Chinese Thought," *Journal of Chinese Philosophy* 1（1973）, pp. 27-44。

思想中占優勢的趨勢，我們可以舉出許多例外，如萊布尼茲、斯賓諾莎、歌德以及近代哲學家懷海德和波蘭尼。）

　　中國「天人合一」宇宙觀也與從加爾文教義衍生出來的基督新教倫理有顯著的不同。加爾文教義認為，由於「上帝的絕對超越性」，因而罪孽深重的人完全無法根據自身的資源接觸到神性。而且上帝對於人的恩典，不是普遍施與的。那是上帝在每個人誕生之前，就已經預先決定了的。在這個可怕的預定論籠罩之下，每個人，因為無法確知是否已被選為拯救的對象，內心是極為焦慮與寂寞的。這樣一個孤立的個人，只能借他對於外在的、物質世界中的事務的努力，來消滅他的寂寞感、道德的失敗和精神的疏隔。[9] 儒家一元、有機、連續式宇宙觀則與加爾文教義構成了強烈的對比。「天人合一」（或「道心與人心合一」）的觀念蘊含著超越的意義是內涵於人的生命之中的。換言之，這超越的意義是人在現世生活中經由努力來發現的，而不是被人的意志與思考所創造出來的。在儒家思想

9　參見M. Weber, *The Protestant Ethic and the Spirit of Capitalism*, tr., T. parsons（N.Y., 1958）。加爾文之「上帝的絕對超越性」的教義是從其思想的邏輯必然性中得來的；因而，「這教義的重要性也隨著加爾文只想念上帝而不想念人類的宗教思想在邏輯一致性上的增加而增加」（頁102）。在這一主張「由於神對一切創造物具有絕對的超越性，神性之真正透入人類的靈魂是不可能的：有限不能包括無限」（頁113）之教義的衝擊下，「新約聖經中喜悅罪人的悔改，如同婦人尋回了遺失銀幣的有人情味而易於理解的天父業已消逝；代之而起的是一個超越的存在者，祂超過了人類所能理解的範圍」（頁102）。簡單地說，加爾文教派把宗教和人類經驗之神祕的、情感的一面完全成功地抑制下來。正如韋伯所指出的，「這一極端不合人道的教義」只能導致「個人內心空前的孤寂」（頁104），一種企圖以強行但系統而制欲地追求現世的收穫來填補的內在孤寂。

中，人性內涵永恆與超越的天道；所以，人跟宇宙永不分離。
道同時具有宇宙中客體的一面與人心中主體的一面。因為人性
參與道性（或天性），所以人具有內在的道德與理智能力和判
斷力，這些能力能夠使他認識到宇宙中「道」的意義，他去發
現意義的努力將不是一種疏離的行動，也就是說，不是一種面
對著盲目的、無意義的世界，全然在主觀自我之內的努力。

　　眾所周知，魯迅早年曾受過嚴格而卓越的中國古典教育。
他自己曾說他過去是如此深切地浸潤於中國傳統文化之中，以
致不可避免地深受其影響。概括地說，作為一個中國文學家和
思想家，魯迅仍然是在中國文化的經驗範圍內活動，在這種文
化的經驗範圍內，一個真正歐洲格調的存在的認同危機是不可
能出現的。儘管他有強烈的存在主義式的傾向和虛無主義式的
觀察，魯迅於面對疑惑與艱困，強調人的意志的時候，他仍然
是強調那種去發現意義的意志，而不是強調去創造意義的意
志。因為在人的生命中能夠發現正面的、美的東西之未曾明
言、默會的信仰，在魯迅意識的深層並未動搖。

　　從他毫不猶豫地應用尖銳的邏輯推論來參與全盤化或整
體主義的反傳統運動，來觀察他的思想的演變，我們知道，他
的思想卻未曾繼續推論至邏輯上極具合理性的虛無主義──這
一事實應該予以特別注意。這一事實標示著他是繼承著一項中
國文化（儘管其結構已經崩潰）的基本態度──一個從「天人
合一」一元、有機、連續式宇宙觀所衍生出來的，認為由人性
的內涵可達到超越，在人生的活動中可臻神聖之境的態度。此
外，他根據他的民族主義的信誓為中國的新生所做的努力，以
及他對於思想力量的信仰（因此，他覺得一個作家可對中國之

新生做出貢獻）──此一信仰在冷酷的現實壓力之下偶會動
搖，但在1927年之前，就整體而言，仍然堅信不疑──這些都
加強了他從中國「天人合一」的宇宙觀中所承繼的基本態度，
此一態度阻止了他的虛無主義在邏輯推論上所可能產生的結
果。在一再承擔著挫折感與深沉的絕望之中，魯迅把自己堅定
地奉獻給中國重建的工作當作他在現世現時的人生中追尋意義
的活動的一部分──這樣的舉措顯示了一個純正的現代中國知
識分子的良心。

三、人生範圍遠超過政治的範圍及文藝與政治的歧途

　　當年輕人要求魯迅就人生問題給予指導的時候，他在答覆
中總是否認他在這類事情上有任何權威可言。不過，有一點他
是知道的：應該讓生命有機會做最充分的發展。這自然表示生
命不應囿於政治，人生的範圍遠超過並遠高過政治的範圍。魯
迅說：

　　　倘若一定要問我青年應當向怎樣的目標，那麼，我只可
　以說出我為別人設計的話，就是：一要生存，二要溫飽，
　三要發展。有敢來阻礙這三事者，無論是誰，我們都反抗
　他，撲滅他！
　　　可是還得附加幾句話以免誤解，就是：我之所謂生存，
　並不是苟活；所謂溫飽，並不是奢侈；所謂發展，也不是

放縱。[10]

　　魯迅曾以精緻而複雜的思考，經營出一套否定性的反傳統思想，然而在面對這麼重要的問題、需要述說正面的答案時，他竟然只能以這樣簡單的方式來表達他的意見。不過，他的答覆是那麼簡單而直截了當，足見這番話是何等穩固地植根於他對人生究竟應該如何的具體想法之中，他不會讓這樣的想法被任何「意締牢結」（ideology）所左右。

　　對魯迅而言，政治主要是那些自私而不講原則地操縱人類事務的人們彼此爭奪權力的活動。他在一篇題作「文藝與政治的歧途」的重要講演中指出，政治在本質上是保守的，因為在維持現狀的時候，搞政治的人最能獲取一己的私利。搞政治的人不喜歡那些喜歡動腦筋並要表達自己思想的人；文學因此難免要和政治衝突，因為好的文學是有思想的，而搞政治的人必然會以為思想具有顛覆性。這樣以自利為旨的保守心態，是一切政黨——包括革命政黨——中搞政治的人的特色。在革命成功之前，革命派的政治人物通常是贊同作家的，他們都對現狀不滿。「……直到革命成功」，魯迅以對過去具有洞見、對未來具有先見之明的睿智，通覽過去、展視未來，他說：

　　　政治家把從前所反對那些人用過的老法子重新採用起來，在文藝家仍不免於不滿意，又非被排軋出去不可，或

---

10 魯迅，〈北京通信〉，收入《華蓋集》，見《全集》（1981），卷3，頁51-52。

是割掉他的頭……

19世紀，可以說是一個革命的時代；所謂革命，那不安於現在，不滿意於現狀的都是。文藝催促舊的漸漸消滅的也是革命（舊的消滅，新的才能產生），而文學家的命運並不因自己參加過革命而有一樣改變，還是處處碰釘子。現在革命的勢力已經到了徐州，在徐州以北文學家原站不住腳；在徐州以南，文學家還是站不住腳，即共了產，文學家還是站不住腳。革命文學家和革命家竟可說完全兩件事。11

魯迅是於1927年12月21日，在上海暨南大學發表這篇講演的。當時由曹聚仁記錄後，於1928年1月29、30日刊載在上海《新聞報》上。1934年秒，魯迅又自行校閱一遍，收入1935年出版的《集外集》中。12 這篇文章所表露出來的，是從有良心的作家的觀點，毫無保留地鄙視一切類型的政治。

然而，令人覺得奇怪的是，在這篇講演中，魯迅稱徐州以南的地區為「即共了產」。事實上，由蔣介石部下何應欽指揮

---

11 魯迅，〈文藝與政治的歧途〉，收入《集外集》，見《全集》（1981），卷7，頁118-119。

12 見曹聚仁，《魯迅年譜》，香港：三育圖書文具公司，1967，頁87。關於魯迅校閱《集外集》事及與編者楊霽雲商量該收入他搜集到的哪些篇，需刪去哪些篇，見魯迅在1934年12月11日與19日給楊氏的信。在11日的信上，魯迅說這篇講演即使收入，恐怕「也通不過」檢查；但當楊氏把它收入當作「附錄」時，魯迅在19日的信上說：「曹先生記的那一篇（指這篇講演）也很好，不必作為附錄了。」見《全集》（1981），卷12，頁569、611。

的一支北伐軍，已經在五天之前（12月16日），把北方軍閥張
宗昌從徐州驅逐出去，占領了徐州。早在4月12日及4月15日，
蔣介石指揮或與蔣結盟的部隊，已分別在上海及廣州開始血腥
的清黨。1927年間，蔣介石不斷進攻軍閥和清除中共分子，以
鞏固他的控制。7月間，在漢口及武昌的國民黨左派也開始清除
中共黨員，到了8月19日國民黨左派向南京屈服，「寧漢分裂」
就此結束。1927年4月15日在廣州的血腥清黨過程中，魯迅也在
廣州；他深受震驚，也備感痛楚，特別是因為他有幾個學生也
被殺。雖然他本人沒有涉及任何一方，甚至可能被這一年間狂
飆般的事件弄得莫名其妙，但他對受到踐踏的人，始終有一份
深厚的同情。12月21日魯迅在暨南大學發表這篇講演的時候，
他自然已經相當清楚，中共和國民黨聯合發動的「革命」已被
蔣介石所破壞。因此，魯迅稱新近被蔣的反共部隊所占領的徐
州以南地區「即共了產」，很可能是一句反諷的話，意思是說
這個地區對作家們而言仍然不安全，他們必然會和新的統治者
衝突，即使這些新統治者早先曾宣稱過他們願意服膺共產主
義。

　　然而，魯迅在文字校訂方面通常是非常仔細的。當他在
1934年12月校閱這篇文章時，竟會容許這個與事實正好相反的
句子保持原狀，確實令人覺得甚為奇怪。因此，這一語句的另
一可能的了解方式是：當時他對當時的兩大政黨都不看好，遂
不以為有必要在其間再作分辨。那些對魯迅講演時的歷史脈絡
無知的讀者，當會從字面上來了解他的話，魯迅在校閱時對這
個與事實正好相反的句子之所以未加改正，也許正是希望將來
的讀者從字面上來了解他的意思。縱使在名義上，他仍從屬中

共的「中國左翼作家聯盟」？[13] 無論魯迅是否在用反諷的方式來指涉國民黨（指其為叛徒而不是真正的革命者），重要的是，這句話字面上的意思，正好符合這篇講演的主題：魯迅根據作家所應持有的道德與藝術完整性與獨立性的絕對立場，對任何類型的政治（不論是革命性的或非革命性的）均予排斥與鄙視。更具體地或特定地說，當魯迅要說明文學與政治在本質上是不兼容的時候，他選擇的例子是1917年的俄國布爾什維克革命，既然「十月革命」在當時中國左派知識分子心目中是共產主義革命的「理想形態」，魯迅的這篇講演，便不能等閒地視為他對國民黨反諷式的批評。我們必須認真地把它看成一篇具有一般意義的表白。

從這場「理想的」革命中，魯迅進一步以葉遂寧（S. A. Yesenin, 1859-1925）和梭波里（A. Soboly, 1888-1926）的自殺為例來說明他的論點。這兩位俄國作家在「十月革命」之前對他們祖國的狀況是深切不滿的；他們呼籲革命，在革命到來時也曾勇敢地參與。可是革命帶來的不義和苦難，使他們徹底幻滅以致都自殺了。魯迅對此事的評論是這樣的：

> 在革命的時候，文學家都在做一個夢，以為革命成功將有怎樣怎樣一個世界；革命以後，他看看現實全不是那麼一回事，於是他又要吃苦了。照他們這樣叫、啼、哭都不成功；向前不成功，向後也不成功，理想和現實不一致，

---

13 諸如魯迅在1934年12月6日給蕭軍和蕭紅的信（編號341206b），1934年12月18日給楊霽雲的信（編號341218a），見《全集》，卷12，頁584、606。

這是註定的運命；……所以以革命文學自命的，一定不是革命文學，世間那有滿意現狀的革命文學？除了吃麻醉藥！蘇俄革命以前，有兩個文學家，葉遂寧和梭波里，他們都謳歌過革命，直到後來，他們還是碰死在自己所謳歌希望的現實碑上，那時，蘇維埃是成立了！[14]

很清楚地，在這篇講演中，魯迅認為作家在面對政治時，需堅持他的道德與藝術的自主性；政治深陷於自私的政治人物的保守心態與權謀之中，即使是革命的政治也不會改變其本質。正因為作家必須聽從他的良心呼喚，他的生命註定是悲劇性的，文學和政治的道路，無可避免地，是分歧的。為了把他對政治的看法以更明晰的方式表達出來，魯迅不從軍閥政客之流身上表現出來的普通保守形態的政治取譬。反之，他卻拿共產革命的政治作為具體的實例，來說明政治的本質。如果連具有高尚理想的革命政治都無法擺脫政治的本性——保守的心態與權謀的活動——的話；那麼，一般的政治活動就更難做到這一點了。在這篇講演中，魯迅對革命文學的界定，是從作家的誠直來著眼的；這種誠直，必然使作家對人類社會的現狀不滿，並且與政治——包括革命的政治——相抗衡。所以，正如魯迅所言，「革命文學家和革命家竟可說完全兩件事。」我相信，若是有人再追問下去，魯迅不會拿不滿現狀作為革命文學的唯一判準，但他仍會認為，對社會現狀強烈的不滿，是革命文學家的界定性特徵之一。

14　《全集》（1981），卷7，頁119。

四、魯迅對「革命文學」的另一看法

　　在1927年12月21日發表的前述講演中，魯迅以革命文學對社會現狀的批評為著眼點，對革命文學的意義和角色，做了直截了當的認定。魯迅在另一篇以〈革命時代的文學〉為題於1927年4月8日在黃埔軍官學校發表的講演中，表達了他對革命文學的另一種看法，這種看法充其量只能以曖昧兩字來形容，與上述的講演形成了尖銳的對比。在這篇較早的講演中，他認為文學在革命的形成中，只扮演一個很小的、甚至可說是微不足道的角色。他首先指出，文學是「最不中用的，沒有力量的人講的；有實力的人並不開口，就殺人」[15]。不過，他和後來一樣仍然堅持文藝自主的原則，認為「好的文藝作品，向來多是不受別人命令，不顧利害，自然而然地從心中流露的東西」[16]。但是，對於文學在革命情勢中能起的作用，他表示了強烈的保留；這與當時流行的、認為文學在促進革命和完成革命的過程中能夠擔任重要的宣傳任務很不同。

　　魯迅認為，在革命的過程中，文學有三個階段。在革命尚未發生之前的第一個階段，幾乎所有的文學都表達了對當時社會狀況的不滿，叫苦、鳴不平。但這些叫苦、鳴不平的文學，對於革命沒有什麼影響，因為叫苦、鳴不平並無力量。不過，一旦文學上的哀音變為怒吼，表現了一個民族內蘊的力量，這

15　魯迅，〈革命時代的文學〉，收入《而已集》，見《全集》（1981），卷3，頁417。

16　同上書，頁418。

種文學便預示了反抗的到來。與革命爆發時代接近的文學，每每表達了這種憤怒。（在此，魯迅對於他的文學完全無用的說法表現了一些曖昧。如果革命是由「民族內蘊的力量」所造成，而文學是表達這種力量的工具，那麼，有效地、強有力地表達「怒吼」的文學不能不說對革命也有所貢獻。）在第二個階段，也就是革命的時代，行動取代了寫作。大家忙著革命，又被生活的困窮所迫，就沒有時間從事文學活動了。只有到了革命之後的階段，文學才得以兩種形式出現：一種文學是稱頌革命、謳歌革命；另一種文學則是吊挽舊社會與舊文化的滅亡。

　　根據這樣的分期，魯迅否定「革命文學」這個觀念的妥當性與有效性，因為文學與革命的形成並沒有什麼關係。「革命文學」作為一個範疇，必然是一個形式主義的範疇：革命者所寫的文學，可稱之為革命文學。至於在一場真正的革命成功之後，再往後出現的文學，魯迅推想那將是「平民文學」，因為革命的結果，使得世界屬平民的了。[17]

　　魯迅自1926年以來對報導包括黃埔軍校畢業生參與的北伐的順利進展、擊潰軍閥部隊的消息，覺得「極快人意」。[18] 在這樣令人興奮的時刻，面對著即將投入北伐的青年學員，他在講演中表示了對革命戰士的鼓舞。魯迅認為中國當時需要的是革命人，[19] 而不是所謂革命文學。魯迅說：「中國現在的社會

17　同上書，頁419-421。

18　魯迅在1926年9月14日給許廣平的信，收入《兩地書》，見《全集》（1981），卷11，頁117。

19　《全集》（1981），卷3，頁418。

情狀，止有實地的革命戰爭，一首詩嚇不走孫傳芳，一炮就把孫傳芳轟走了。自然也有人以為文學於革命是有偉力的，但我個人總覺得懷疑，……我呢，自然倒願意聽聽大炮的聲音。」[20]

這種論調和魯迅當時甫形成的態度倒很相稱，他當時強調軍事與政治的行動在眼前的政治變革中所扮演的角色的分量，並貶低文學的角色。這樣的態度，是由1926年軍閥政府在北京屠殺女學生[21] 等殘酷的現實的衝擊所導致的。國民黨與共產黨在孫中山領導下的合作，也促使魯迅期待著一些立即的變革，確可用「火與劍」來達成。[22]

一直到1927年12月21日魯迅在上海講演〈文藝與政治的歧途〉之前四天發表的一篇文章中，他仍然在表達這一思路。在發表於1927年12月17日的〈在鐘樓上〉，魯迅引述葉遂寧和梭波里的自殺，但他並不是用他們的自殺來肯定作家之與政治——無論是不是革命性的政治——分庭抗禮的道德方面及藝術方面的誠直；相反，魯迅認為他們的自殺是肯定「十月革命」的價值所難免的犧牲。對魯迅而言，葉遂寧和梭波里由於對「十月革命」的幻想破滅而自殺，這一事實正足以顯示在俄國確實發生了一場革命。革命是需要人民的受苦和犧牲的，

---

20 同上書，頁423。

21 見魯迅，〈紀念劉和珍君〉，收入《華蓋集續編》，見《全集》（1981），卷3，頁273-278。這是一篇血淚凝成的人間至文，憂憤而深廣。臺灣有識青年多已自覺歷史斷層的苦楚；現在已經解嚴，這本二十年代魯迅的書，總可找到一讀。

22 魯迅在1925年4月8日給許廣平的信，收入《兩地書》，見《全集》（1981），卷11，頁39。

「十月革命」進行之中和完成以後許多人受苦和犧牲，便證明
了這是一場真正的革命。魯迅因此說：

> ……凡有革命以前的幻想或理想的革命詩人，很可有碰
> 死在自己所謳歌希望的現實上的運命；而現實的革命倘不
> 粉碎了這類詩人的幻想或理想，則這革命也還是佈告上的
> 空談。但葉遂寧和梭波里是未可厚非的，他們先後給自己
> 唱了挽歌，他們有真實。他們以自己的沉沒，證明著革命
> 的前行。[23]

　　用〈在鐘樓上〉及魯迅於八個月之前在黃埔軍校的講演
來與〈文藝與政治的歧途〉相比照，後者便顯得格外要緊而突
兀。這篇講演與魯迅在五四早期的立場比較相合，因為那時他
所著重的，便是作家為了革命性的變革所必須擔當的重要角
色，以及作家應堅持超乎政治之上與政治之外的思想和道德自
主性的價值。他早期認定作家有其自主性，後來卻主張作家
在階級鬥爭的革命政治中需要扮演輔助政治領導中心的角色；
是不是這兩相衝突的立場所產生的「緊張」（tension）太過強
烈，他為了要暫時減輕這樣的「緊張」，在有意或無意中想及
時對早年堅持的立場做最後一次肯定──否則，也許就來不及
了？在此時（1927年12月21日），魯迅向「左」移動的外在跡
象雖然尚未完全明朗化，但他已意識到，一旦他要開始為左派

---

23 魯迅，〈在鐘樓上〉，收入《三閒集》，見《全集》（1981），卷4，頁
　　36。

政治服務，為「意締牢結」獻身而使思想變得簡化將勢所難免；會不會是因恐懼這樣的簡化，他才在這個關鍵時刻去最後一次陳述作家的藝術和思想自主性的意義？

五、韋伯對於政治的分析範疇：「意圖倫理」與「責任倫理」

　　無論魯迅在上海的講演背後有什麼心理上的或其他方面的原因，一個極為重要的問題等待著切實的解答。在上海的講演中，針對一切革命政治──其領導者在革命成功之後是否會成為人民的壓迫者，用魯迅自己在〈文藝與政治的歧途〉中的話來說：「革命成功以後，閒空了一點；有人恭維革命，有人頌揚革命，這已不是革命文學。他們恭維革命頌揚革命，就是頌揚有權力者，和革命有什麼關係？這時也許有感覺靈敏的文學家，又感到現狀的不滿意，又要出來開口。從前文藝家的話，政治革命家原是贊同過；直到革命成功，政治家把從前所反對那些人用過的老法子重新採用起來，在文藝家仍不免於不滿意，又非被排軋出去不可，或是割掉他的頭。」[24]──他對此以最有力、最清楚的方式提出警告；那麼，究竟為什麼以及究竟如何魯迅竟會終於忽視了他自己提出的這一警告，以致情願放棄他一向堅持的、作為一個作家所應具有的道德與藝術自主性，並甘心為左翼革命政治服務？如能找尋得到這個問題的答案，它可以讓我們對魯迅──特別是他的晚期（1927-

---

24　《全集》（1981），卷7，頁118。

1936）——思想中很要緊的一面，獲得確鑿的了解。

　　在深受儒家影響的傳統的中國，政治從來未被看成是一個獨立的範疇（或領域），在這個獨立範疇（或領域）中從事（政治）活動的人的行為，需根據韋伯所謂「責任倫理」（the ethics of responsibility）而非「意圖倫理（或終極目的的倫理）」〔the ethics of intentions（or ultimate ends）〕來評斷。韋伯對於政治之本質所做的卓越分析，同時顧及到了這兩種態度在邏輯方面及在實踐方面所蘊含的結果。[25]「意圖倫理」所根據的是一宇宙的理性主義，即認為宇宙的本質及其內的行為是理性的：相信善的意圖將會帶來善的後果（或云意志的誠篤有助於世界的和諧）。這樣的倫理觀念認為，政治行為的每一步驟都必須發自純真的道德動機；所以，從邏輯的觀點來看，唯一可行的路途是：任何政治活動都不許在道德上有曖昧之處，都不許使用在道德上有問題的手段。然而在實踐的層次上，在政治領域中秉持「意圖倫理」的人，通常不知如何處理他發自善良意圖的行動所帶來的未曾預期的、有時甚至是有害的後果。他通常是要埋怨世界的缺陷或不公、別人的愚蠢、歷史的

25　Max Weber, "Politics as a Vocation," in W. G. Runciman, ed., and Eric Matthews, trans., *Max Weber: Selections in Translation*（Cambridge, 1978）, pp. 212-225. 筆者根據韋伯的觀點在中文世界最初進行的具體分析，見《如何做個政治家？》，已收入拙著《思想與人物》（新北：聯經出版公司，1985年第三次重校印行），頁397-410。

韋伯的這篇重要文獻，已由錢永祥譯成中文，收入錢永祥編譯，《學術與政治：韋伯選集（一）》（台北：允晨文化，1985），頁154-221。筆者關於韋伯所揭示的「責任倫理」最近的分析，見拙文〈合力建立新的世界圖景〉，載《再造公與義的社會與理性空間》，台北，2003，頁24-32。

命運，或說這是天意，卻很少會承認這是他的行為帶來的後果。尤有進者，在經驗世界中更常見下述的情況：信奉「意圖倫理」的人們，往往經由對自己的意圖之崇高與純真的自我頌揚，便輕鬆而突然地放棄了思想上的邏輯一致性，遂把自己變成揭示未來完美無缺的世界將要到來的先知，並預見偉大的道德目標將經由極端不道德的手段的使用而獲實現。因此，為了實現最偉大的目的，最不講道德原則的手段被說成是正當的、可以使用的。他們認為為了使未來的世界變得永遠美好無缺，為了使一切不道德與不公正的手段都再沒有被使用的可能，他們有理由「最後使用一次」（韋伯語）極不道德、極不公正的手段以達成這個最偉大的目的。

　　對比之下，主張根據「責任倫理」處世行事的人，特別注意到了世界之非理性與不完美的特質，並且曉得最善良不過的意圖可能帶來與原來目標正好相反的後果。他知道，相對而言，政治是一個獨立的領域，人在其中所採用作為手段的行動，不可老是用純道德的尺度來衡量；他認為自己應為自己的行動可以預見的後果負責。只要他在經驗世界中預見某些手段能夠帶來某些後果，而這些後果正是他所追求的道德性目標的構成部分；那麼，即使從道德純粹論者的眼光來看這些手段是有問題的，他也願意妥協地使用它們，因為從政治範疇（或領域）的獨立性的角度來看，它們在道德上是中性的。由於他經常注意他的行動在可以預見的未來將要產生哪些後果並對其負責，所以他之使用從純道德的觀點來看有問題的手段，與那些揭示未來完美無缺的世界將要到來的先知式的政治人物的手段，以及與追逐權力的政治人物的手段，均不相同。先知式的

政治人物，用為達成崇高的目的來解釋使用邪惡的手段的「合理性」，然而他們對可以預見的政治行為的後果，卻沒有切實的責任感。被權力欲所驅使的政治人物，其生命中只有自私之一念，他使用一切能夠找到的手段，為了權力本身而追逐權力。

六、中國傳統的政治觀

在傳統中國，至少就其正統的思想路線而言，國家固然要負責維繫社會的安寧與和諧，然它的基本目的則是道德性的。政治權力合理性的解釋主要是這樣的：天子由於具有完美的道德資質而受「天命」，受命的天子的道德自然帶有「卡理斯瑪的」（charismatic）特性；國家的主要目的是：由天子代表國家，運用他的道德的「卡理斯瑪」來教化百姓。（實際上，天子以道德與文化的資質為準繩，選用為國家服務的官吏，官吏代表天子執行他的許多職責。）因此，基本上政治是從「意圖倫理」的觀點來了解的。不過，由於缺少強有力的先知資源（姑不論「今文學派」──那畢竟是很晚才被重新發現的），根據「意圖倫理」的觀點來了解政治的這一傾向，並沒有產生預言（十全十美的）千禧年即將因救世主降臨人間而到來的運動。這樣的運動（如東漢的「太平道」以及綿延元、明、清三個朝代的白蓮教），在它們興起的時候，需先依託儒家正統思想以外的──道教與佛教的──資源，然後它們才能利用正統思想中「天命」觀念所蘊含的普遍主義（universalism）（這樣，具有「千禧年」運動性質的農民起義才有「替天行道」這

類的口號）。

因為實際上的統治者，往往不是真命聖王。孔子以降，在儒家思想中便有一個「從道不從君」的相反論調——認為統治者如果背離了「道」，人們便應服從「道」之指引，而不從「君」的命令。然而，這一說法只是面對現實與理想之間的差距時，一種想維護「道」的完整性的防衛措施而已。它並未改變「政治與道德的合一在聖王的德性中得到具體的呈現」這個一元論的觀念。在傳統中國，政治中的「道」，除了普遍王權之外，再無制度性纏繫的著落、碇泊之處。在儒家思想之內的各派學說之中，經世學派雖然特別著力於考察各項政治實務與制度的直接效益，但它依然假定國家的目的主要是在道德方面。因此，經世學派之強調「效益」，只能算是次一層次的關懷，並沒有向那個政治與道德合一的基本前提挑戰。

站在與儒家之把政治道德化的觀點直接對立的立場，則是法家思想；至少就《韓非子》書中一些以較尖銳的方式出現的觀念而言，法家主張把政治徹底弄成不道德的東西（immoralization）——這不同於把政治看成非道德化的東西（amoralization）（「非道德化」是指：既不是道德的，也不是不道德的，是中性的）。照《韓非子》書中的一些說法，法家主張的追逐權力，完全是為了統治者的利益服務；為了追逐權力，甚至連摧殘生命與消滅文化亦在所不惜。法家也同樣沒有察覺到世界之非理性與不完美的特質，更沒有意識到意圖與意圖的後果往往有很大的差距的問題，所以也未曾設法處理意圖及其後果之間的差距這一社會理論（social theory）問題。事實上，法家與儒家一樣，都預設了一個理性主義式的宇宙，在

其中，意圖（就法家而言，他們故意把意圖弄成不道德的，而不是道德的）是可以獲得實現、得到當初的意圖想得到的結果的。因此，法家也未思考到為了實現政治人物負有道德責任的目標而使用在道德上曖昧的政治手段的意義與功能，所以法家也未發展出來政治獨立性（或自主性）的思想範疇。

七、魯迅的革命政治觀與中國傳統政治觀的關係

雖然魯迅曾經明確地對傳統中的許多成分予以嚴斥，然而在他意識中的一個基本層面上，儒家要把政治道德化與法家要把政治弄成完全是不道德的東西的二分法（dichotomy）所培養出來的傳統中國式的政治觀，似乎仍然被他理所當然地接受了下來。既然缺少一個──從「責任倫理」的角度去了解政治的某些特質的──思想範疇，政治的實態在魯迅的眼中只能看作是一場沒有良心的人為了自私所演出的、永不止息的騙人把戲。因此，和傳統的儒家一樣，他覺得政治是卑劣的、可譴責的。這一看法，如把它當作是對政治的坦率描述，和法家的想法也沒有什麼差別。因此，我們可以說（雖然他本人可能並未充分察覺到這一點），魯迅肯定了儒家對於政治所持的理想，認為政治應該是根據「意圖倫理」追求道德性的目標；他同時透過具體的觀察，肯定了法家對於政治的現實所獲致的了解，認為政治實際上是以不道德的行為來追逐不道德的目標。所以，對魯迅而言，政治可能是道德的，也可能是不道德的，但絕不可能是非道德的（amoral）。在這一「二分法」之間，不僅容不下韋伯式「責任倫理」意義下對政治的看法，也不可能產

生一些英國哲學家所發展出來的、在社會理論中對政治所持的
觀念——強調在相對意義下具有獨立性的制度所能發生的影響
力。走筆至此，我們可深感興味地追憶西方社會與政治哲學史
上一段雋永的史實：休謨（David Hume）及其後繼者對於社會
哲學所採用的探討途徑的基礎，乃是建立在曼德維爾（Bernard
Mandeville）的觀念之上，即：「群眾中的至惡者也對公共利
益提供過一些貢獻。」[26] 對許多人類的事務，休謨也是一個懷
疑論者，但他發展出來了一個特別強調制度的觀念，這是西方
純正自由主義者一向堅持的一個觀念。用哈耶克的話來說：
「休謨希望得到的和平、自由與公正，非來自人們的善良品
性，而是來自（健全的）制度——這一制度使得即使是壞人，
在他們追逐各種事務以滿足自己的私欲時，也為公共的好處做

---

26 引自F. A. Hayek, "Dr. Bernard Mandevillle," 收入他的*New Studies in
　Philosophy, Politics, Economics, and the History of Ideas*（Chicago, 1987），
　p. 251。原文見Bernard Mandeville, *The Fable of the Bees: Or Private Vices,
　Public Benefits*, ed. F. B. Kaye（Oxford University Press, 1924），I, p. 24。原
　籍荷蘭的曼德維爾醫生在1696年左右開始在倫敦行醫。他在1705年發表的
　這首〈蜂的寓言〉的詩，曾引起衛道之士極大的誤解、憤慨與恐懼。但他
　的思想是18世紀蘇格蘭啟蒙運動的先驅。所謂「群眾中的至惡者也對公共
　利益提供過一些貢獻」——這一概念主要是建築在對於社會與政治秩序是
　由演化（非由理性建構）而來的了解上。在這一演化過程中，人的意圖與
　後果，往往是不一致的。自私自利的人的行為後果，往往也構成了促進演
　化的因素之一，如果他的行為是發生在一個開放的、多元的、受政治控制
　至最低程度、其資源在走向法治的路途之中得以自由發揮的社會。例如一
　個自私的官吏的貪污行為可能促使防止貪污的法律變得更為周延、更少漏
　洞。海耶克先生特別強調演化與多元的自由主義是與曼德維爾及18世紀蘇
　格蘭啟蒙運動中的哲學家、社會思想家（休謨、亞當·斯密、弗格森等）
　一脈相承的。

了事。」[27] 與上述韋伯所主張的——在政治上，應運用「責任倫理」處世行事——以及休謨所特別強調的——在政治與社會中，關鍵在於健全制度的形成——構成鮮明的對比則是：魯迅是以獻身他執著的道德原則的態度來接觸與處理政治問題的。對魯迅而言，即使他不能確知他走的那條路終究要把他帶到哪裡去，繼續在這條路上走下去，乃是一項道德的義務。[28] 政治是一種道德的戲劇，革命則是一樁為了獲得美好的未來而發動的崇高事業——這一事業更染有強烈的道德色彩。它的醜惡面——如後來發生的，所謂「無產階級文化大革命」所呈現者——在當時實在無法想像。作為一個道德人的魯迅，在他尋找一條出路而同時又感到與所處的現實政治完全疏離的時候，他幾乎無可避免地把自己投入了支持共產革命這條路上去——視這項決定是拯救斯民於水火的道德行為，而完全不顧他自己針對政治所提出的警告。（換句話說，他把自己支持共產革命的這一政治性的決定，當作道德的行為而非政治的行為，故無顧於他自己對政治性的行為的譴責與警告了。許多魯迅的崇拜者大多也是追隨魯迅的思路而變得「左傾」的。）

27　F. A. Hayek, "The Legal and Political Philosophy of David Hume," 收在他的 *Studies in Philosophy, Politics, and Economics*（Chicago, 1967），p.121。海耶克所引休謨的話，見David Hume, Essays, Moral, *Political, and Literary*（London, 1875），vol. 1, p. 99。

28　魯迅在好幾處表明了這種態度。見〈過客〉，收入《野草》，見《全集》（1981），卷2，頁188-194；他在1925年3月11日給許廣平的信，收入《兩地書》，見《全集》（1981），卷11，頁13-16；〈寫在《墳》後面〉，收入《墳》，見《全集》（1981），卷1，頁284；〈北京通信〉，收入《華蓋集》，見《全集》（1981），卷3，頁51。

　　魯迅對馬克思主義的文學理論相當熟悉。事實上，托洛斯基對於這套理論的詮釋，構成了上述魯迅在黃埔軍官學校講演的理論背景。在他向「左」移動的時候，他也已熟悉普列漢諾夫（Plekhanov）與盧那察爾斯基（Lunacharski）所發展出來的文學和藝術理論。[29]

　　不過，他對馬列主義的知識，卻相當零散。他之所以「左傾」，並不是由於對馬列主義的著作全面而系統地研讀的結果，也不是因為受到千禧年式的歷史轉化的遠景所激發的緣故。（他對現實的具體感、尖銳的邏輯頭腦，與心靈上的悲觀之情，都阻止他受千禧年式的歷史觀的影響。）不過，魯迅一向對受壓迫者懷有深摯的同情。他發現馬克思主義的階級分析，是一種和他的觀點相投合的、了解社會與歷史的工具。在這個意義上，他變得「左傾」涉及一些理智上的重要改變。然而，他變得「左傾」，主要是一樁道德的行動，最初是由於與政治現狀深感疏離之故。但，正因為魯迅未把他的「左傾」看作一件政治性的行動，這樣的改變播下了悲劇的種子。

　　對魯迅而言，政治這回事，是一件污穢的遊戲，譴責可以，參加則絕不可行。他對政治的嫌惡，使他根本不想去了解它的複雜性。一旦他對政治作了全面性的譴責，那麼當他把政治當作政治來看的時候，他只能拒斥它；如果他對政治加以接受，那是因為他沒把它看成是政治性的東西。[30] 他進入政治的

29　Leo Ou-fan Lee, "Literature on the Eve of Revolution: Reflections on Lu Xun's Leftist Years, 1927-1936," *Modern China*, 2/3（July, 1976）: pp. 291-324.

30　我對於魯迅和其他中西思想家的政治觀的比較，用意並不是說若魯迅具備了韋伯式和休謨式的概念，他就會釐清中國的一切問題。我也不是不知道

領域，目的是為一道德理想服務，不曾了解政治涉及權力的取得與分配，因此他放棄了參與那個過程的機會。正因為他放棄了參與權力的取得與分配的機會，他讓那些把政治當成權力政治——而不是把政治當成道德——的人來領導政治。在道德意義上，他獻身於一件理想事業，但在政治意義上，他扮演的是靜態的、被動的、服從政治領導者召喚與指令的角色。直到最後，他對改善中國政治品質幾乎無所貢獻——無論政治在這裡是就一個相對地獨立自主的行為領域而言，抑或是指一套制度而言。他能做並且做到了的是，盡他的能力所及，在領導者的一般性的指示之下，扮演他的角色。31

　　尤有進者，由於魯迅是從道德的立場來參加左翼為其理想奮鬥的活動，而未從政治的立場來考慮許多行為未所預期的後果，魯迅讓他的聲望與作品變得在政治上被操縱與利用。執政者把魯迅偶像化以及把他的作品以政治化的觀點加以解釋的一切努力，完全和魯迅獻身於道德與理智的完整性的立場相違背。他當然會堅決反對把他的作品變成政治的工具。自然，他無須為別人如何利用他的作品負責。然而，他根據道德理想獻身於把政治當成道德的行為，卻使他的聲望與作品受到那麼多

韋伯式和休謨式的政治觀，它們本身也有內在的困難問題。不過，從這個比較研究的角度來看，我們可更尖銳地了解魯迅非此即彼的政治觀，是如何反映了傳統中國二分法的影響。

31 魯迅在他的「左傾」時期所寫的許多「雜文」，多是論駁性的，主要目的在於為「左派」政治服務或擊潰他的論敵，而不是尋找真理。在許多雜文中，他如往常一樣，經常表現了不凡的博學，但是他的警句、反語、譏嘲性的暗諷，表現出來的有時是聰明多過自由的探討或開放的精神。從歷史的事後回顧的角度來檢討，有些雜文所表現的態度與思想是站不住腳的。

政治性的操縱與利用，這畢竟是具有悲劇性與諷刺性的歷史事實。不過，對於魯迅的兩難困局（dilemma），我們只能描述，而不能加以價值判斷。作為一個義不容辭的、為民族復興而獻身的中國知識分子，他必須在政治問題上採取立場，1927年以後左右政治兩極化的中國，讓他幾乎沒有其他的選擇餘地。上面說過，魯迅對政治的鄙視，是由他對政治的諸般現實之具體的、針對其特質的認識所支持著的。可是因為在他的思想之內並沒有新的分析範疇來讓他用新的角度處理政治的諸般現實，他的具體感只能增強他早先已有的對事務本質（包括政治本質）的「系統性」了解。再敏銳生動的具體感也不足以應付近代中國的危機所構成的挑戰；這樣的挑戰，在實質上，需要更有創造性也更系統化的反應。

　　在討論過魯迅的政治觀所蘊含的悲劇性的後果以後，我們必須在結束本文的時候，對魯迅在道德方面與理智方面的地位予以肯定。正由於他參與左翼政治運動是一道德性的行動，當他認識到了政治的操縱與權謀的冷酷本質之時，他終究運用了他自己內在的道德與理智資源，來抗拒這樣的政治。他與周揚之間仇視而嚴酷的關係，以及他──與他的學生胡風──在1936年的「兩個口號之爭」中，對政治指令的反抗──這些人所熟知的故事，見證了作為一個知識分子的魯迅的個人人格之完整。事實上，在他生命的最後一年，魯迅終於從政治的壓力之下解放出來，回歸作為作家的他，回歸原有的內在資源。在這個時候，他的文學創造力遂又重新展現。使像〈女吊〉[32] 這

---

32 魯迅，〈女吊〉，收入《且介亭雜文末編》，見《全集》（1981），卷6，

樣的作品得以撰成的天才，暢達而動人地證明了在其身處的時
代危機及其政治觀的悲劇之中，魯迅在理智方面與道德方面人
格的強韌。

頁614-619。

林毓生作品集

中國意識的危機：五四時期激烈的反傳統主義

2020年9月初版　　　　　　　　　　　　　　　　定價：新臺幣550元
2023年1月初版第二刷
有著作權・翻印必究
Printed in Taiwan.

著　者	林毓生	
譯　者	楊貞德 等	
叢書主編	沙淑芬	
校　對	陳佩伶	
內文排版	菩薩蠻	
封面設計	沈佳德	

出版者	聯經出版事業股份有限公司	副總編輯	陳逸華
地址	新北市汐止區大同路一段369號1樓	總編輯	涂豐恩
叢書主編電話	(02)86925588轉5310	總經理	陳芝宇
台北聯經書房	台北市新生南路三段94號	社長	羅國俊
電話	(02)23620308	發行人	林載爵
郵政劃撥帳戶第0100559-3號			
郵撥電話	(02)23620308		
印刷者	文聯彩色製版印刷有限公司		
總經銷	聯合發行股份有限公司		
發行所	新北市新店區寶橋路235巷6弄6號2樓		
電話	(02)29178022		

行政院新聞局出版事業登記證局版臺業字第0130號

本書如有缺頁，破損，倒裝請寄回台北聯經書房更換。　　ISBN 978-957-08-5600-2 (精裝)
聯經網址：www.linkingbooks.com.tw
電子信箱：linking@udngroup.com

國家圖書館出版品預行編目資料

中國意識的危機：五四時期激烈的反傳統主義/林毓生著.
楊貞德等譯.初版.新北市.聯經.2020年9月.312面.14.8×21公分
（林毓生作品集）
ISBN 978-957-08-5600-2（精裝）
[2023年1月初版第二刷]

1.中國哲學　2.五四運動

128　　　　　　　　　　　　　　　　　　　　　　　　109011653